年報・死刑廃止2024

袴田さん再審判決・死刑廃止へ

インパクト出版会

目次

二〇二三―二〇二四年 死刑をめぐる状況

死刑廃止のための大道寺幸子・赤堀政夫基金
死刑囚表現展2024

井上（北村）孝紘（福岡拘置所）・北村 孝（大阪拘置所）

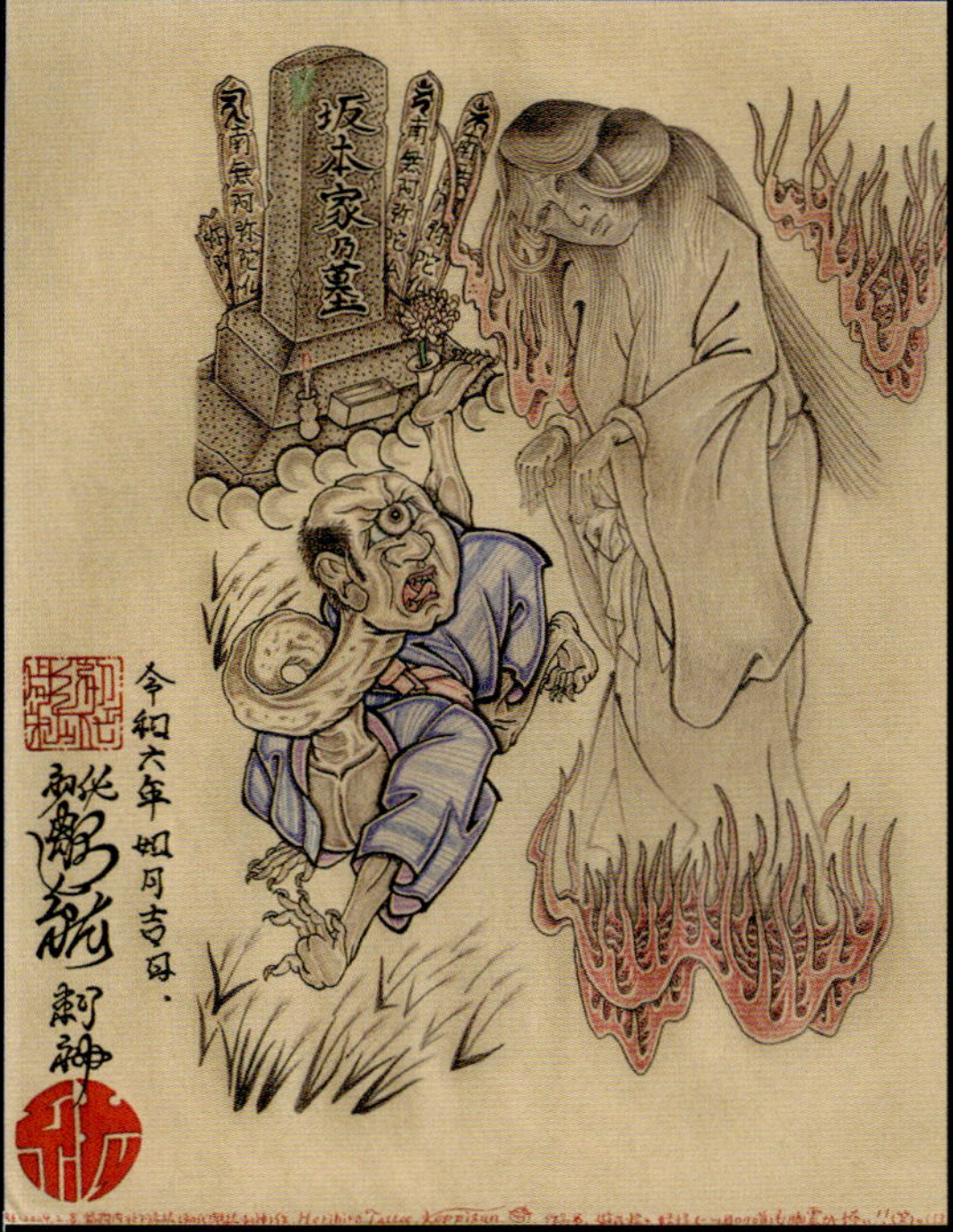

上：遊び絵〈己も妖怪〈一ツ目ロクロ首〉なのに幽霊を怖がる図。〈笑〉〉（H27.7×W21.6㎝）

下：追儺ノ図（H27.7×W21.6㎝）

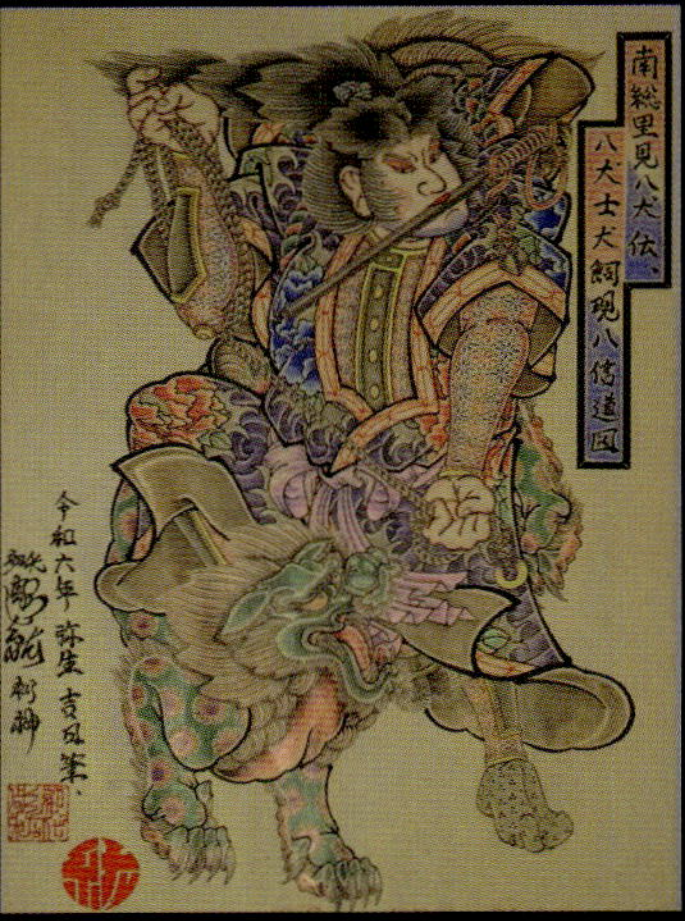

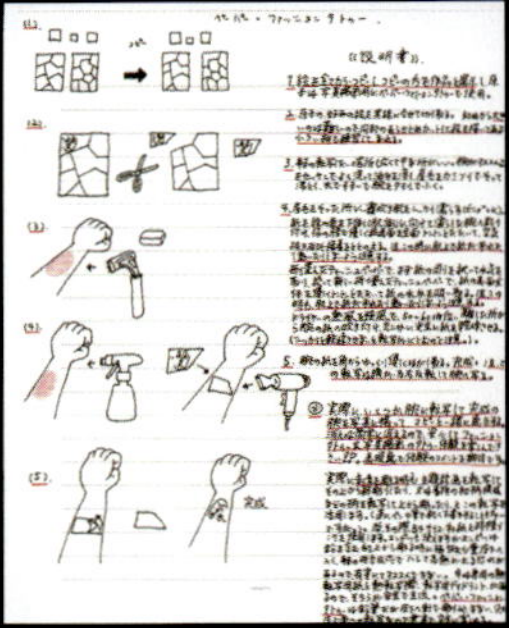

南総里見八犬伝
八犬士犬飼権八信道図
（23年入場者のリクエストに答えて）
（H33.1×W24㎝）

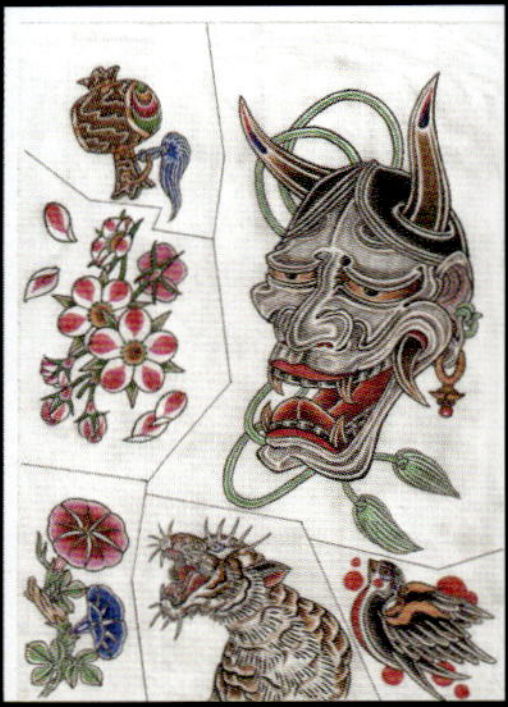

ペーパーファッション・タトゥー

GT　浪人鯵　ポッパー
（便箋H23×W17.7㎝）

北村孝紘　北村孝　兄弟コラボ作！
（筋絵・北村孝紘、色入れ・北村孝）
Maria（便箋H23×W17.7㎝）

中国・水滸伝猛夫・百八人乃一個、浪裏白跳・張順乃水門破り、
背中額彫り図譜（H62×W33.1㎝）

猪熊武夫（東京拘置所）

あるよみんなに「希望」（H25.7×W18.2㎝）

世界の平和・共存共生（H25.7×W18.2㎝）

植松 聖（東京拘置所）

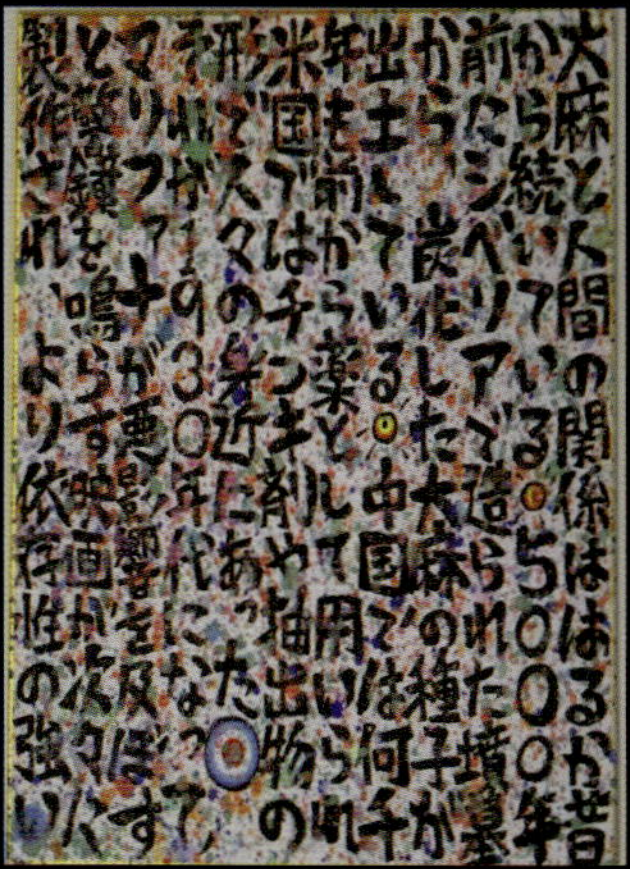

大麻①（色紙）

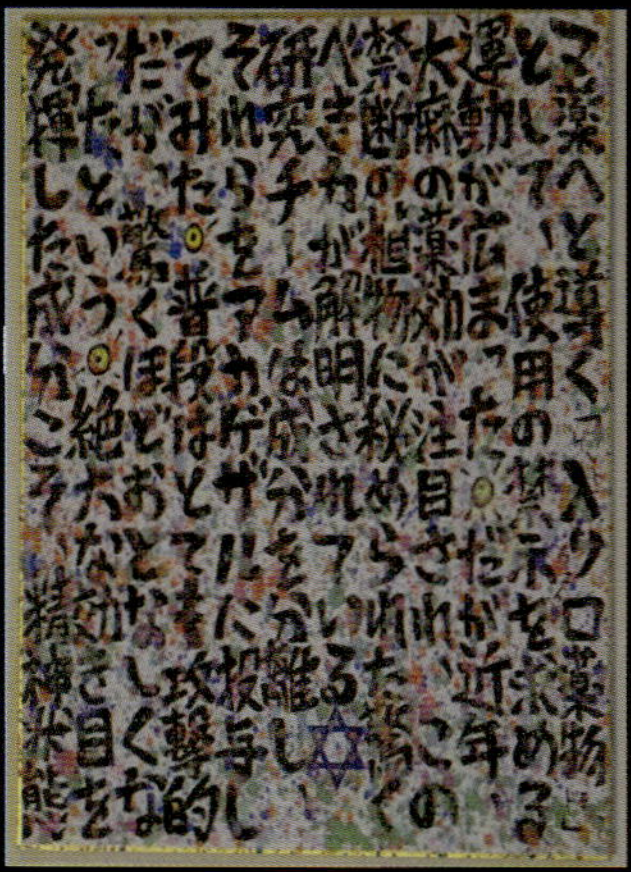

大麻②（色紙）

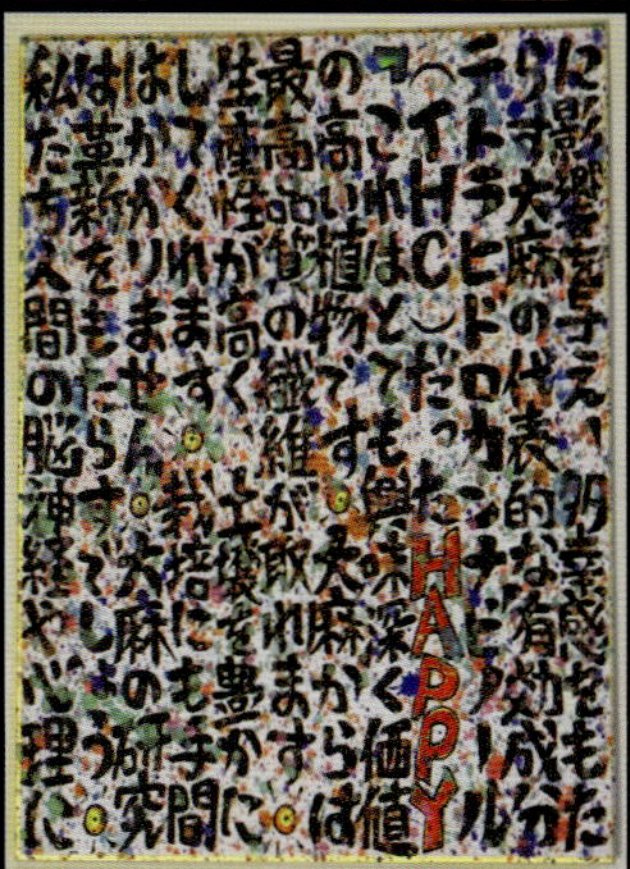

大麻③（色紙）

大麻④（色紙）

命——弐〇弐四の壱（H53.8×W38.1㎝ 2枚組）

風間博子（東京拘置所）

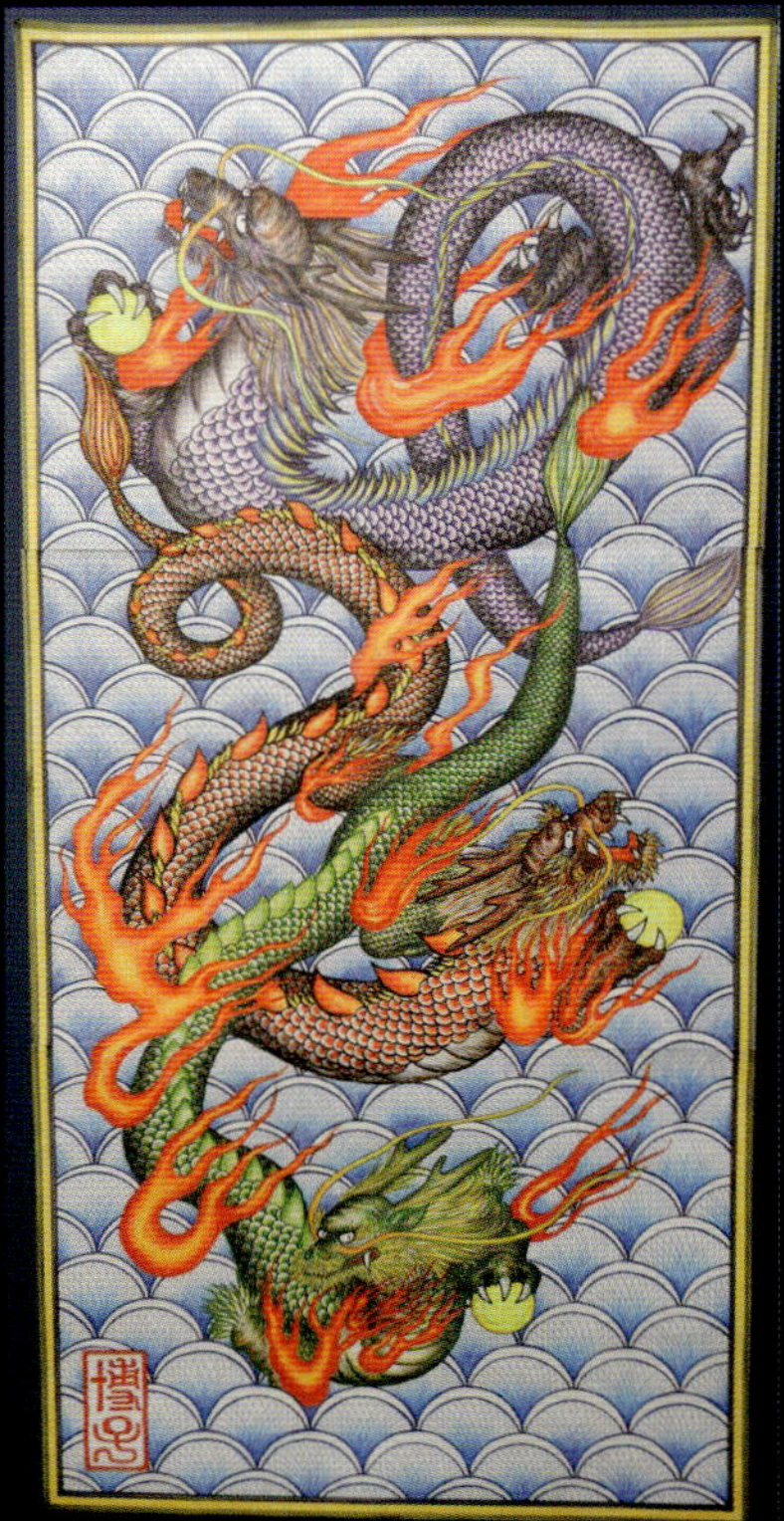

命——弐〇弐四の弐（H114×W54㎝ 3枚組）

命——弐〇弐四の参（H53.8×W38.1㎝ 2枚組）

京都の女郎（H35.1×W25.1㎝）

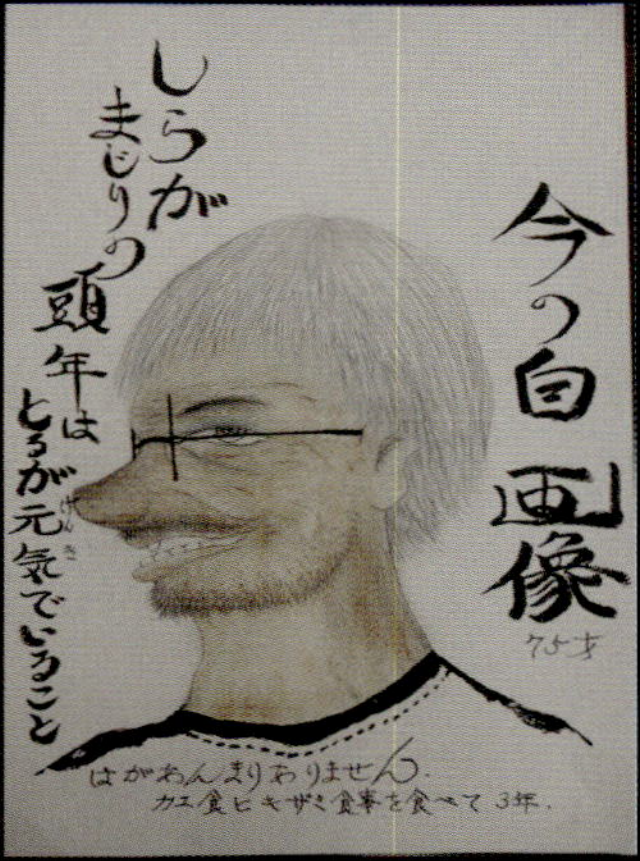

今の自画像75才（H35.1×W25.1㎝）

金川一（福岡拘置所）

おうむ（H35.1×W25.1㎝）

広島原爆（H29.7×W21㎝）

のとの皆さんお元気でいてください（H35.1×W25.1㎝）

中田典広（ペンネーム）

入学式（H29.7×W21㎝）

東西南北（ペンネーム）

「子犬たち」
「熊」
「カワセミ」
「ブグロー　アムールとプシュケー、子供たち」
（H21×W29.7㎝）

長 勝久（東京拘置所）

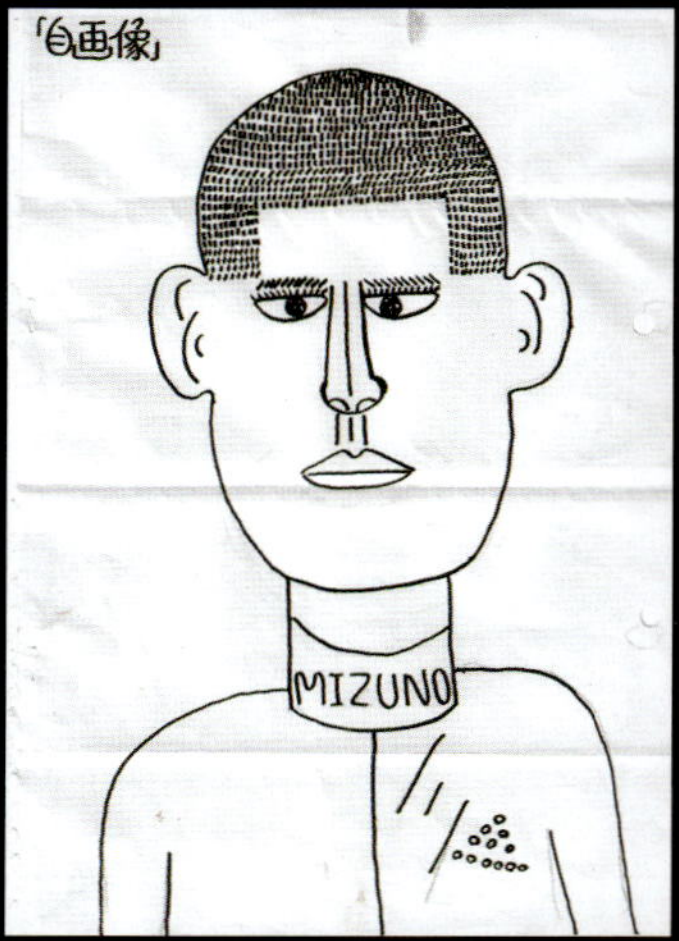

自画像（H25.7×W18.3㎝）

西口宗宏（大阪拘置所）

日日是“辛”日（真実・合掌（H49.8×W35.4㎝）

縋がる（H49.8×W35.4㎝）

原 正志（福岡拘置所）

我妻踊るMcup少女、16歳25年集大成……
安田恵子と私の彼女と私の娘うんぱい、
Hcup少女、熊本倉科カナと私の長女櫻井もえIcup少女、
九大考古学名誉教授小田富士夫の娘真子と
私の10女宍戸里帆Icup少女とDisney、
和水八神、佐賀維新、東京、
OnePiece（ナミ・NicoPolin）ぴよちゃん・初音ミク・
ヒミコ・うずめ・カブとMey・田川たん・Giabbit・
Hoween・鶴ちゃん（我妻板野友美）と森の仲間—
愛と平和（H54×W38㎝）

何力（フーリー、東京拘置所）

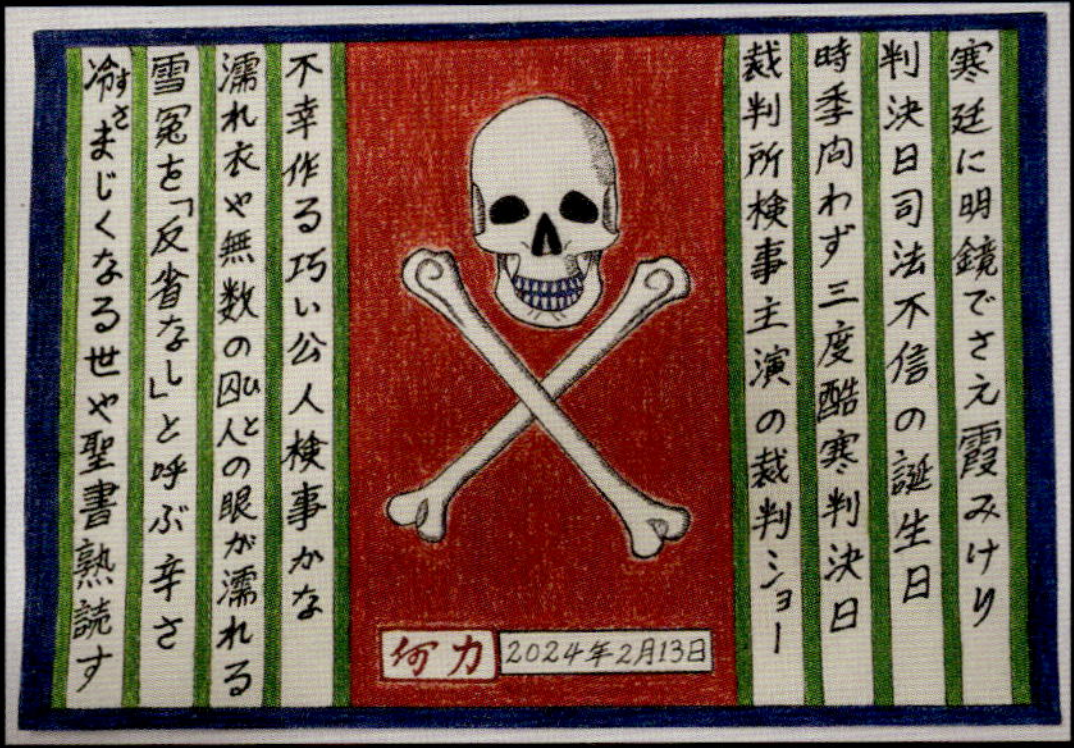

辛い（H20.9×W29.6㎝）

二重基準（H36.4×W25.6㎝）

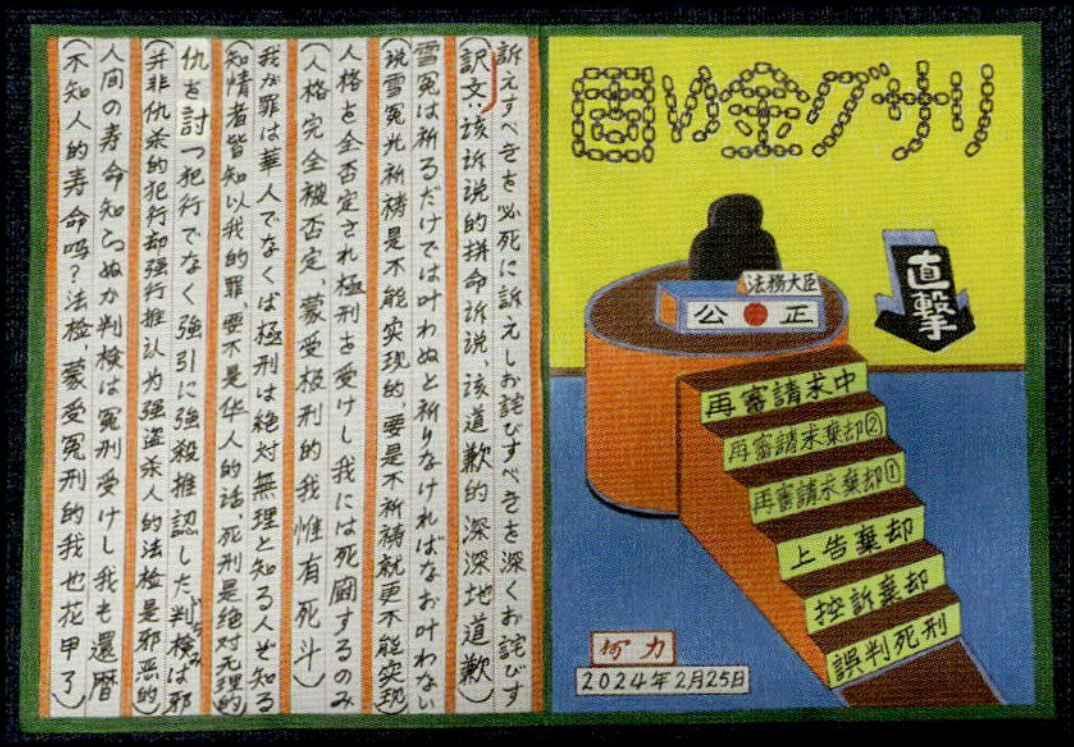

畸形司法（H36.4×W76.8㎝）

檜あすなろ（ペンネーム）

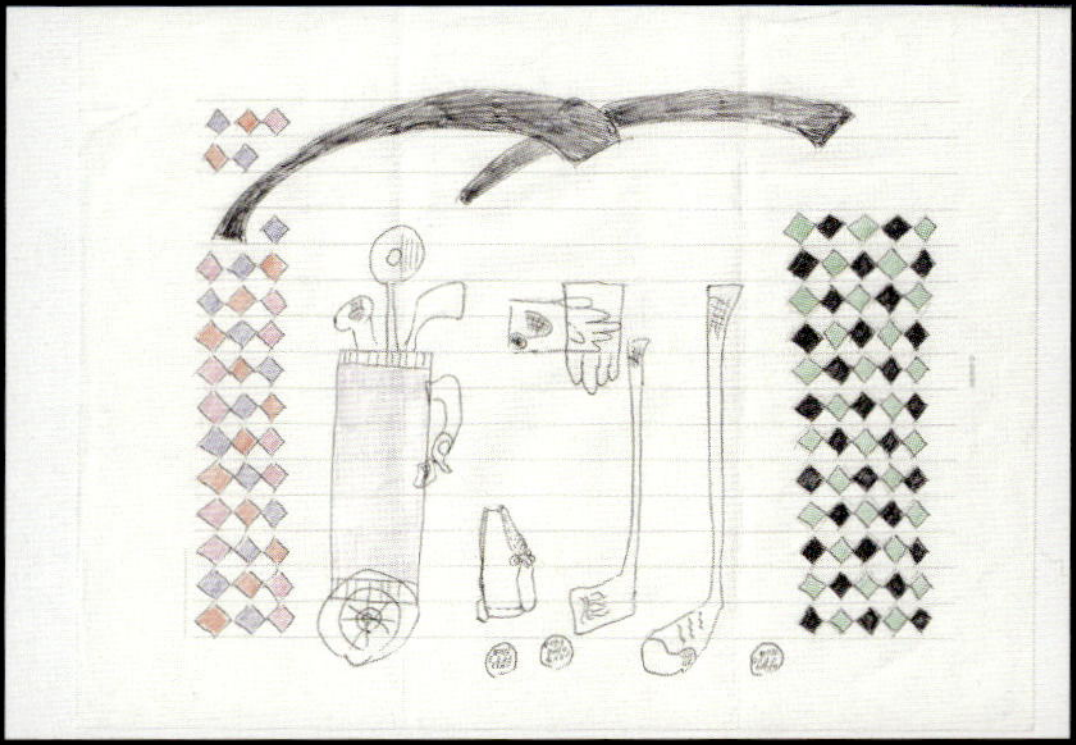

設計図（便箋2枚）

堀 慶末（名古屋拘置所）

複雑で美しい
鼻の形が好きすぎて
（H38×W27㎝）

飛雲閣の陰影
（H38×W27㎝）

夏の日差しの中で（H38×W27㎝）

40枚描き直した日差しの中のめるる
（H38×W27㎝）

或る生命のかたち2023―
美術解剖学的人物図2（H54×W38㎝）

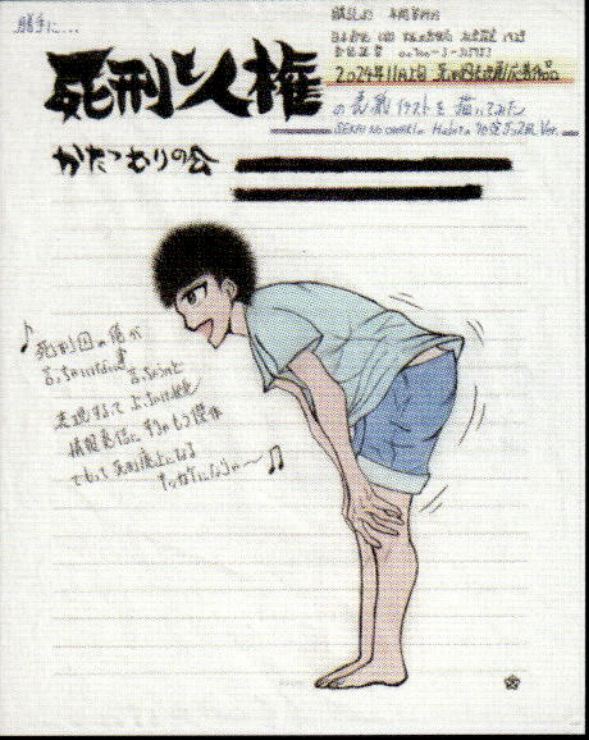

勝手に死刑と人権 From
かたつむりの会の表紙イラストを
クセ強に描いてみた
～2024年2月29日「木曜日」の
午後に発信指導で、文面2行が抹消されたVer.～（便箋H23×W17.7㎝）

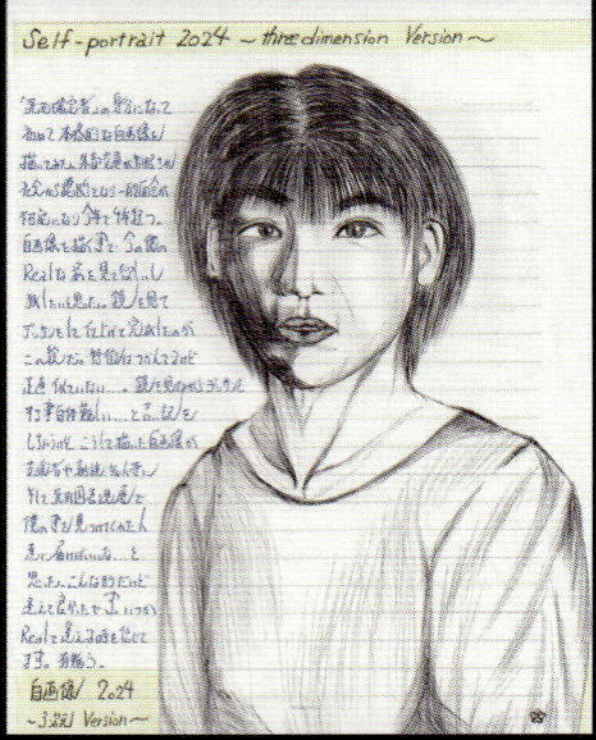

自画像2024 “REAL visual”
Self-portrait-three dimension
version-（便箋H23×W17.7㎝）

おっととっと…ヤベェー！
まだまだ吊られてたまるか
（便箋H23×W17.7㎝）

山田浩二
（旧姓溝上から復姓した、大阪拘置所）

「我が人生に悔いはなし」と思えるように
これからも生きていく（便箋H23×W17.7㎝）

死刑と人権に感謝を伝える
（便箋H23×W17.7㎝）

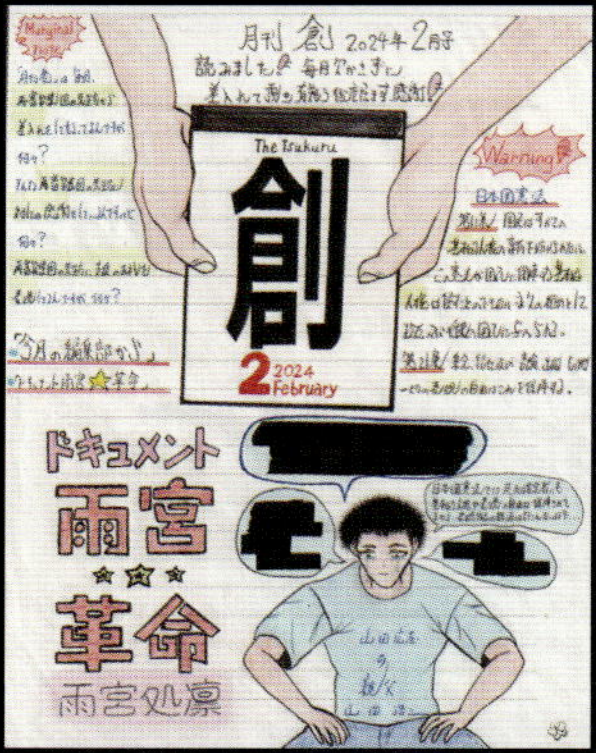

月刊創に感謝を伝える
（便箋H23×W17.7㎝）

怖い、怖い、助けて！
（便箋H23×W17.7㎝）

2024年4月25日付で一部通信分と判断された箇所の文面をけさずに
そのまま5月30日に発信申請したら6月7日にガッツリ黒塗り抹消された

袴田巖「わたくしが袴田巖でございます。長年の闘いでなおやらにゃいかんことがいっぱいある。闘いに勝つことが大事になってきた。どこまでやれるのかということで、今日も出てきておるわけですが、誰がどう闘いを進めるかということで、自分の闘いはどこまでも勝つための闘いです。勝っていこうと。なんでも勝っていこうということでございます。ええ、闘いに勝つということでも、負けて勝つということではなく、勝って勝つ、どこまでも勝っていくということを基本として闘いに進んでおります。本日の闘いにおいても、どこまでも勝つということで、勝つ闘いをしなければならん。皆さんによろしくお願いいたします。」

初出・『FORUM90』189号、2023.12

（2023年11月25日、死刑廃止全国交流合宿での発言。）

特集

袴田さん再審判決・死刑廃止へ

無罪判決を聞く

笹原恵（静岡大学教授）

傍聴券を求めて

九月二六日、午前九時三〇分、静岡地裁の前はカメラを構えたメディアや記者のクルーであふれ、支援者をはじめとする人の輪が幾重にも重なっていた。空からはヘリコプターのプロペラ音が聞こえ、騒然とした雰囲気の中、傍聴券の抽選のために地裁構内に入る。すでに多くの人が並んでおり、地裁の周りを四分の三周ほど回ったあたりで、ようやく整理券を入手する。緑色のリストバンド型になっていて、「当選番号であっても、取り外した場合は無効です」とある。傍聴券を求め人海戦術をとったり、傍聴券を融通しあったりすることを防ぐためなのだろう。私が受け取った番号は三三五番、あまりに多くの人が並んでいたので当選するとは思えなかったが、天が味方をしてくれたのか、二七四番から七六三番までの当選番号の中に三三五番もあった。四〇席の傍聴席を求めて五〇〇〇人以上が並んだことになる。

法廷へ

午後一時半に裁判所の建物に入る。入り口で当選番号の入ったリストバンドを提示すると、それに加えて黄色のリストバンドの「傍聴券」を手首にまかれる（両方揃っていないと傍聴できないという）。あちこちに誘導のための職員が立っていて、入廷前に荷物を預けたり、貴重品などの手荷物を検査されたり、金属探知機を身体にあてられたりと物々しい警戒状態だった。スマホや通信機器、ＰＣなどは一切持ち込めず、もし持ち込んだことがわかればその時点で傍聴できなくなるときっぱりと告げられる。二〇一法廷の廊下にはすでに二〇名以上の人が並んでいた。比較的年配の男性が多いが、女性も一〇名くらいはいただろうか。足利事件の菅谷さんの姿もあった。しばらくして、袴田さんの姉のひで子さん、弁護団が法廷に入り、一三時五〇分になって、傍聴人もようやく法廷に入る。傍聴席は全部で七二席、うち一般傍聴者席はすべて指定席であった。横一列一二席が四席ずつ三ブロックに分かれていて、各ブロックは縦六列、私の傍聴券には、四〇一三という番号が付されており、席は中央ブロックの四列目の左端だった。左ブロックの前から五列までが「記者席」、中央ブロックの前二列の七席が「加盟社以外記者席」だったので、記者席は二七席。これに加え一般傍聴席にも記者が四、五名は座っていた。地元紙の記者によると、記者席では各社一名しか入れないので、動員がかかり、皆で並んだという。すでに裁判官、弁護団、検察官は着席している。法檀の中央に國井恒志裁判長、両脇に谷田部峻、益子元暢裁判官が座り、傍聴席からみて右側が弁護団、左側には二名の検察官が座っている（通常は逆）。弁護団は総勢一六名が三列に並び、最前列には、裁判官に近い順から小川秀世弁護士、ひで子さん、角替清美弁護士、田中薫弁護士、矢澤昇治弁護士が着席している。原審の弁護人であった福地明人弁護士、小澤優一弁護士の顔も見える。ひで子さんはクリーム色のジャケットに白いブラウスで（報道によると、「潔白の白」だと言っていたそうだ）、凛として前を見据えている。記者席には若い記者が多く（女性も半分ぐらい）、法定内には廷吏が四名、四隅で目を光らせている。

「主文、被告人は無罪」

法廷内は静まり返り、紙をめくる音とドアを開ける音、咳払いだけが響く。一四時になり、國井裁判長が「定刻となりましたので開廷いたします」と告げた。最初に「期日から一一カ月という短い期間に力を尽くしたことについて、検察官と弁護団に心からの敬意を表し、改めて御礼を申し上げます」と労を労う言葉があり、そして、巖さんに代わり、出廷している姉のひで子さんに「主文の時だけでも（巖さんの代わりに）証言台の前でお聞きください」との言葉がかけられる（巖さんは出廷免除されている）。ひで子さんが証言台に座ると、裁判長の言葉が響く。「主文　被告人は無罪」。

ひで子さんがハンカチを出し涙をぬぐっている。弁護人席でも傍聴席でもうわっという声が上がり、一瞬拍手が起こる（すぐに静止される）。記者たちが一斉に外に飛び出して行く。小川弁護士がこぶしを握り締めている。ひで子さんが弁護団席に戻り、弁護士たちと手を合わせ喜びあっている。改めて巖さんが、ひで子さんが五八年という年月の中で、味わってきた苦しみを思う。無罪を求め、この間、人生のすべてをかけてきたといっても過言ではない。この間の艱難辛苦。私も支援に関わったものとして、改めて「無罪」という言葉の重さを噛みしめる。この、たった二文字の言葉を求めて、どれだけ多くの人が、どれだけの多くの時間を費やしてきたことか。今頃は「再審無罪」の報が全国を駆け回っているだろう。

判決要旨

喧騒が少し収まってから、國井裁判長が判決要旨を読み上げる。もう少し簡潔なものかと思っていたが、結果的には午後四時まで言い渡しが続く。ずっとうつむいて判決要旨を読み続ける國井裁判長もさすがに喉が渇いたのだろう、合間に何回か、飲み物を口にする（裁判官が法廷で飲み物を口にするのは珍しいのではないだろうか）。要所要所で記者たちが外に飛び出して行っては戻るということが繰り返され、外ではタイムリーな報道がされていることを実感する。

判決理由を簡単にいうなら、袴田さんを犯人とする、自白調書、五点の衣類、（ズボンの）端布という三つの証拠はいずれもねつ造であり、これ以外の証拠だけでは袴田さんが犯人であるとは認められないので無罪と判断した、というものだった。

あくまで個人的な感想だが、五点の衣類と端布をいずれも捜査機関のねつ造であると明確に認めたことは期待以上であったと思うが、自白調書にも同様の「ねつ造」という表現を使ったことにはやや違和感が残った。確かに、袴田さんが、任意出頭から自白前日まで、連続して一九日間、一日平均一二時間という長時間の取り調べをされ、犯人だと決めつけられる中で「虚偽の自白」を強要されたことは事実であり、これら四五通もの調書を証拠から排除したことは意義深い。しかしこの「虚偽の自白」までねつ造と呼ぶとすると、逆に五点の衣類や端布の「ねつ造性」が低まるように感じられる。

従来の証拠では有罪が維持できないと考えた捜査機関が、五点の衣類に、「血痕を付けるなどの加工」をし、「その発見から近い時期に一号タンク内に隠匿」した行為、そしてこのねつ造証拠と袴田さんを結びつけるために、五点の衣類のうちの鉄紺色ズボンの端布を袴田さんの実家に持ち込んで押収したと見せかけた行為、いずれも、証拠として不適切な、排除すべきものではあるけれど、後者の「ねつ造性」の酷さを考えると、自白の強要とはやはり一線を画す扱いをすべきだったように感じたということだ。ただ別の角度から見るなら、原審では採用された一通の検察官調書を、警察官調書と同様の扱いとして「ねつ造」とまで呼んだこと自体を評価できるという見方もあるのかもしれない。

他方、真実に反する自白は、袴田さんが無罪であることを積極的に示すという浜田鑑定や、五点の衣類に付着した血痕のDNA鑑定により、白半袖シャツに付着していた血痕が袴田さんのものではないこと等を明らかにした本田鑑定が採用されなかったことは弁護団としても極めて遺憾であろう。

法廷で聞いた限りでは、五点の衣類がねつ造証拠であることをもっとも有力に説明したものは、衣類に残った血痕の「赤み」についての鑑定である。裁判長は相当長い時間をかけて、みそ漬けにされた衣類の血痕が黒褐色化する化学反応のメカニズム（化学的機序）についての説明を行った。そして、弁護団が提出した清水鑑定の「中長期間において、血液が付着した衣類をみその中で保存した場合に、血痕が赤みを保っていることはあり得ず、1年以上みそ漬けされた衣類の血痕に赤みが残ることがない」という説は、石森教授や検察側鑑定人の見解からも支持されることや、赤みが残ることを阻害する要因があるとは言い難いことなどを説明した。よって五点の衣類は「その発見に近い時期」に、「犯行とは関係なく」、「捜査機関によって血痕を付けられるなどの加工がされたもの」で、ねつ造であると認定し、よってその衣類と一致する端布が袴田さんの実家から発見されたことも捜査機関によるねつ造と考えるしかないとした。裁判等の経過からみて、警察のみならず検察も一体となってねつ造を行ったことを明確に認めたことが今回の判決のもっとも優れた点であったと思われる。

また、争点が極めて多い袴田事件において、くり小刀が凶器ではないとする押田鑑定や横山鑑定が退けられたり、また第二次再審において弁護団が積極的に主張してきた怨恨説や複数犯人説などが退けられたりしていることの是非については後の議論を待つことになるだろう。

いずれにせよ、今さらながらとはいえ、静岡地裁が、警察、検察といった捜査機関のねつ造を明確に認め、袴田さんが無実であることを明らかにし、無罪を言い渡したことに心から安堵した。

閉廷

長い判決要旨を読み終えた國井裁判長は、最後に、姉のひで子さんに「前に座ってください」と呼びかけ、無罪判決のポイントを簡単に要約した後、「ひで子さんは公判のはじめに『巖に真の自由を与えていただきたい』と言っておられたが、真の自由を与える役割は裁判所には与えられていません。（どうしてかというと）検察官が控訴する可能性もあり、無罪判決は確定しないと意味がないからです」と言葉を続けた。そして最後に「（静岡地裁は）自由の扉を開けましたが、また扉が閉まる可能性があります。ものすごく時間がかかっていて申し訳なく思います。有罪か無罪かを判断するのは、世論でも、検察官でもなく、裁判所の役割です。巖さんの真の自由を獲得するためにはまだ時間がかかると思いますが、これからも心身ともに健やかにお過ごしください」と語りかけ、閉廷となった。

この発言はきわめて現実的な今後の予想であるし、聞きようによっては、検察官への牽制といえるかもしれないが、裁判長の言葉通り、「有罪か無罪かを判断する」、それも正しく判断することが裁判所の役割なのだから、五八年の年月をその誤判のために苦しみ続けてきた巖さんとひで子さんにかける言葉としてはよりきちんとした謝罪がふさわしかったのではないだろうか。いま、この時だけではなく、原審から数えて、この事件の判決に関わってきた多くの裁判官、多くの裁判体の誤判の責任を代表した発言こそが必要だったのではないだろうか。無罪判決を喜びつつも、この点は重い気持ちになった。

ともあれ、袴田巖さん、ひで子さん、弁護団、多くの支援者、そして袴田さんの無実を信じてこれまで様々な形で力を尽くしてきた仲間の皆さんと共に、この無罪判決を心から喜び合いたい。また検察の控訴は決して許されるものではないことを強く訴えたい。検察が今すべきことは、袴田さん犯人説に固執するのではなく、再審開始を決めた村山決定や今回の無罪決定を真摯に受け止め、先達が犯した過ちをきちんと認め、今後の再発防止を誓うことであろう。この無罪判決が一刻も早く確定し、再審法の改正や死刑制度の廃止につながることを願ってやまない。

検察と警察が一緒になって捏造したことを認定

九月二六日、判決公判後の記者会見から

九月二六日一七時すぎから市民文化会館（静岡）で袴田事件弁護団による記者会見が行われた。ここでは冒頭の二名の弁護人と袴田ひで子さんの発言を紹介する。

小川秀世弁護士の発言

「今日は本当にこんなにたくさんの人が一緒に喜んでいただいて、本当にありがとうございます。裁判所も最後、ひで子さんに前に出ていただいて、本当にかみ砕いてひで子さんに理解をしてもらえるように裁判所の判断を伝えていました。本当に良かったと思います。

五八年間、あまりに長すぎたし、そういう点では非常に問題があるとは思っていましたけれども、やっぱり「無罪」という声を聴いて、率直に喜ぶことが出来ました。そういう意味では良かったと思っています。

それに続けて、裁判官が三つの大きな論点について捏造を認定したことも画期的な判断だったと思います。はっきりと捏造を認定され、しかも検察官と警察官がタッグになって、一緒になって捏造をしてきたんだというところも強くはっきりと認定をしたところが、今までの再審請求審の中の決定にはなかった大きな重要なポイントだったと思っています。そういう意味で、検察官、あるいは警察が、どんなふうに感じたのかというのはちょっとわからないですけれども、とも

かく、その点について大きな成果があったということは間違いありません。

　そのほかの論点については、たくさん論点がありすぎて、それについて一つ一つ十分なお話はしなかったんですけれども、五点の衣類を中心とした三つの大きな捏造を認定したことによって、検察官はもうこれ以上、その証拠をカバーできないかぎり有罪の認定はできないわけですから、そういう意味では裁判所は十分な判断を下したと思っています。ともかくよかったです。ありがとうございました。」

判決直後に外で待つ支援者に、
車の上から報告をする小川秀世弁護士と
袴田ひで子さん

袴田ひで子さんの挨拶

「袴田でございます。本当にみなさま、長い裁判でありがとうございました。裁判長さんがね、「主文、被告人は無罪」っていうのがね、神々しく聞こえましたの。わたくしはね、それを聞いて感激するやら嬉しいやらで、涙が止まらなかった。一時間ばかり涙があふれ出てきておりました。それであとのことはね、ほとんど聞けておりませんでした。そういうわけでございますので、あとのことの説明は弁護士さんにお願いいたします。本当にみなさま、長い間ありがとうございました。」

間光洋弁護士の発言

「私の担当の血痕の赤みの問題についてどういう判断だったかということをご報告させていただきます。結論的には弁護側の主張がほぼそのまま受け入れられた、ほぼ完勝と言っていい内容でした。五点の衣類に付着した血痕の赤みが、一年以上みそ漬けにされた場合に消えるのかどうか、これが争点だったわけですけれども、弁護側は赤みが残るはずがないということを繰り返し主張してきました。検察官は血痕の赤みが残る可能性があると、そういう争点になりました。これについて前提として五点の衣類は、当時の五点の衣類を見た従業員の方、あるいは捜査官が言った内容や記載された内容によって、五点の衣類には赤みが残ったということを前提にした上で、その赤みが消えるのかどうか。これがまず争点になったところです。

　まず弁護団、そして支援者の皆さんと協力しておこなってきたみそ漬け実験。それ以外にも検察官がおこなったような実験、そういった各種のみそ漬け実験によって、血痕の赤みが消えるということが相当に推認されるということがまず認定されています。つまり専門的な知見に

袴田事件弁護団による記者会見。9月26日、静岡・市民文化会館

かかわらず、これまで弁護団が行ってきたみそ漬け実験によっても、血痕の赤みが消えるんだということが推認されるということが暗示されているということになります。加えて、専門的知見については弁護側が依頼した旭川医科大学の清水先生と奥田先生。そして北大の石森先生、この三名の専門家の専門的知見を採用して赤みが消えると、一年以上もみそ漬けされれば、専門的知見によっても赤みが消えるということを認定しています。検察官側の証人、専門家証人を検討しても、こちらの専門家証人の証言は揺らがないということで信用性を肯定したということになります。そうすると、血痕の赤みが残らないのに、実際の五点の衣類には赤みが残っているという状況ですので、これは発見される少し前に誰かが入れたものだと。さらにこれは捜査機関が入れたものだという認定までしたということになります。その捏造の話は他の弁護人の方がお話しされると思いますので、赤みの議論ということに関しては、今のような報告をしたいと思います。

　そしてこの赤みの点と検察官控訴との関係性についてですが、基本的にはこの赤みの論点で検察官が勝てるという筋が見いだせない限りは控訴なんかしても意味がないわけです。捏造の議論の出発点、調書の話は置いておいて。五点の衣類の捏造の認定の出発点は赤みの議論から始まっていて、赤みの議論で検察官が仮に捏造であると言われたことについて受け入れられないということを考えても、この赤みの議論で勝てなければ、そんな捏造の話だけをしたって意味がないわけで、結論的には差戻しの即時抗告審で一回やって、ここでも専門家の議論をして、検察官は負けています。今回、私たちは再審公判でも、またこれを蒸し返すのかということを批判して、しかし裁判所は検察官の蒸し返しの議論を受け入れて、第二ラウンドをしたわけですね。証人尋問もおこなっている。それで今回の結論です。検察官は、また全面的に負けたわけです。さらに控訴審で同じ議論を蒸し返すなんていうことはありえないし、そんなことは現実的に不可能と私は考えるのです。控訴なんて絶対にありえないと思っています。」

袴田再審裁判・判決以後を考える

笹倉香奈（甲南大学法学部教授、日本の死刑制度について考える懇話会座長代行）

竹田昌弘（共同通信編集委員兼論説委員）

保坂展人（世田谷区長、元死刑廃止を推進する議員連盟事務局長）

石塚伸一（龍谷大学名誉教授、刑事司法未来、本誌編集委員）

岩井 信
（司会、弁護士、本誌編集委員）

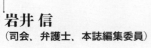

1 はじめに

岩井　今年の九月二六日に袴田巖さんの再審の判決が予定されています。八〇年代に死刑で再審四事件が無罪になったにもかかわらず死刑制度は廃止にならなかった、それは一体なぜなのか。そしてその後、裁判員裁判が導入され、現在に至っています。この袴田さんの再審の判決を踏まえて、今後この時代にもう一度死刑廃止に向けた展望をどうやったら見つけ出せるか、そういう話をしたいと思います。最初に簡単に自己紹介をお願いします。

竹田　共同通信で編集委員兼論説委員をやっています。一九八八年に毎日新聞の記者となり、初任地の静岡で島田事件と袴田事件の再審に行き会いました。九二年に共同通信の記者に転じて赴任した宇都宮では、足利事件が待っていました。本社の社会部へ来たのが九四年。それ以降、主に事件と司法の取材をしてきました。最も注力したのは、オウム真理教事件と二〇〇九年から始まった裁判員裁判です。警視庁を一時期担当したとき、安田好弘弁護士の事件がありました。編集委員室へ異動した二〇一六年からは事件と司法に加え、憲法の連載記事を書く機会が多くなりました。お配りした表（三七〜三九ページ参照）は、裁判員裁判で死刑を求刑された被告人のリストです。共同通信の配信記事に基づいて作成しました。二〇二四年七月までに死刑または無期刑の判決を宣告された被告人のうち死刑は六九・一％。一九七〇年以降の裁判官の裁判で死刑を求刑され、二〇〇九年までに死刑または無期刑の判決が確定した三四六人のうち死刑は五五・八％の一九三人です。数字上は、裁判員裁判では死刑が選択されやすいと言えるでしょう。裁判員裁判では死刑とされたものの、裁判官だけの高裁が無期刑に減軽し、確定した被告人が八人います。裁判官に聞くと、裁判員の量刑意見は厳しく「行為責任の原則」（犯行の態様、結果、動機、計画性などの犯情に見合った刑の幅を、類似事件の量刑傾向を参考にして定めた後、被害者の処罰感情や被告の反省などを考慮して刑を決める）を強調しているそうです。

笹倉　甲南大学法学部で刑事訴訟法を担当しています、笹倉香奈と申します。私は死刑に関しては手続的な観点から、特にアメリカと比較して研究をしています。死刑事件にはもっと慎重な手続が必要なのではないか、具体的に言いますと、スーパー・デュー・プロセス、つまり「超適正手続」が必要なのではないかということを、アメリカのこれまでの判例あるいは実務の運用などを見ながら主張しています。手続的な観点ということで、死刑存置を前提に議論をしていると思われがちなのではありますけれども、結局のところ誤りなく死刑を言い渡すということは、事実認定についても量刑についても難しい。だから、絶対に誤ってはいけない刑罰である死刑を前提にすれば、人間が行う裁判で死刑を言い渡すということは手続的にも許されないだろう、だから死刑は廃止するしかないと思っています。

個人的には、「イノセンス・プロジェクト・ジャパン」という冤罪救済団体を二〇一六年に立ち上げ、現在事務局長をしております。また翌年にSBS検証プロジェクトという児童虐待冤罪に特化したプロジェクトも立ち上げ、そちらの共同代表もしています。つまり、冤罪の問題には非常に興味を持って研究あるいは実践をしてきています。

死刑に関しては、いま日弁連を事務局として立ち上げられている「日本の死刑制度について考える懇話会」の座長代理をさせていただいております。今日はよろしくお願いいたします。

石塚　龍谷大学を二〇二三年三月に定年で退職し、現在立正大学で客員教授をさせていただいていて、港合同に所属している弁護士です。私は死刑との関わりというと、うちのお師匠さんの八木國之先生は、牧野英一の系譜を引く教育刑論で、刑罰は教育であるから死刑にしては教育にならないという、非常に型通りの死刑廃止論でした。当時から、死刑の執行猶予制度という中国の制度を日本に紹介されたりしていました。弟子としては、最初から理論的には死刑は廃止だということを疑っていませんでした。しかし、本当に確信的に「日本の死刑はダメだ」と思ったのは、一九八七年に北九州の大学に就職したときに、学生と無期懲役で仮釈放中に殺人を犯したという嫌疑で逮捕された牧野正さんという人の裁判を傍聴していたことが契機でした。三回目か四回目の公判で、「私は、本当はやっていません」と発言されて、法廷がどよめきました。しかし、次の公判では「私がこのままやっていないと言うと家族に迷惑がかかるから。やってることにします」と言って、それ以来、事実について争いはなくなり、精神鑑定が決定し、結局、一審では死刑判決が出ました。その後、弁護士が控訴したのですが、自ら控訴を取下げました。こんなことで死刑が確定してはいけない、と思って人権救済の申立てをしました。控訴取下げについてもその無効を争う裁判のお手伝いをしました。しかし、当時は弁護士の登録していなかったので、まさに隔靴掻痒。弁護士さんにいろいろお願いする立場でした。二〇〇五年に弁護士登録をして、港合同法律事務所でお世話になるようになり、死刑の問題にも、弁護人として関われるようになりました。しかし、牧野さんは二〇〇九年に執行されてしまいました。これは完全に私たちのミスでした。それ以来、死刑の話があったらお付き合いをするということに決めまして、和歌山カレー事件や光市事件など、安田好弘弁護士から言われると、すぐに「入ります」と言うことにしました。いろいろと勉強をさせてもらっています。執行されて人生感も変わりました。一つひとつの事件で手を抜いてはいけないとすごく思っています。これは弁護士だけではなく、研究者としても手を抜いてはいけないと思っています。

保坂　世田谷区長で二〇一一年四月から四期目、二年目に入っています。当然区長という立場からは、死刑制度との関わりは直接的にはなかなか難しいのですが、過去、衆議院議員として九六年当選で〇三年に一回落ちたりしながら足掛け一三年ぐらい衆議院の法務委員会に属していて、誰もやらないことをやるというポリシーだったので、死刑の問題を取り上げていった。フォーラム90の安田好弘さんから、後藤田法相が再開するまでのいわゆる死刑のモラトリアムの時期に死刑廃止をめざす議員連盟が大きく盛り上がったという話を聞いた。話を聞いた頃、議連はあったのですが、そんなに活発じゃなかったので梃子入れしようということで、私は事務局長になりました。

二〇〇一年ぐらいに法務委員会にいた与謝野馨さんが、「保坂さん、死刑廃止を本当にやりたいなら亀井静香を引っ張り込まないとダメだ」というアドバイスを突然声をかけてこられたので、「だって亀井さんって死刑大好きみたいじゃないですか」って言ったのですが、「いや、彼らは死刑反対だ本物だ」という真顔でした。亡くなった金田誠一さんと一緒に亀井さんの事務所に行って、チェ・ゲバラの絵をバックに鎮座する亀井さんに議連の会長を引き受けて欲しいと頼んで、「俺がやると品が悪くなる」とかいろいろ固辞していましたけれど、引き受けてくれた。やってくれるとやはりダイナミックになりまして、これは一つは法改正しようと。で、やはり死刑のモラトリアムで仮釈放のない終身刑である重無期刑というのを作って、同時に死刑制度調査会という死刑臨調的な機関を衆参両院に立ち上げるとか、いろんな案があったんです。亡くなった公明党の浜四津敏子さんが提案する二〇〇八年に浜四津案というのがあって、随分と細かな議論もして、彼女も熱心に取り組んでくれて、だから本当に超党派でやっていました。

エポックとしては、二〇〇二年に欧州評議会議員会議の議員たち約二〇人が訪問したいと言ってきたことがありました。ちょっとした間違いで私は数人来るのかと思ってＯＫって言ったら、二〇人を超えて来るっていうのでこれは大変だと一人事務局専従を雇って、五月二七、二八日に「司法人権セミナー」という形で欧州評議会議員会議を国会内で受け入れた。森山眞弓法務大臣が挨拶して、日本には「死んで詫びる文化がある」と言った。また法務副大臣がずっと出席して、法務省の刑事局長、官房長以下幹部、衆議院議長、参議院議長など国会や政府を代表する要職にある人々が参加してるので、EU側としては、「これはもう日本は死刑のモラトリアム前夜だ」とすっかり信じて帰ったら、その後に何喰わぬ顔で執行があったので、かなり激怒して。もう日本の国会議員とは会わないというようなこともありました。それは死刑廃止に連なる大きな取り組みでしたね。

今日話題になる袴田さんについても、お姉さんと支援者の訪問を受けて、袴田さんの状態はどうなっているのか全くわからないのでとても心配だと相談を受けたんです。法務省の説明は要を得ないというか、一日中、房をぐるぐる歩き回っているとか、ご飯を一粒一粒洗いながら食べている、二時間ちょっとかかるとか異常な行動が日常化している、ただし「異常」ではあっても安定して日々過ごしているみたいな話をしているんだけれど、ちょっと到底信じられないと。やはり、精神的な疾患の状況があるんじゃないかということで、法務省と交渉して、畳替えをするという名目で半分騙して面会室へ連れてきてもらい面会をした。その時の面会のいわゆる対話の記録が貴重なものとなった。その後の袴田さんと同じですね、「袴田さんという実存はもう自分が飲み込んでいないんだ」と、だから勝ったんだと。それってやはり死刑執行に対して、袴田さんの観念の中でそういう虚構のイメージを構築することで防衛していたのかが分かるやり取りだった。たぶんそのことを法務大臣が質疑で決定的な答弁をしました。「断片的に聞くところによりますと、少し常軌を逸し始めた精神状態なのかもしれないと思います」（二〇〇二年一一月二七日衆議院法務委員会・森山真弓法務大臣）。森山大臣の、その一言で袴田さんの執行は消えただろうと思っています。

それから二〇〇九年に裁判員制度が導入された。裁判員制度が導入される直前に、果たして多数決で死刑を決めていいのかという論点で、死刑を決する時には、やはりアメリカの陪審みたいに全員一致制にしようと考えました。そして全員一致ならざるときには罪一等減じて、いわゆる重無期刑に落とし込むという法案を作ったんですね。いわゆる裁判員死刑制度全員一致法でした。これには賛同する議員が結構多くて、超党派の議員立法として勢いづいたのですが、日弁連出身議員の相当ひどい妨害で潰された。要するに各党の法務部会を通らないので、国対で判子押してもらわないと法案提出できない。法案提出までできなかったのは、やはり残念です。まだ未だに多数決で死刑を決めて、その時に死刑に与していない人まで巻き込まれる形で死刑判決を作り上げていくというのは、これは欠陥だろうと思っています。

2 八〇年代の再審無罪四件と袴田再審

岩井　今、執行の停止という話が保坂さんからもありました。ご存知のとおり一九八九年一一月に死刑の執行があって、そこから三年四カ月間、執行がなかった。事実上のモラトリアム（執行停止）に進むのではないかという中、先ほどの欧州評議会のセミナー後に執行が再開されました。その間に何があったか。一九八九年というのは、島田事件で赤堀政夫さんが再審無罪になった年で、同じ年の一二月には死刑廃止国際条約が国連で採択された。それを契機にフォーラム90も九〇年に発足する。しかし、三年四カ月後に後藤田正晴法務大臣によって執行が再開され、そしてまた厳しい状況となりました。

　八〇年代の四つの死刑事件再審無罪に戻ると、当時は死刑制度の廃止は議論されず、冤罪を防止するための議論として、例えば、最高裁が司法研究を肝入りに供述の信用性判断や事実認定の経験則を出していくのですが、死刑制度そのものの再検討には至りませんでした。石塚さん、八〇年代に四件も死刑の確定事件が再審で無罪になったにもかかわらず、それが死刑制度廃止論に結びつかなかったのはなぜでしょうか。

石塚　免田栄さんが釈放の時に、「旧刑訴体制の時に、お前たちは裁判を受けているから、検察も無罪を認めても仕方がないと考えてるんだ」と言われた。検察が、再審に異議申し立てしないというのは、そういう意味だったのですね。その延長線上で考えると、検察は新しい刑事訴訟法の下では死刑冤罪はないというスタンスを維持する。旧刑訴的なものについては変えていかなければいけない。自白偏重ではないというスタンスを取るところで刑事訴訟の運営を変えていくことによって死刑を守ろうとしたと言うことでしょう。

　検察官にも、自信を持って死刑を求刑するようにハッパをかけました。百瀬武雄他「殺人及び強盗致死事件に見る量刑の変遷と地域間較差」（『法務総合研究所研究部紀要』通号三〇号、一九八七年、一～二三頁）は、法務総合研究所による「死刑と無期の分水嶺」についての量刑調査です。この研究は、強盗殺人で「死亡者一・五人」なら死刑になっているという結論を導いています。「殺人で被害者二件だと死刑にならない可能性がある。しかし、強盗殺人で被害者一人だと死刑は微妙だが、二人なら死刑になる」。検察官は勇気を持って死刑を求刑しろというのです。検察官は、死刑求刑で無期に落ちたら高検に報告しなければならない。しかし、オウム真理教の事件や少年による凶悪な事件によって勢いを得てくる。その結果、一九九八年頃、高裁ぐらい。高裁での無期に検察官が量刑不当で上告する事件が五件登場し、検察官による死刑再審への反撃が功を奏し始める。旧刑訴時代の死刑冤罪は認めつつ、他方で、新刑訴には冤罪はない。この戦略は成功し、二〇〇〇年代には、死刑の判決と執行が急増する「殺人狂時代」（チャップリンの映画の題名を借りるとすれば）と呼んでもいいような死刑の嵐が吹くことになります。

たしかに、日弁連も、死刑廃止議員連盟も、全体の流れは、死刑の廃止に向いているようだったけれど、死刑廃止への戦略がなかったため、検察の術中にはまっていったと言えるでしょう。

岩井　制度論としては、当時の再審無罪の四件は旧刑訴法時代の問題だから制度自体には影響を及ぼさないという背景があったのではないかという分析でした。そうすると、袴田さんの場合は明らかに戦後の新刑訴法の実務の中で起きている事件です。刑事訴訟法の専門家である笹倉さんは、袴田さんの再審のインパクトはどう考えられますか。

笹倉　袴田事件というのは、典型的な新刑訴の下での日本の冤罪事件を描き出しているのではないかと個人的に思っています。それはもちろん旧刑訴から綿々と続く、松尾浩也先生の言葉を借りれば刑事司法の「岩盤」みたいなものがあって、それが今でも続いているというところが背景にはあるのではないかと思います。もう少し具体的に言いますと、特に自白を重視する供述依存の刑事訴訟法の運用が行われていて、しかも袴田さんもそうですけれども、無理な取り調べを行う、非常に長期間の身体拘束を使ってそれが行われている。死刑事件の場合は特に激しい取り調べが行われるということで、決してそれは旧刑訴下での問題だけではなくて、新刑訴法の下でも同じような運用が行われてきたということは、袴田さんの事件だけではなくて、その後の明らかになった冤罪事件、例えば布川事件、足利事件、東住吉事件、現在闘っておられる狭山事件であるとか、二〇〇〇年代二〇一〇年代に明らかになってきた冤罪事件でも、必ずしも死刑事件だけではなく同じような構図があるのではないかと思います。やはりこの供述依存、自白偏重の刑事司法というのは二〇一六年の刑事訴訟法改正で一定程度克服を目指されたものではありますけれども、ただしその改革というのはやはり中途半端に終わってしまっている。さらに最近で言うと、例えば大川原化工機事件であったり、あるいはプレサンス事件であったり、検察の特捜部の事件においても長期の勾留を利用して、あるいは自白をしない限りは勾留から解放しないという形の、いわゆる「人質司法」の問題というものが明らかになってきているわけです。現在なお、二〇一〇年代、二〇二〇年代になっても続く問題であるということが明らかなのではないかと思います。

かつ一九八〇年代の四つの死刑無罪判決の時に、法務省は三件が終わった後に内部で報告書を作ってはいますけれども、公表はされていない。そうではなくて、いろいろな人が集まって、例えばイギリスなどで行われるような調査委員会を立ち上げて、同じ過ちがまた起こらないようにするというような検証と制度改革を当時は行うべきだったと思うのですが、それが行われなかったことが、現在の日本の刑事司法の問題点につながっているのではないかと思います。

竹田　ちなみに、島田事件の発生も一九五四年だから新刑訴法ですよね。

岩井　そうですね。竹田さんは、駆け出し記者として静岡で取材を始めて、島田事件の再審無罪になるわけですね。そうすると、竹田さんは、本来、制度の根幹をもう一回検証し直さなければいけない事態であるにも関わらず、それが制度改革に動かなかったのはなぜだとお考えですか。

竹田　それは凶悪な事件、特殊な事件が相次ぎ、現在と比べれば、事件報道も非常に多く、死刑の存否も含めた刑事司法の問題に有権者の目が届かなったからではないでしょうか。警察が刑法犯を認知する件数は一九九〇年代後半から多くなり、二〇〇二年には三〇〇万件に迫りました。事件を起こす三〇歳未満の人口が多かったことが主な理由と言われています。当時、有権者の耳目は凶悪な事件や特殊な事件の報道に向いて、死刑確定者の再審無罪が四件相次いでも、刑事司法の改革に世論は動かなかった。肌感覚としてそう思います。二〇〇三年以降、刑法犯は減り出し、昨年は六〇万件しかありません。事件報道もずいぶん少なくなりました。

石塚　統計的には、九〇年代に入って、死刑は全般的に減る傾向にあったのだけれど、後半になると漸増傾向になり、九八年頃から再び急速に増えていく。オウム事件の影響も大きかったと思います。漠然とした恐怖感がベースにあり、犯罪に怯んでいいのかという反発が広がった。神戸須磨事件のような象徴的な事件はあったけれど、少年非行は、増加も、凶悪化も、低年齢化もしてはいなかった。全体として見れば暴力的な犯罪は減っていたのです。

竹田　一九八九年に毎日が「グリコ事件犯人取り調べ」、読売は「宮崎のアジト発見」と誤報を続けました。「宮崎」というのは、幼女連続誘拐殺人の宮崎勤元死刑囚のことですが、逮捕された人は当時、呼び捨てでした。同じ年の東京・綾瀬の母子殺害事件では、警視庁が少年三人を逮捕し「自白した」と発表したので、新聞、テレビは犯人視報道一色になりました。ところが、三人にはアリバイがあり、報道機関は完全にはしごを外された。この年の一一月から毎日が、一二月には他の新聞、通信社が逮捕された人に「容疑者」の呼称を付けるようになりました。さらに松戸ＯＬ殺人事件の小野悦男さんが九一年の控訴審判決で無罪となり、小野さんが逮捕されたときの犯人視報道はすさまじかったので「犯人と決めつけた表現はやめる」「容疑者の顔写真はできるだけ使わない」など、犯人視報道の見直しが進みました。死刑廃止国際条約が採択されたことなどの影響で死刑執行が止まり、フォーラム90も結成されました。死刑に対する世論に

いよいよ変化の兆しが出ようかというときに、後藤田正晴法相が死刑執行を九三年に再開した。翌九四年に松本サリン事件、九五年には地下鉄サリン事件と次々に判明するオウム真

年	地裁判決数	高裁判決数	最高裁判決数	新確定数	執行数	病死等	再審無罪	確定者総数	
1979	7	1	4	4	**1**			**20**	
1980	9	2	4	7	**1**			**26**	
1981	2	1	3	3	**1**			**28**	
1982	11	8	0	1	**1**			**28**	
1983	5	4	0	1	**1**		1	**27**	免田栄さん再審無罪
1984	6	5	3	3	**1**		2	**27**	谷口，斉藤さん再審無罪
1985	9	5	1	2	**3**			**26**	
1986	5	7	0	0	**2**			**24**	
1987	6	8	6	8	**2**			**29**	
1988	10	4	7	11	**2**			**38**	
1989	2	5	5	5	**1**		1	**40**	赤堀政夫さん再審無罪
1990	2	2	7	6	**0**			**46**	
1991	3	4	4	5	**0**			**51**	
1992	1	4	4	5	**0**	0		**56**	
1993	4	1	5	7	**7**	0		**56**	後藤田法相，執行再開
1994	8	4	2	3	**2**	0		**57**	
1995	11	4	3	3	**6**	0		**54**	地下鉄サリン事件
1996	1	3	4	3	**6**	0		**51**	
1997	3	2	4	4	**4**	0		**51**	検察上告が５件
1998	7	7	5	7	**6**	0		**52**	
1999	8	4	4	4	**5**	1		**50**	
2000	14	6	3	6	**3**	0		**53**	
2001	10	16	4	5	**2**	0		**56**	
2002	18	4	2	3	**2**	0		**57**	光市事件検察上告
2003	13	17	0	2	**1**	2		**56**	
2004	14	15	13	15	**2**	1		**68**	
2005	13	15	10	11	**1**	0		**78**	
2006	13	15	16	20	**4**	0		**94**	
2007	14	14	18	23	**9**	1		**107**	長勢甚遠法相
2008	5	14	8	10	**15**	2		**100**	鳩山邦夫法相
2009	9	9	16	18	**7**	4		**107**	裁判員制度始まる
2010	4	3	7	8	**2**	2		**111**	
2011	9	2	22	24	**0**	3		**132**	
2012	3	4	9	10	**7**	0		**135**	
2013	4	3	6	7	**8**	3		**131**	
2014	2	8	6	6	**3**	5		**129**	
2015	4	1	3	3	3	**1**		**128**	
2016	3	4	6	6	3	**2**		**129**	
2017	3	0	3	3	4	**4**		**124**	再審請求中の執行
2018	4	2	2	2	15	**0**		**111**	上川法相オウム13人執行
2019	2	3	3	3	3	**0**		**111**	
2020	3	0	1	3	0	**4**		**110**	
2021	3	2	2	4	3	**3**		**108**	
2022	0	1	0	0	1	**0**		**107**	少年法改悪　特定少年
2023	0	0	1	3	0	**3**		**108**	

判決・執行。確定者数　1979年から現在まで　（作成・編集部）

理教の事件で犯人視報道に戻ってしまい、世論も犯罪に厳罰化を求めるようになった。有期刑の上限を引き上げるなどした二〇〇五年施行の改正刑法は、厳罰化を求める世論を受けたものです。

岩井　ただ、事件の数と判決の数が関連するかというと必ずしもそうではない。例えばこの表（表1）を見ると、ちょうど後藤田法務大臣が執行再開した一九九三年の前後頃の地裁判決数は、執行が三年四カ月なかった時を含めると、二、二、三、一、四件と少ないですよね。ところが、サリン事件の一九九五年になると一一件で一気に増えて、この前年の九四年は八件と増えていますが、執行再開の翌年なのですね。そして、その後、もう一度、一～三件と減る中で、検察が無期懲役判決に対して連続五件を上告しました。検察官は無期懲役判決に対して通常は上告していませんでしたから、明らかに無期ではなく、死刑を求める政治的な意図によるものです。そして、その次の年から七、八、一四、一〇、一八、一三、一四、一三、一三、一四と死刑判決数が二桁の時代ができていくわけですね。その中では、光市事件で少年に対する無期懲役判決に対する検察官の上告も二〇〇二年に起きている。そして、この二〇〇二年は一八件の死刑判決が地裁であります。こういうふうに見てみると、事件の数が八〇年代に多かったからだけとはいえないのではないでしょうか。

竹田　世論を動かすのは、大きく報道される凶悪な事件と特殊な事件ではないでしょうか。死刑事件はその中に含まれていますが、全てではありません。事件の数とともに、質の問題もあると思います。

岩井　凶悪事件という報道が多かったとしても、表を見ると、執行の再開であったり、検察の上告であったり、光市事件もそうかもしれませんけれど、メディアで報道であったり、そうしたものが影響を与えているようにも思います。いずれしても、島田事件で再審無罪になっても、なぜ死刑制度の再検討にならなかったのでしょうか。

竹田　免田さん、谷口さん、斉藤さんの再審無罪が相次いで確定した一九八三年と八四年には、警察官から拳銃を奪って人を射殺した元消防士の勝田清孝元死刑囚と元警察官の廣田雅晴死刑囚、やはり元警察官で山中湖別荘連続殺人の澤地和夫元死刑囚の事件が相次ぎ、いずれも大きく報じられました。八四年のグリコ・森永事件は江崎勝久社長の誘拐から始まって、警察が高速道路で犯人を取り逃し、東京などのスーパーに「どくいり　きけん」と書かれたチョコレートが置かれた。滋賀県警本部長が自殺し、犯人は「もお　やめや」と終結宣言した。有権者の関心は極めて高かった。赤堀さんの再審無罪判決は忘れもしない、一九八九年一月三一日ですが、この年は昭和天皇の死去から始まり、少年四人による女子高校生コンクリート詰め殺人、宮崎勤元死刑囚による幼女連続誘拐殺人がありました。一一月には坂本堤弁護士一家が行方不明となり、それぞれ大きく報道され、残念ながら赤堀さんは陰に隠れてしまった。

3　日本の刑事司法の金属疲労

岩井　保坂さんが言っていたように、裁判員裁判を見据えて死刑判決について全員一致制の導入の提案もあったですが、その流れは裁判員裁判に趣旨は受け継がれていったと思いますか。

保坂　いや、ないですね。いくつかちょっと引っかかりがあることがあって、いわゆる第二期とでも呼ぶべき死刑廃止議連に、僕が亀井さんを引っ張り出して一挙に拡大を図ろうと各党に呼びかけるという時に、例えば当時の民主党の中でも、オウムだけは死刑で終わらせてからだというような人は結構多かったですね。死刑廃止だったのだけれど、オウム事件で変わった、それがちょっと大きかったということと、実はいくつかいろんな問題が死刑廃止議連の中で派生してくるんですね。僕がやっていた最後の方は、裁判員の死刑全員一致法だったのですが、その前後に重無期刑（仮釈放のない無期刑）だけを創設しようという加藤紘一さんとかが中心になって自民党中心として盛り上がった時期があって、その時に、法務省は「重無期刑というのは死刑以上に残酷だ」というキャンペーンを張ります。これに死刑に反対してきた人たちの中にも、やっぱり重無期刑というのは作っちゃいけないんだという議論があったんですよ。だから我々としてはとりあえず制度を廃止する前にモラトリアムだ、しかし何の理由もなくモラトリアムできないので、重無期刑の創設と死刑制度調査会で議論するみたいなフレームを考えたり、あるいは裁判員全員一致法でも、一人でも違うといった場合には制約をかけようとしたのですが、「いや、事実上の終身刑はもっと残酷なんだ」というキャンペーン力というのは結構すごかった。法務省はもう一人一人説得しましたから。で、やっぱりそうかなという人も出てきたということですよね。

石塚　その議論って、明治四一年刑法に変わる時に、小河滋次郎が「終身刑は反対だ。刑務官は希望のない囚人を処遇することはできない。いつか出れられるから言うことをきくのだ」と言っています。ゴールのないマラソンは辛すぎる。それがどこまで行くのかわからないのは残酷すぎるんだというのが刑務官の立場です。これが、死刑より終身刑の方が非人道的だという意見と繋がっていきます。これは上手な戦術でした。行刑の現場に終身刑に対する根強い嫌悪感がある。他方で、人権擁護派も一生刑務所から出られないような刑罰には反対する。終身刑を代替刑とする死刑廃止論は支持者が少ない。

保坂　恩赦の仕組み基準を作り、制度設計をし直すとか、いろいろと議論をしたのだけど、「重無期刑とか仮釈放のない終身刑」って言っただけで死刑より残酷だという反対論に自民党の動きもつぶされていく。僕はそれは違うだろうと思うんですよ。絶命させるのと、獄につながれながらもそこに生存しているのと違うと思うので、そこを論理的に乗り越えられなかったという面もあるわけですよ。

石塚　浜四津案に対しては、日弁連がかなり強く反対しました。

保坂　ただ世論調査で見ると、やはり仮釈放のない重無期刑を創設した場合、死刑制度についてどうですかと問うと、結構高いですよね。

石塚　三〇％を超えるくらいの支持がある。

保坂　大きな事件やってもすぐ出てきちゃうでしょう、みたいな誤解がある。実際に無期懲役でもほとんど出てこないんだけども。

竹田　無期刑は軽いという誤解が世の中にあり、だから死刑をなくしてはいけないという人は非常に多いように思います。無期刑受刑者については、法務省が毎年発表していて、仮釈放された無期刑受刑者の人数と平均服役期間は二〇二〇年が八人、三七年六カ月、二一年は七人、三二年一〇カ月、二二年の五人は四五年三カ月です。一方、死亡した無期刑受刑者は二〇年と二一年は二九人、二二年は四一人で、この人たちにとって無期刑は終身刑でした。

保坂　意見として、そんなやつを長く税金で養うのかっていうのもあった。それは、今の刑務所の中の労務作業の評価を上げてちゃんと賃金を得て貯めて犯罪被害者に対する補償に充てるという仕組みを作ったかどうかとか。

竹田　今、話された犯罪被害者は、法務・検察と警察も含めて、ずっと見捨てられてきました。だからせめて加害者を死刑にすることで、被害者の無念を晴らすのだという思いも、世の中の人にはあったかもしれない。

保坂　そうですね。

石塚　そこはやはりオウムの事件の被害者の人たちがたくさんいるし、ひどい事件だというので、被害者に対する注目が高まった。

竹田　法務・検察が犯罪被害者に被疑者の勾留状況、処分結果と起訴事実の要旨、不起訴処分の理由、公判期日、判決の内容などを伝える被害者通知制度を始めたきっかけは、一九九七年の片山隼君事件でした。

保坂　そうですね。だから下稲葉耕吉法務大臣というのが謝罪した。片山隼君が青信号を待っていた時に、大型トラックに引き逃げされた時に、なぜか不起訴になった、不起訴の理由を教えてくれと検察の窓口で両親が言ったら、そんなものは本人にしか教えられないとかって言ってね。本人亡くなってるわけなんですよ。検察審査会の書類を、これしかないよって言われてポンと投げられて。これを国会で追及しました。

石塚　それと死刑って繋がりますか。隼君の事件は自動車運転過失致死ですよね。

竹田　犯罪被害者の運動に繋がるです。一九六六年に息子を殺された横浜の市瀬朝一さんが遺族の会をつくり、国による補償制度を求めたのが被害者運動の最初です。七四年の三菱重工ビル爆破事件で亡くなった人が労災の出る社員と、出ない通行人に分かれたことなどから、犯罪被害者給付金として結実しました。市瀬さんの生涯は木下恵介監督、若山富三郎さん主演の映画「衝動殺人　息子よ」になっています。その後、運動は下火になりましたが、オウム真理教事件の被害者や片山隼君の父徒有さんの運動を挟んで、岡村勲弁護士の「あすの会」に繋がります。あすの会は被害者・遺族が公判で証人尋問や被告人質問、意見陳述ができる被害者参加制度、刑事裁判の中で被告人に損害賠償を請求できる制度、殺人罪などの公訴時効撤廃などを次々に実現していきました。

石塚　すでに七〇年代。同志社大学の大谷實先生たちがやっておられました。

保坂　下稲葉法相が片山さんの両親に謝罪すると、その直後に原田明夫刑事局長が面会し事務方としても謝罪、再捜査と被害者遺族への情報開示につなげていったんです。

笹倉　いずれにしても犯罪被害者問題は、死刑の問題とは別なのか繋がってるのかというところはありますけれど、少なくとも死刑廃止論者だってもうちょっと犯罪被害者の権利の拡充には、尽力すべきだったのでしょう。サポートであるとか、ケアであるとか、そういうことをもっと早くしていれば、こういう議論にはならなかったのかもしれないなと。

石塚　対立しないのにね。

保坂　僕は世田谷一家殺害事件の被害者をどういうふうに支えるか、今は区長として取り組んでいます。

4　裁判員裁判と死刑

岩井　今日は、少し歴史的な流れを追いながら議論していきます。二〇〇九年に裁判員制度が始まります。竹田さんが冒頭で紹介したように、裁判官裁判で死刑または無期刑が確定した人のうち五五・八%が死刑だった。ところが裁判員裁判で死刑または無期刑のうち死刑になったのは六九・一%。そういう意味では死刑の率が裁判員裁判では高くなっているという厳罰化傾向を見られるとのことですね。一方で、絶対数としては死刑の判決数は減ってきている。先ほども議論があったように控訴審の裁判官裁判で、一審の裁判員の死刑判決をひっくり返したケースが八件ある。つい最近も、三人中毒死事件について控訴審が初めて裁判員裁判の無期懲役判決を死刑にするのではないかとの報道もありましたが、結果的には一審の無期を維持しました。こうした流れについて、どう思っていますか。

竹田　殺された被害者が一人の場合、裁判官の裁判では、誘拐殺人や保険金殺人などでないと死刑判決は出ませんが、裁判員裁判では殺害被害者一人でも四人が死刑とされ、うち一人は自ら弁護人の控訴を取り下げ、死刑を確定させましたが、残る三人は裁判官だけの高裁が無期刑に減軽しました。殺害被害者が二人以上で死刑とされた人でも、高裁で関与の程度が高くないとか、心神耗弱などと判断され、五人が無期刑となっています。裁判官の裁判で検察官の求刑を超える判決は千人に一人ですが、裁判員裁判が始まった二〇〇九年から三年間は百人に一人の割合で、求刑超えの判決が出ました。裁判員の意見を尊重すれば、介護殺人などは同情して従来よりも軽くなりますが、それ以外は厳罰化します。そこで最高裁は一四年七月、求刑の一・五倍とされた虐待死事件の判決で「裁判員裁判といえども、他の裁判の結果との公平性が保持された適正なものでなければならない」と判示しました。求刑超えの判決は翌一五年ゼロとなり、一六年以降は年に一人から七人です。裁判官は先ほど話した「行為責任の原則」を理由に、裁判員の厳罰意見を抑えにかかっています。当初六時間半だった平均評議時間はどんどん長くなり、昨年は一四時間一七分です。裁判官に聞くと、量刑傾向がわかるグラフで説得するそうです。死刑判決を出した複数の裁判員からも話を聞いていますが、死刑に積極的でない裁判員は同様の事件の量刑グラフを見せられるなどして、次第に黙り込むそうです。結局、多数決で決まってしまうので、どうしようもないと思うのでしょう。

保坂　だからそれは一番問題で、要するに陪審は全員一致だというのが、戦前の日本はどうだったのかな。戦前の陪審は。

竹田　日本の陪審裁判は英米と異なり、過半数で有罪としていました。

保坂　一緒。なぜこの死刑といういわゆる究極の刑罰で多数決が導入されたのか。やってないんじゃないかと無罪を信じる人も巻き込まれて、少数だからということで、その死刑に関与を強制的にさせられてしまう。これは裁判員の人権無視でもあるし、制度として欠陥でやってはいけない話ですよね。だから裁判員制度を是正するためには、全員一致制をなるべく早くやらなければいけないんだけれど、当時、一五年前に議論した中では、その必要なしと受け付けないベテラン弁護

裁判員裁判の死刑求刑事件

（判決の▲死刑、△無期刑など、◇無罪、Ｖ数は殺害被害者の人数、確定の■死刑、□死刑以外、Ａ被告人、Ｂ弁護人、Ｐ検察官）
共同通信編集委員兼論説委員の竹田昌弘が配信記事に基づいて作成〔2024年9月22日現在〕

NO	判決	年	月	日	地裁	被告	罪名	Ｖ数	確定	執行	備考
1	△	2010	11	1	東京	林 貢二	殺人など	2	□		計画性ないと無期刑、双方控訴せず確定
2	▲			16	横浜	池田容之	強盗殺人など	2	■		Ｂ控訴取り下げ、共犯者が国外逃亡
3	▲			25	仙台	千葉祐太郎	殺殺人、殺人未遂など	2	■		事件当時18歳、Ｂ控訴・上告棄却、171218再審請求、211011再審認めず確定
4	▲		12	7	宮崎	奥本章寛	殺人、死体遺棄	3	■		Ｖは妻と生後５カ月の長男、義母、Ｂ控訴・上告棄却、色鉛筆購入禁止は違憲と提訴（敗訴）
5	◇			10	鹿児島	白浜政広	強盗殺人など	2			現場にＡのＤＮＡ型や細胞片あったが、殺害の証拠ないと判示、Ｐ控訴、被告病死により公訴棄却
6	▲	2011	3	15	東京	伊能和夫	強盗殺人など	1	□		黙秘、無理心中の前科を過大評価と高裁は無期刑に、Ｐ上告棄却
7	▲			25	長野	松原智浩	強盗殺人など	3	■		Ｖは建設業一家、Ｂ控訴・上告棄却
8	▲		6	17	横浜	津田寿美年	殺人	3	■	×	Ｖは大家とその弟、弟の妻、Ｂ控訴取り下げ
9	▲			21	沼津	桑田一也	2強盗殺人など	2	■		Ｖは妻と交際女性、Ｂ控訴・上告棄却
10	▲			30	千葉	竪山辰美	強盗殺人など	1	□		Ｖは女子大学生、計画性ないと高裁は無期刑に、Ｐ上告棄却
11	△		7	20	さいたま	高橋隆宏	殺人、詐欺など	2	□		養母とおじ殺害は16の新井竜太の指示と無期刑に
12	▲		10	25	熊本	田尻賢一	強盗殺人など	2	■	×	Ｂ控訴棄却、Ｂ上告本人取り下げ
13	▲			31	大阪	高見素直	殺人、現住放火など	5	■		日曜日のパチンコ店でガソリンまく無差別殺人、絞首刑の違憲性争点、Ｂ控訴・上告棄却
14	▲		12	6	長野	池田 薫	強盗殺人など	3	□		7の共犯、巻き込まれる形で加担と高裁は無期刑に
15	▲			27		伊藤和史		3	■		7、14の共犯、Ｂ控訴・上告棄却
16	▲	2012	2	24	さいたま	新井竜太	殺人、詐欺など	2	■		いとこ（高橋隆宏）の養母とおじ殺害（11）の首謀者、養母は保険金殺人、Ｂ控訴・上告棄却
17	△		3	19	鹿児島	川下 誠	強盗殺人など	2	□		殺人と窃盗で無期刑、双方控訴せず確定
18	▲		4	13	さいたま	木嶋佳苗	殺人、詐欺など	3	■		首都圏連続不審死事件、Ｖはいずれも直前に会っていた交際男性、結婚詐欺も認定、Ｂ控訴・上告棄却
19	△		11	6	さいたま	斎藤勝彦	強盗殺人など	2	□		Ｖは知人男性と交際女性、「供述で事件解明、反省している」と無期刑に、双方控訴せず確定
20	▲		12	4	鳥取	上田美由紀	強盗殺人など	2	■	病死	鳥取連続不審死事件、借金返済などを免れるため知人男性２人殺害、Ｂ控訴・上告棄却
21	△		12	12	大阪	矢野裕一	殺人	2	□		４カ月前まで医療観察で入院､「衝動的」と無期刑、Ｂは心神喪失など主張
22	▲	2013	2	14	岡山	住田紘一	強盗殺人など	1	■	×	Ｖは元同僚女性、Ｖ１人で死刑確定は裁判員裁判で１人目、前科なし、Ｂ控訴取り下げ
23	△		3	13	広島	竹中誠司	強盗殺人など	2	□		Ｖ夫婦、計画性ないと無期刑、Ｂ控訴・上告棄却
24	▲			14	郡山	高橋明彦	強盗殺人など	2	■		Ｖ夫婦、Ｂ控訴・上告棄却、裁判員の女性が「現場写真や通報の録音再生で急性ストレス障害」と国賠提訴（敗訴）
25	▲		6	11	東京	浅山克己	殺人、現住放火など	3	■		動機は元交際男性２人を支配するため、Ｂ控訴・上告棄却
26	▲			14	長崎	筒井郷太	殺人など	2	■		ストーカーしていた女性の母、祖母殺害、Ｂ控訴・上告棄却
27	▲			26	堺	鈴木勝明	強盗殺人など	2	■		車庫のドラム缶に２遺体、Ｂ控訴・上告棄却
28	▲	2014	3	10	堺	西口宗宏	強盗殺人など	2	■		Ｖは主婦と元象印副社長、元刑務官の坂本敏夫さんが死刑執行の状況を証言、Ｂ控訴・上告棄却
29	▲		9	4	東京	渡辺 剛	強盗殺人など	2	■		Ｖ夫妻はスイス在住、一時帰国中、Ｂ控訴・上告棄却
30	▲	2015	2	20	名古屋	林 振華	強盗殺人など	2	■		Ａ中国人三重大留学生、Ｖ女性と次男、Ｂ控訴・上告棄却
31	▲		6	26	大阪	礒飛京三	殺人など	2	□		ミナミ通り魔、覚醒剤使用による精神障害を一審「有利に扱えぬ」､二審「軽視できぬ」と無期刑に、双方上告棄却
32	▲		7	28	山口	保見光成	殺人と非現住放火	5	■		Ｖ近隣住民、一、二審とも妄想性障害だが影響大きくないと認定、Ｂ控訴・上告棄却、再審請求の特別抗告中
33	▲		12	15	名古屋	堀 慶末	強盗殺人など	2	■		07年の闇サイト事件で無期刑確定後、98年の本件夫婦殺害はＤＮＡ型で浮上、Ｂ控訴･上告棄却、手紙不許可の国賠勝訴

34	△	2016	2	5	名古屋	佐藤　浩	強盗殺人など	2	□		33の共犯、従属的と無期刑
35	▲		3	18	神　戸	君野康弘	殺人、わいせつ目的誘拐など	1	□		Vは小1女児、高裁は「計画的な事件と同程度の非難はできない」と無期刑に、P上告棄却
36	▲		7	20	前　橋	土屋和也	強盗殺人など	2	■		Vは14年11月に93歳女性､翌12月に81歳男性、パーソナリティー障害の影響否定、B控訴・上告棄却
37	△	2016	10	3	小　倉	内間利幸	殺人、死体遺棄など	1	□		Vは小5女児、性犯罪前科あるが、計画性や突出した残虐性ないと無期刑、双方控訴棄却、B上告棄却
38	△		11	2	名古屋	林　圭二	殺人　傷害致死など	1	□		殺人Vの知人女性を九頭竜湖に遺棄、傷害致死Vは同居女性、殺害2件とは異なると無期刑、B控訴・上告棄却
39	▲			24	沼　津	肥田公明	強盗殺人	2	■		無罪主張、直接証拠や物証なし、B控訴・上告棄却、再審請求
40	△		12	14	岐　阜	笠原真也	殺人など	2	□		精神障害の影響認め無期刑、双方控訴せず
41	▲		3	22	神　戸	平野達彦	殺人　銃刀法違反	5	□		淡路島5人殺し、Vは近所の59～84歳男女、妄想の影響は動機だけと一審、実行にも影響と二審は心神耗弱で無期刑、B上告棄却
42	▲	2017	8	25	甲　府	岩間俊彦	殺人など	2	■	病死	VはAが大株主の会社役員、保険金かけマニラで殺害、B控訴・上告棄却
43	▲		11	7	京　都	筧千佐子	殺人と強殺未遂	3	■		V殺人が夫や内縁男性、強殺未遂は知人男性で、いずれも青酸入りカプセルを飲ませる、B控訴・上告棄却、A認知症
44	▲		2	23	静　岡	川崎竜弥	強盗殺人など	2	■		Vは元同僚と知人の男性、B控訴棄却、A上告取り下げ
45	▲			9	さいたま	ﾅｶﾀﾞ・ﾙﾃﾞﾅ・ﾊﾞｲﾛﾝ・ｼﾞｮﾅﾀﾝ	強盗殺人など	6	□		熊谷6人殺し、Aペルー人、V7～84歳男女、統合失調症による妄想の影響は限定的と一審、犯行全般に影響と二審は心神耗弱で無期刑、B上告棄却
46	▲		3	22	横　浜	今井隼人	殺人	3	■		Vは介護付き老人ホームの入所者でいずれも転落死、公判で取り調べの自白映像、B控訴棄却、B上告、A取り下げ
47	△	2018		27	長　崎	須川泰伸	殺人，現住放火	2	□		現場は対馬、Vは父娘、計画的でないと無期刑に
48	△		4	13	大　阪	坂部裕真（旧姓小林）	殺人，殺人未遂など	1	□		Vは面識のない男性43歳、子3人も重軽傷、一、二審とも心神耗弱認め懲役30年、死刑求刑の根拠示していないと地裁
49	△			6	千　葉	渋谷恭正	誘拐，殺人など	1	□		V面識がないベトナム国籍の小3女児、A保護者会長、殺害に計画性なく、残虐とも言えないと無期刑、双方控訴棄却、B上告棄却
50	△		7	20	横　浜	岩崎竜也	殺人，死体遺棄など	2			V中国人姉妹、一審懲役23年、双方控訴、高裁が「地裁は親族間の事件を誤って判断の基準にした」と差し戻し、差し戻し審は求刑通り無期刑、B控訴・上告棄却
51	△		8	6	佐　賀	於保照義	殺人	2	□		車ごとV男女埋める、Vが執拗な借金取り立てと無期刑、双方控訴棄却、B上告棄却
52	△		11	8	姫　路	陳　春根	殺人，逮捕監禁致死など	2	□		共謀共同正犯、逮捕監禁致死V1人、遺体発見1人だけ、一審実審理207日、殺人1件無罪、無期刑、双方控訴棄却、B上告棄却
53	▲		12	19	大　阪	山田浩二	殺人	2	■		寝屋川中1男女殺害、最高裁で控訴取り下げ有効と確定するまで高裁、最高裁で何度も審理
54	△		3	8	名古屋	松井広志（改姓山田）	強盗殺人	2			A知的障害、V80代夫婦、高裁が殺人、窃盗で無期刑の一審破棄・差し戻し、最高裁で確定（差し戻し審判決は23年3月2日）
55	▲		3	15	姫　路	上村　隆	殺人、逮捕監禁致死など	2	■		52の実行犯、殺害2人と逮捕監禁致死1人の実行認定、B控訴・上告棄却
56	△	2019	11	8	甲　府	武井北斗	強盗殺人・致死など	2	□		V強殺は貴金属買い取り店長、致死は会社役員、強殺は計画性ないなどとして無期刑、双方控訴棄却、B上告棄却
57	△		12	4	新　潟	小林　遼	殺人、強制わいせつ致死、死体損壊	1	□		Vは小2女児、遺体を線路脇に置きひかせる、計画性ないと無期刑、双方控訴棄却、B上告棄却
58	▲			13	福　岡	中田　充	殺人	3	■		V妻38歳、長男9歳、長女6歳、Aは巡査部長、侵入形跡なくA以外考えられぬと一審、B控訴・上告棄却

59	▲	2020	3	16	横　浜	植松　聖	殺人、殺人未遂など	19	■		津久井やまゆり園事件、重軽傷26人、Vは1人を除き匿名で審理、Aパーソナリティー障害、B控訴取り下げ
60	▲		12	11	鹿児島	岩倉知広	殺人、死体遺棄	5			Vは祖母、父、伯父の妻とその姉、近隣住人、B心神喪失主張、妄想性障害だが影響小さいと一審、B控訴
61	▲		12	15	立　川	白石隆浩	強盗強制性交等殺人など	9	■		座間事件、自殺願望の女性らは殺人を承諾しておらず、金と性欲目的の犯行と認定、B控訴取り下げ
62	△	2021	3	5	富　山	島津慧大(シマヅ ケイタ)	強盗殺人、殺人	2			交番で警察官刺殺、奪った拳銃で警備員射殺、一審は殺人と窃盗に認定落ち、無期刑、双方控訴、二審が破棄・差し戻し、最高裁で確定
63	▲		6	24	郡　山	盛藤吉高	殺人、道交法違反(ひき逃げ)など	2	□		出所2日後、刑務所へ戻りたいとトラックを盗み、国道脇で清掃ボランティア中の2人をはねる、殺意は確定的でないと高裁が無期刑に、P上告棄却、裁判員裁判の死刑破棄8人目
64	▲			30	水　戸	小松博文	殺人、非現住建造物等放火など	6			Vは3～11歳の子5人と妻、Aは自首後、勾留中に心不全などで倒れ、後遺症で事件の記憶喪失も意思疎通可能と一、二審極刑に
65	△		11	9	横　浜	久保木愛弓	殺人、殺人予備	3	□		大口病院事件、入院患者3人の点滴に消毒薬、統合失調症で心神耗弱と一審無期刑、双方控訴棄却、高裁は自閉スペクトラム症やうつ状態の影響認定
66	△	2022	11	18	新　潟	喜納尚吾	殺人、強制わいせつ致傷など	1			V 20歳、A強姦致死などで無期刑確定、DNA型で本件浮上、V1人の死刑類似事件より悪質でないと無期刑、双方控訴棄却、B上告
67	△			29	大　阪	足立朱美	殺人、名誉毀損など	2			V父インシュリン過剰投与、弟練炭、死刑類似事件より悪質でないと無期刑、双方控訴棄却、B上告
54	▲	2023	3	2	名古屋	山田広志	強盗殺人	2		病死	54の差し戻し審、控訴審中の23年12月、すい臓がんで死去
68	▲	2024	1	18	甲　府	遠藤裕喜	殺人、現住建造物等放火など	2	■		A当時19歳、V片思い女子の両親、改正少年法「特定少年」の死刑、起訴時氏名公表は初、B控訴取り下げ
69	▲			25	京　都	青葉真司	殺人、現住建造物等放火など	36			京都アニメーション事件、妄想性障害だが犯行に影響せずと完全責任能力を認定、B控訴
70	△		2	15	姫　路	松尾留与	殺人、現住建造物等放火	2			V同居妹夫婦の長男小6と次男小1、嫌がらせ続けた妹夫婦の落ち度や軽度の知的障害を酌量、懲役30年に、P控訴
71	▲		7	2	大　分	佐藤翔一	強盗殺人など	2			V 79歳女性と51歳長男、窃盗目的で侵入、A無罪主張、B控訴

注）地裁には静岡地裁沼津支部、福島地裁郡山支部、大阪地裁堺支部、福岡地裁小倉支部、神戸地裁姫路支部、東京地裁立川支部を含み、いずれも支部名で表記。差し戻し審でも死刑求刑の場合、同じ番号で新たに計上している（54）。確定の空欄は公判中。

士は、「いや保坂さん、これは死刑はぐっと減りますよ、市民が選ぶんだから」という意見でしたね。

竹田　私もそう思っていましたが、全然違っていました。死刑を求刑された場合、同様の事件が死刑となっているのをグラフなどで示され、やはり重大な事件だから死刑は当然だと考える裁判員が非常に多いようです。それは、裁判員の候補者となっても辞退する人と選任手続きを欠席する人が合わせて八〇％近くいて、裁判員休暇がある公務員や大企業の社員、裁判員をやってみたいと考えていた人が裁判員に選ばれていることと関係があるかもしれません。

笹倉　少なくとも裁判官裁判の時は、事実上全員一致制だったと言われてるわけじゃないですか。まあ、袴田さんはちょっと違ったかもしれませんけれど。

保坂　でも袴田さんのときも後になって告白、懺悔した熊本典道さんも当時は、内心はやっていないと思いながらうなずいていますよ。

笹倉　だけど、元裁判官が書いたものでも、全員一致制は一人一人の意見がわかってしまうからするべきではないというような論文がある。でも私はそれは違うなと思っていて、少なくとも特別多数制で、願わくば全員一致制にするべきだと思います。

竹田　最低でも三分の二以上とか。

笹倉　そうですね。

石塚　裁判員裁判の評議のルールからは、裁判員全員が死刑に反対すれば死刑にはならない。ところが裁判所側の人たちは、裁判員が死刑を支持したから死刑になったかのようないい方をする。これが良くない。

竹田　裁判員六人が死刑だと言っても、裁判官が死刑と言わないときがあるかもしれないし。

石塚　裁判官全員が現在の量刑相場から見て、この事件には死刑が相当とは考えられないと言ったら、裁判員全員が死刑に賛成しても死刑にはならないことになっている。今のシステムは。そういう歯止めをかけている。裁判員のせいにするのは裁判所がずるい気がします。

笹倉　あと、死刑の適用基準が日本はそもそもないので、やはりそこが問題ですね。どうやって死刑にするのかしないのかというのが、結局感覚的な判断ですよね。

竹田　今は永山基準もほとんど崩れています。

石塚　永山判決は基準じゃないと言い始めている。判断要素にすぎないと。

竹田　永山基準に沿ったように、一件ずつちゃんと判決書に書いてないですから、あんまりちゃんとやってないような気がします。

岩井　死刑量刑に関するアメリカにおけるスーパー・デュープロセスでは、どういう工夫がありますか。

笹倉　日本との一番大きな違いは、減軽証拠を丹念に見るというところですよね。日本は行為責任で量刑の枠を決めるということになっていますけれど、アメリカの場合は減軽証拠をいくらでも被告人側が提出できる。減軽証拠を集めるための専門家が、丹念に被告人から三世代前まで遡って、どんな証拠でも出せるというのは大きな違いですよね。それだけして死刑を本当にいいのかどうかということを突きつけるというのは大事だと思いますね。

石塚　冤罪の話なのですが、八〇年代後半ぐらいから、重要なのは自白じゃなくて科学証拠だと言い出しましたね。

笹倉　そうですね。

石塚　その時にＭＣＴ１１８のＤＮＡ鑑定のような、まだ生煮えな技術を使って失敗しましたよね。その時に目指した方向は検察の失地回復であり、自白偏重を警察でやらせないようにするためには科学証拠だということで、論点がそっちに持っていかれた。鑑定の科学性が次の争点になっている。

笹倉　科学的じゃないというところと、あとは自白を取れなくなったというところだと思うんですよ。九〇年代から当番弁護士制度ができて、捜査弁護が盛んになりました。ミランダの会が立ち上がって、原則黙秘ということが常識になったわけです。これからの事件というのは、情況証拠による事実認定が問題になる事件が多くなる。そうすると飯塚事件みたいな問題がやはりいろいろなところで起きると思います。

石塚　それは刑訴で言うと、どういう方向に進むということ？

笹倉　科学的証拠のような客観証拠の強化につながるはずなのですけれど、ただ科学的証拠が今どうなっているかというと、そんなに科学的ではない。とりあえず今は防犯カメラとDNAだけですよね。

竹田　それと位置情報。

石塚　携帯電話。ここにメッセージが書いてあるという記録があれば、供述証拠じゃなくて物で取られちゃう。

笹倉　ええ。

石塚　あれはまずいですよね。ナイショの話は、対面じゃなくて携帯で謀議する時代じゃないですか。

竹田　携帯電話を押収したら、デジタルフォレンジックで古い記録も含めて全部復元する。MCT118の時代よりよくなっている気がします。

笹倉　でも、アメリカでは今デジタル・フォレンジックによる冤罪というのが結構多い。

石塚　そうですね。

竹田　次々また出るでしょうね、そういう技術が。

5　再審法をめぐって

保坂　一つは袴田さんの話で、これも言いつくされていることかもしれないけれども、彼が獄中で私はやっていないと山ほど手紙を書いて、最終的に刑務官の話だと、やはり再審が静岡地裁で棄却された時かな、その裁判関係書類を見てがっくり肩を落としてしまい、それ以来裁判関係書類を一切見なくなったんですね。弁護士とも会わないと。

そうすると新たな問題が起こってきて、再審無罪がもし出たとしても、本人が会わない、受け取らないというような状態でした。袴田さん自身が拘禁症が悪化し裁判関係書類も再審に向けた証言もできず、弁護人とも会わないという長期拘留と権利放棄という二重の奪われた状態にある。だから、司法的に決着が仮についたとしても、本人の中での長期拘留でもう八〇半ばでしょう。それと袴田さん自身の認知能力も一般的には衰えていく時期になっているし。袴田巖さんは出てきたんだけれど、袴田巖として喋っていない。拘置所は出たけど現実世界では消えた人っていうのかな。いわゆる長期拘留の中で作られた人格というのは結局残ったということですよね。そこが二重の悲劇ですね。

石塚 結局、検察は再審の審理を引き延ばすことによって、元被告人・再審請求人が亡くなるのを待っているというところがあるじゃないですか。名張毒ブドウ酒事件なども。

竹田 名張はそうでしたね。裁判所も審理を急がない。

笹倉 台湾は必ず一〇カ月以内に結論を出さないといけないのですよ、再審事件で。裁判官もそれを守らなければ点数が引かれる。だからすごく迅速に進むのですけれど、やはりそういう規制は必要なんじゃないかと思います。早いのがいいという訳ではないのですけれど、迅速な裁判を。

石塚 再審は早いのがいい。

保坂 再審開始決定が出ても、再審が始まるなり、特別抗告があったりして、またそこで二年三年費やす。それでやっぱり再審法の改正というのを、多少国会の中でやろうという機運があるのでしょう。

岩井 制度の変革で言うと、再審法の改正を日弁連も議員に働きかけもして、非常に大きなテーマになっています。再審手続をどうするかという議論と、もう一つ、冤罪だけではない死刑制度の問題もあって、その両方の接点が袴田さんの再審にあると思います。再審手続は当然、大問題で改正しなきゃいけない。最近、鹿児島県警の証拠隠滅で「再審や国賠請求などにおいて廃棄せずに保管していた未送致書類や写しが組織的にプラスになることはありません」という内部資料が出てきました。その意味でも、再審を制度としてきっちり位置づけて、証拠の保存、証拠の開示を含めて、少なくとも法案の改正として動き始めているわけですね。これに対して、死刑制度については未だに制度改革に結びつくような形では議論になっていない。それを今後どうすべきなのか、最後にこの議論を進めていきたいと思います。最近の報道で、裁判員裁判の経験者から、死刑に関する情報公開と執行停止の要望書が出されたことがありました。

竹田 その裁判員経験者の申し入れは、死刑に関する情報や知識がないのに、裁判員は死刑の判断に関与させられているとして、死刑の情報を公開し、国民の間に複層的な議論を促すまで執行を停止するよう求めています。死刑判決を出した裁判員経験者も、死刑がどのように執行されているのかはよく知りませんでした。再審法について申し上げると、それだけでなく、刑事訴訟法全体を改正すべきだと考えています。裁判員裁判で一番変わったのは裁判官です。取り調べで供述したことが本当かどうかなんて、公判で審理したくない、公判の中で被告人が供述したこと、証人が証言したことで私たちは審理したいと言っています。録音・録画されている取り調べでも机を叩いて脅す検事がいる。「おこちゃま」などと言って被疑者を愚弄する検事がいる。取り調べ室に持ち込んだＩＣレコーダーには「お前がやったんだろう、俺にはわかる。間違いない」と自白を迫る警察官の声が録音され、取り調べで何をやっているかが全部明らかになった。弁護人が立ち会った取り調べで作成された供述調書以外は証拠にできないように改正すべきです。被告人が罪を認めている場合、アメリカのアレイメント（罪状認否制度）のように、検察官と弁護人が量刑を話し合い、裁判官がその結果の適否を判断する。量刑に裁判員を関与させず、被告人が否認している事件は罪種に関わらず、全て裁判員裁判にする。裁判官もそれに集中する。検察官の上訴は法令違反を除き、禁止する。そうした制度が求められているのではないでしょうか。

岩井　今日の座談会の文脈に置きかえると、八〇年代の四件の再審事件の後の最高裁の対応は、供述の信用性判断や情況証拠の認定の仕方などの司法研究を出すことでした。死刑制度の核心そのものというよりも、その周りの手続きなり裁判官が誤った判断をしないようにすると。手続の改革は、その後も続くと思います。ただ、それは死刑制度の核心部分にはなかなか迫っていかない。それを今回の袴田さんの再審を踏まえて、死刑制度の核心に迫るような分析と応答ができないかと思います。笹倉さん、いかがですか。

笹倉　そうですね。死刑制度そのものもそうですし、現在の死刑制度の運用の問題、袴田さんの事件もそうなんですけど、大阪でいくつか違憲訴訟をやっていますよね。ああいうところで、死刑制度そのものも問われていますので、二段階あると思うんです。死刑の存廃はもちろん議論しなきゃいけないのですけれど、現在の日本の死刑のあり方というのがどうあるべきなのか、そういうのがあり得るのかということですよね、適正な死刑の手続きなんていうものが。そのあたりをもうちょっと現実的な実際の事例を見ながら分析するということも必要なのかなと思いますし、そのためにはやはり袴田さんの判決が出た後に、今回こそはしっかりとした検証が行われるということは期待したいですね。

岩井　先ほど死刑の量刑基準が本当にあるのかというご発言があったと思います。光市事件判決では、一人殺害すれば原則死刑、特段の事情があって死刑を回避できるという、事実上、永山判決を変更するような基準が出て、一時期はそれに従った検察の論告や一部判決が続きましたが、現在は必ずしも全部が全部、そうなっていない。一方で永山判決の基準も、それ自体が明確ではなく、死刑の最後の手段性も丁寧な議論がなくなってきているようにも思います。死刑基準は本質的には不可能性になるしかないとも思いますが、スーパー・デュープロセスからは、どう思いますか。

笹倉　そうですね。だから、どういう場合に死刑を言い渡すことができるのかという基準の点はもうちょっと明らかにしないといけないというのはその通りなんでしょうね。

岩井　アメリカでは、死刑量刑基準をガイドラインとして出していますが、先生はそうしたガイドラインについては、どう思われますか。

笹倉　日本では、法定刑の幅が、例えば殺人罪なら死刑から懲役五年以上まであるというのは、あまりにも幅がありすぎます。一つあり得るのは、第一級殺人とか第二級殺人みたいにもう少し分けていくというのはあり得るかなと思います。

竹田　裁判員裁判の死刑求刑事件の表を見ると、大体は今の基準が分かります。

岩井　事案類型的な形でしょうか。

竹田　そうです。まず殺害被害者の人数に基準があります。一人だと裁判員裁判で死刑にしても高裁が無期刑に変えたので、三七番、四九番は子どもが殺されて被害者一人で死刑を求刑されましたが、裁判員裁判で無期刑を選択しました。五七番の小林遼受刑者は、子どもの遺体を線路脇に置いて電車にひかせた事件でしたが、これでも無期刑です。殺害被害者二人以上でも、関与の程度や責任能力の減退、計画的ではないといった理由で無期刑となります。二〇一六年の三四番から二〇二一年の六五番、岩井さんが最初の方でおっしゃった大口病院事件まで、判決の欄で無期刑などを示す△が多いでしょう。

保坂　裁判員制度から一五年経って、冒頭で話したような全員一致制ということはぜひ検討するべきだと思うし、いわゆる殺人イコール死刑という擦り込みがテレビドラマとかでもあるんですよね。死刑というのは当然だろうというような価値観というのがあり、もう一つは、その裏に「無期というのはすぐ出てくるんでしょ」という誤解があると。で、裁判員自身もそうなわけです。となると、一つはその全員一致だけど、もう一つは重無期刑という仮釈放のない形のフレームがありますよと。それと死刑と。その中で普通の無期懲役と選んでいこうということで、裁判員判決における選択肢を増やすべきじゃないかと。

たぶん多くの人が気づいていると思うんだけれど、最近この年一回二回ぐらい「死刑になりたい」という自爆型無差別殺人という犯罪がある。その犯罪目的が死刑執行なんですよ。死刑判決が出れば、当然控訴を取り下げるし。犯罪目的である「死刑事件」で成就するというのはありなのかということは言いたいですよね。だって、それは犯罪目的としての思いを遂げちゃうことになるので。それはやっぱりあり得ないよという判決を出して、その身勝手な、人を多く殺していくような自爆自殺型の犯罪というものに対して、平気でやっぱり死刑としてはならないんじゃないか。ここは重無期刑の創設が死刑を望んでの大量殺人を抑止することになるという論点です。

竹田　仮釈放のない無期刑を設けて、裁判員の選択肢を増やすことには賛成です。死刑になりたいと言って他人を殺害した人は、仮釈放のない無期刑とし、考えを根本的に改めたときは恩赦にする。ただ死刑制度を廃止に持っていくには、イギリスのように、誤判がきっかけになると思います。これだけ裁判に間違いがあるのであれば、死刑は無理だなという世論になれば、廃止に向かうのではないでしょうか。

石塚　一九八〇年代の四つの死刑冤罪が明らかになったのに、なんで死刑廃止に繋がらなかったのだろう考えると、やはり政府側の人たちの周到な計画があったと思うんです。後藤田正晴という、これ以上ありえないような強硬派を法務大臣に仕立てて、ほかの法務大臣がビビってるモラトリアム、死刑執行停止状態を切るというのはすごいことですよね。要するに、死刑は執行すべきものだということをアピールする。その一方で、刑事訴訟についての少しのマイナーチェンジでこれを乗り切ろうという意志が一致して、彼らは成功したと思うんです。死刑を守りきった。

今、袴田再審を廃止につなげていこうとすると、政府は再審改革と死刑廃止を分断してくると思うんです。林真琴さんとお話ししたことがあります。林さんは、刑罰は教育、改善更生が目的だとおっしゃるが、それと死刑は両立するんですかと聞いた。答えは、それを決めるのは法務省でも、検察庁でもない。政治マターですというのは答えだった。保坂さんたちがやっていた浜四津案を含めた終身刑導入によって選択肢を増やすというのは一つの戦略だったと思うんです。では八〇年代と何が違うかっていうと、東京では袴田事件も含めて再審の問題、特に日弁連中心に再審法制定問題というのは政治マターにもなろうとしている。大阪ではさっき笹倉さんが言った死刑処遇訴訟で絞首刑が残酷だという議論が出てきている。九州では飯塚事件、菊地事件。この三地域ではそれぞれ別のグループが頑張っている。このような動きを全体としてどうやって戦略としてまとめていく必要がある。大きな図がないと、それぞれが再審法を作りました、死刑は抑制的に運用しましょうみたいな話では最悪のシナリオだと思う。死刑廃止フォーラムがちゃんと戦略を立てなきゃいけないんじゃないですか。

6　死刑制度懇話会の動き

岩井　笹倉さんが座長代理をしている死刑制度懇話会の動きがあります。少しそこでの議論を紹介していただけますか。

笹倉　懇話会は、もともと設立趣意書によると、死刑制度についての検討が日本では全然進んでいないと、世論調査の結果なんかを見てもそれは明らかですと。だから私たちは国民各界及び各層の参加を得て、十分な情報をもとに活発な議論を行って、日本の死刑制度のあるべき方向性について提言するために設立したということになっているんですね。死刑制度にはいろいろな論点があるので、毎回、その論点について外部の有識者を呼んだりとか内部の人たちがお話ししたりとかしながら。ただあまり議論の時間はまだ取れてないんですけれども。一〇月ぐらいの、袴田さんの判決の後になると思うんですけれども、取りまとめに向けて議論が行われているというところですね。今回の特色は、やっぱり、先ほど名前出ている林眞琴さん、あと元警察庁長官の金高さん、この二人が入っているところはすごく大きいのかなと思います。

保坂　懇話会に入っている？

笹倉　はい。結構積極的に発言をしてくださっているので、ここまでは合意ができるよねという着地点を見つければ、特に法務省に対しても少しはインパクトがあるのかなと思います。

石塚　今年もう一つ重要なポイントがあります。一一月頃に五年に一回の内閣府の基本的法制度に関する世論調査が予定されています。今まで国側が言っていた八割以上、九割に近い人が死刑を支持しているという根拠データは、この世論調査です。九月二六日の袴田事件判決の直後に調査あるんです。それに向けて報道も含めてちゃんと国民的議論をしなきゃいけない。この調査には、終身刑が導入された場合の死刑の存廃についての設問があります。

二〇一四年と二〇一九年の調査では、それぞれ三七・七パーセントと三五・一パーセントの回答者が廃止もあり得ると答えている。死刑存置が、それぞれ八〇・三パーセントと八一・八パーセントですから、終身刑導入で三分の一の人が廃止しても良いと言う。それでも存置するとう人は五〇パーセントを少し超える程度です。死刑廃止の法案通すには自民党支持者などの保守層の支持がなければできない。公明党は浜四津案の時代から死刑については消極的だった。この基本的法制度に関する世論調査を一つのターゲットにして、国民的議論を盛り上げ、国会できちんと議論させることが重要だと思います。懇話会からこのような話が出てくることを期待しています。

笹倉　そうですね。あと、懇話会の議論をしていて本当につくづく思うのは、あまりに情報が足りない。趣意書には「十分な情報に基づき」って書いてあるんですけれど、結局のところ情報を政府が出さないから、そこはやはり多分委員全員、これじゃ議論すらできないよっていうふうに思っていると思うので、そこはしっかりと打ち出していくんじゃないかとは思っています。

7 今回の二年の死刑執行停止の延長を

岩井　今、二年の執行の停止を経ているわけですね。それを踏まえた上で、今後どうするか、今日の議論を踏まえて今考えていることを、最後に一言ずつお願いします。

石塚　僕はさっき言ったように、九〇年代と違うのは一極集中ではなく、いろんなところで、いろいろな意見、例えば、廃止した方がいいんじゃないかとか、縮減した方がいいんじゃないかなどが議論される必要があると思います。実際にも、いろいろな立場の人が動き始めている。大切なのは、これらのグループが喧嘩しないで、遠いところにある同じ目標のために協力する。団結しなくてもいい。多少の意見の違いがあったって、まあいいじゃないのっていう寛容と緩やかな連帯ができたとき、その人たちの持っている力が発揮できると思います。それぞれのグループのリーダーが賢くなることが大切だという気がします。

笹倉　石塚さんの話と似ているんですけれど、私も冤罪救済活動をしていて、目指す方向が一緒なんだったらみんなで連帯したらいいんじゃないかと思うのですけれど、たぶん死刑の問題もそうです。例えば終身刑を作るかどうかについて私は基本的に反対の立場なんですけれど、だからといって死刑をなくしたくないかと言うとそうではないんですよね。だから、そういったところで、フォーラム90が中心になって連帯を作っていっていただく、それは緩やかなものでいいと思うんです。ただ、少しずつ何かをやっていって、何かが起こったときにガッと物事って変わるじゃないですか。だから、その時のチャンスを見極めるのが必要になってくるとは思います。懇話会でもどれだけのことができるのかはまだまだ分からないですし、もちろん私の一存では全然決まらないことなんですけれども、できる限り次につなげていくような提言になるように、これから三カ月ほどやっていきたいと思いますので、引き続きよろしくお願いします。

竹田　死刑執行が二年止まっているのは、葉梨法相が死刑という刑罰を軽んじる発言をして辞任に追い込まれたことと、その影響で法相が短期間に交代しているためだと思われます。袴田事件が係争中であることも関係があるかもしれない。死刑廃止に向けては、まず無期刑の誤解を解くこと。そして袴田事件をはじめ、日弁連が支援している再審事件で無罪を取っていくことが重要だと考えています。凶悪事件が少ない今こそ、世論を変えるチャンスです。制度論で付け加えれば、捜査や裁判のルールを定めた刑訴法の改正は、法務省の検事が現場の検察官検事に都合のいいように企画・立案し、反対しない研究者らで構成する法制審議会を経て国会で成立してきました。これでは、サッカーで片方のチームがルールを決め、審判と相手チームがそれに従わされてゲームをしているようなものです。刑事法制の企画・立案には少なくとも裁判官や弁護士、できれば笹倉先生のような良心的な研究者が加わるべきで、それは死刑制度を変えるためにも必要です。

保坂　石塚さんの話で、袴田さんが肉体的な生命が尽きるのを実は待っているのではないかという話は全くそうで。で、僕は実は死刑囚も面会は、袴田さん以外に波崎事件という事件で冤罪を訴えていた冨山常喜さんと東京拘置所のＩＣＵの中で会っています。その時僕だけで見ても病状はわからないので、清水陽一さんという、南葛飾病院の院長に同行してもらいました。東拘のＩＣＵと称するベッドは非常に貧弱なもので、冨山さんは中心静脈栄養で繋がれて寝たきりで横たわっていた。その清水院長が、この状態を続ければもう明らかに一カ月か二カ月で感染症で死ぬから、この状態なら、うちの病院に今日から引き取るから、とにかくリハビリをさせ自力歩行させ体力回復させていけば、まだ生きられるという診断を出して、東京拘置所の医師と対面して提案した。ところが「いやベストの診療やってます」と拒否。その後三カ月くらいして法務省から電話があって、冨山さん亡くなりました、感染症ですと。清水院長の見立て通りだったんです。やっぱりいわゆる国家の側はその時間が無限なんですよ。担当者はどんどん交替するし。その不条理というのは、この問題を深く考えてる人じゃないと突き当たらないと思うので、そこのところはやっぱりわかりやすく袴田さんのケースで見せることができるといいんじゃないかなとは思います。

岩井　九月の袴田事件の再審無罪判決を臨み（望み）ながら、今日の座談会を終わりにします。ありがとうございました。

（二〇二四年八月六日、港合同法律事務所にて）

裁かれるべきは警察・検察、そして裁判所だ

釈放一〇年余、袴田巖さんの現状と再審公判を終了して

袴田巖さんを救援する清水・静岡市民の会
事務局長　山崎俊樹

はじめに

二〇二三年一〇月から始まった再審公判は十五回を数え、今年五月二二日結審した。この再審公判に袴田巖さんの姿はなかった。出廷を免除されたためだ。それからおよそ二ヵ月後、巖さんが怪我をしたという知らせが入る。姉の袴田ひで子さん（以下ひで子さんと記す）によると、朝起きたら玄関が血だらけだったと言う。

ひで子さんによると、巖さんは、今でも毎晩家中の鍵、特に玄関の鍵がかかっているかどうか念入り点検するそうだ。足の怪我は、夜中に玄関の鍵がかかっているかどうか再度点検した際、足の親指が玄関の段差に引っ掛かって切れたキズではないか、とのことである。

袴田巖さんが釈放され、二〇一四年六月から姉・ひで子さんと共に過ごすようになって一〇年が過ぎた。当初はほとんど家を出ることなく家の中を歩き続けることが日課だった巖さんが、浜松市内をほぼ一日中歩き続ける生活が始まったのは釈放されて一年を過ぎた頃からだろうか。自分の意志で誰からも邪魔されることなく歩き続けることは、自分の自由を体で感じるためにどうしても必要だったのかもしれない。そして歩き続けることは、いつか自分の自由を奪い、死刑台に連れていかれるかもしれないという、巖さん自身に染み付い

た恐怖に打ち克つ行為でもあるのだろう。

1 検察官の有罪主張と静岡地裁の対応

私たちや弁護団は、有罪立証の放棄を求めていたが、昨年七月一〇日、検察官は再び巖さんに有罪の主張を行うことを明らかにした。その有罪立証の方針は、

①犯人は味噌工場関係者である。
②五点の衣類は犯行着衣であり、凶器はクリ小刀である。
③五点の衣類は袴田さんのものであり、金品を盗み、犯行後工場から運んだ油で放火するなど、袴田さんの犯行を裏付ける多数の証拠がある。

と、いうものであった。

今まで検察官が主張してきたものである。これらの主張は誤りであったことは再審開始決定で明らかになっている。もっともらしい証拠を示しているが、中身は単なる蒸し返しの主張でしかない。

そして、國井恒志裁判長は一〇月二七日を第一回公判日とすることを明らかにした。一九八九年一月三一日、島田事件赤堀政夫さんが無罪判決。釈放されて以来、静岡地裁では二例目の、全国では五例目の、世紀を超えた戦後最大の冤罪事件と言われる、いわゆる袴田事件の再審公判が開かれることとなる。そして、刑事裁判に裁判員裁判が導入されて初めての死刑再審でもある。すでに裁判長は再審公判を裁判員裁判に準じて行うことを明らかにしていた。

2 法廷に袴田さんの姿はなかった

一九六六年一一月一五日、静岡地裁の初公判で弟・巖は無罪を主張致しました。

それから五七年にわたって、紆余曲折、艱難辛苦がございました。

本日再審公判で、再び私も弟巖に代わりまして、無罪を主張致します。

長き裁判で、裁判所、並びに弁護士及び検察庁の皆様方には大変お世話になりました。

どうぞ弟巖に、真の自由をお与え下さいますよう、お願い申し上げます。

袴田ひで子

一〇月二七日、袴田巖さんの再審公判が始まった。前述の文は巖さんに代わって出廷したひで子さんが罪状認否で述べたものである。

「私は無実である。事件と一切関係ない」「私を犯人に仕立て上げたのは警察官と検察官である」と叫びたかったのは袴田巖さん自身であろう。法廷にいるはずの巖さんの姿はなく、

補佐人として出廷したひで子さんが巖さんの五七年にも及ぶ叫びを代弁した。

二〇一四年三月、再審開始決定によって、およそ四八年ぶりに釈放された袴田さんに私たちは初めて出会うことになる。何かに憑かれたように一日中家の中を歩き続け外出することもほとんどなかった。ティッシュペーパーを一枚ずつ広げてまとめて持ち、自ら触ったところを丁寧に拭く。時々頭上に両手を掲げ、指でサインを出すしぐさ、そしてかみ合わない会話。これらは〝拘禁反応〟といわれる言動である。私たちは、袴田さんの釈放によって死刑冤罪の現実を見せつけられたのだ。

2023年10月27日、第1回公判に臨む袴田ひで子さんと弁護団

その後外出に慣れると、一人で浜松の街中をひたすら歩き続ける生活が続いていた。晴れの日も雨の日も、寒い日も暑い日も、ただひたすら、周囲に無関心に、休憩もほとんどなく、何かに追われているかのように、である。

また、男性に対し警戒しながら接していることも伺われた。三〇歳で逮捕されその後、釈放されるまでの四八年間はすべて男たちによって自らの発言・行動を制限される続けてきた影響が強く残っているのだろう。死刑確定以降はただひたすら死刑執行の恐怖に耐え続けていたことが、現在の言動につながっていることは、再審公判に向け、医師の診察を受けた

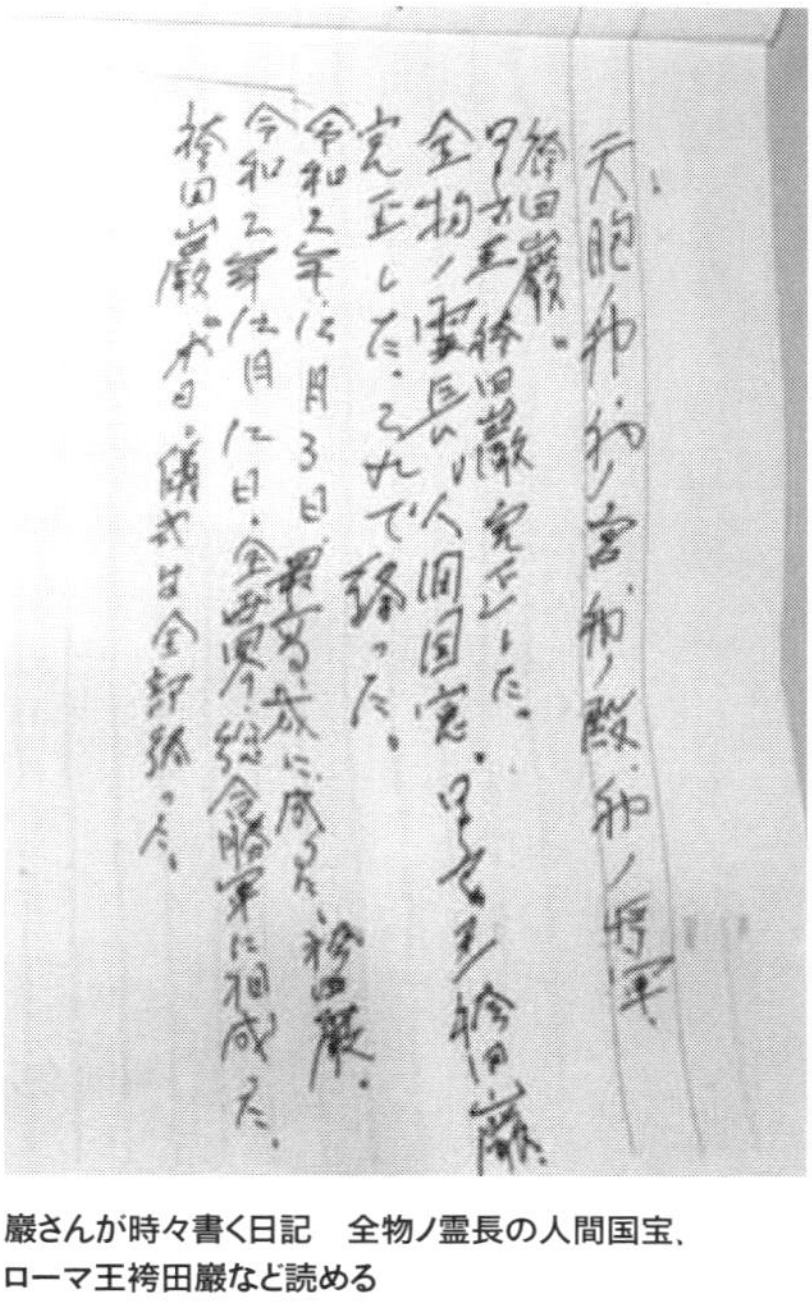
巖さんが時々書く日記　全物ノ霊長の人間国宝、ローマ王袴田巖など読める

しかし、静岡県警は袴田さんを逮捕できなかった。「血染めのシャツ」と報道させたパジャマからは、血液型どころか血液かどうかも不明であったためだ。捜査関係者は事件直後から根拠なき見立て、元プロボクサーならやりかねないという予断と偏見で袴田さんを犯人視していた。袴田さんを犯人とする報道をさせたために、どうしても袴田さんを逮捕しなくてはならなくなってしまった静岡県警は強引に袴田さんを逮捕し自白をさせることだけに力を注ぐことになる。証拠がなくても自白させれば十分だ、という静岡県警の確固たる意思は彼らが作った捜査記録の中にも誇らしげに記されている。

「この再審公判は、形式的には被告人は袴田さんですが、ここで本当に裁かれるべきは、警察であり、検察であり、さらに弁護人及び裁判官であり、ひいてはこの信じがたいほど酷いえん罪を生み出した我が国の司法制度も裁かれなければならない」と、弁護団は一〇月二七日、第一回公判冒頭陳述で述べた。

袴田さんは、釈放されて一〇年を過ぎてしまったが、前述した拘禁反応が癒える兆しすら、ほとんど感じることができない。警察官や検察官は、逮捕・起訴そして死刑によって合法的に人の命を奪うことができる。袴田巖さんはそのすべてを経験し死刑執行の恐怖は巖さんの心を回復不能の状態に追い込んでしまったのだ。

際も、拘禁反応によって裁判の存在を否定し、裁判や事件について質問してもかみ合った答えは返ってこない。心神喪失の状態にあり、ほぼ回復の見込みはないと判断されている。そして昨年九月末、裁判官は出廷の可否を診断するために袴田巖さんと面会し、裁判のことを尋ねたが、全く話がかみ合わなかったことが明らかになっている。袴田さんの世界では、事件など何もなかったことになっているからだ。

3 根拠なき見立ての果てに

五八年前の一九六六年八月一八日早朝、袴田さんは清水警察署に任意で連行、その夜逮捕される。

そもそも、袴田さんは、事件直後の七月四日に家宅捜索を受け、自分の部屋を徹底的に捜索されているばかりか、警察官は五点の衣類が発見された味噌タンクなど工場も捜索している。にもかかわらず何も発見できなかったため、仕方なく袴田さんの部屋の夜具入れの中に無造作においてあったパジャマを、袴田さんに任意提出させた。わずかに醤油か鉄さびの跡らしきシミがついていただけであった。にもかかわらず、「血染めのシャツ発見」と大々的に報道させている。「わずかなシミ」が「血染め」になり、「任意提出」が「発見」と、いかにも警察の家宅捜索が正しかったと言わんばかりの報道をさせたのである。

4　異常な対応を行う静岡地裁の裁判官

この再審公判では、最初からまともな証拠もないまま、袴田さんを犯人に仕立て上げた静岡県警の捜査と、その捜査を追認していく検察官の実態も明らかにされるべきであった。

だからこそ、多くの国民に公開し冤罪・誤判の検証を行う機会を作ることは、裁判所をはじめとする司法制度に携わる者たちの責務であるはずだ。その一歩として傍聴席の増設、あるいはモニターを通して傍聴席を確保することなど、裁判官の判断でやろうと思えばできることを一切行わなかった。私たちは数回にわたり、傍聴席の増設などを要請したが、行おうとする意志すら感じなかった。その理由を尋ねても「裁判体の判断です」としか答えない。

戦後四件の死刑再審事件はいずれも戦前・戦中の旧刑事訴訟法の影響が強く残っていた一九五五年までの事件である。しかし、袴田さんが犯人に仕立て上げられた一九六六年は大阪万博につながる高度経済成長期であり旧刑事訴訟法の影響はないとされていた。にもかかわらず、「信じがたいほど酷いえん罪を生み出した」(一〇月二七日、弁護側冒頭陳述)原因は何か、その検証を行い我が国の司法制度の闇を晴天の下にさらけ出す義務も裁判官にはあるはずだ。そのためには傍聴席を拡大し、多くの国民にこの裁判に触れる機会を与えることは必要だった。

四八席しかない傍聴席の半分近くを記者クラブ加盟の報道関係者だけに優先して渡し、一般傍聴人の席は指定されているのだ。空席があっても一切補充を認めない。このように、私たちやフリーのジャーナリストたちの傍聴する権利を奪った理由もまた、「裁判体の判断です」としか言わない裁判官の責任は大きい。

それればかりか、記者クラブ加盟の報道機関の記者と一般傍聴人との対応が全く異なるのだ。

傍聴人の座る席はあらかじめ番号で指定されている。そして一一月一〇日、第二回公判での出来事である。二〇二号法廷前で手荷物を預けた後、金属探知機での検査を受ける際、携帯電話が見つかったと言って大騒ぎになったのだ。確かに携帯電話の持ち込みを禁止(これすら根拠がはっきりしない)しているが、預ければ済むはずである。本人は正直に携帯電話を出し、預けようとしたが、傍聴を禁止されたのである。「そんなのおかしいじゃないか」「そういう規則なので」「そんことは知らされていない」と押し問答があった。その後まもなく、裁判所は警察を要請し裁判所構内にパトカーが入り警察官が駆け付けたのだ。その男性は警察官に事の顛末を話したら、警察官に同情されたそうである。

これればかりではない。傍聴席の四隅には東京高裁から派遣された廷吏が配置されている。これまでの静岡地裁の対応にはなかった体制だ。一二月一一日の第四回公判で味噌漬けの証拠物が出される際、裁判長が「(味噌の)匂いが出ますので、そのような匂いが不快な方は席を外すなど注意をしてください」と発言し注意した時、傍聴人の一人が「毒はないですよね」と発言したそうである。そのとたん、裁判長は血相を変え、わめくように「発言は許されません。今度は退廷です」と言い、廷吏に「その傍聴人の席の番号を記録して」と命じている。

閉廷後も、傍聴人全員が退廷するまで裁判官はその席に座り続けている。まるで私たち支援者を含む傍聴人を監視し排除するような対応である。

5 再び袴田さんを犯人に仕立て上げる検察官

一家四人が殺された事件は存在する。しかし、袴田さんが犯人であるとの証拠は何もない。そもそも、深夜外部から侵入したことをうかがわせる証拠すら何もない。単独犯と断定できる証拠もない。

事件発生から四九日目にあたる一九六六年八月一八日、静岡県警・清水警察署は袴田さんを逮捕。連日平均一二時間もの間「お前が犯人だ」として「自白を迫り」八月二九日には「取調官四名を六名に増加」する。そして県警本部長、清水警察署長など県警幹部が集まった検討会を開催し、「袴田の取り調べは情理だけでは自供に追い込むことは困難であるから取調官は確固たる信念をもって、犯人は袴田以外にはない、犯人は袴田に絶対間違いないという事を強く袴田に印象付けることにつとめる」と、県警自ら一九六八年に作成した捜査記録で自白をさせた経緯を誇らしげに語っている。だが、ただひたすらに自白を迫るだけで、証拠が何一つ示せていないことが、再審請求審時に開示された録音テープからでもはっきりとわかる。

一九六六年九月六日、松本久次郎をはじめとする取調官は袴田さんを自白に追い込む。勾留期限の九月九日、最終的に吉村英三検事も加わり、でっち上げの自白調書を作成し、犯行着衣はパジャマ、凶器はクリ小刀、侵入脱出経路は裏木戸として起訴したのである。

そればかりではない、警察はさらなる証拠のねつ造に手を染めていた。袴田さん起訴から四日後の九月一三日、清水郵便局で封筒にシミズケイサツショと書かれ番号部分が焼かれたお札五〇、七〇〇円が入っている郵便が出てきた。「ミソコーバノボクノカバンニアッタ　ツミトウナ」と書かれた便せん、そして紙幣の二枚には「イワオ」と書かれていた。

被害者宅から盗まれたとされた金額からこの焼けた紙幣の金額を引くと、事件後袴田さんが使った金額とほぼ一致す

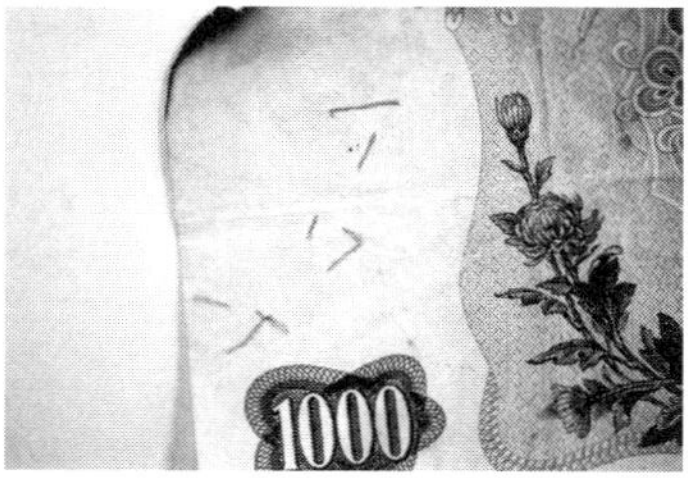

るのだ。警察は同僚の女性を逮捕し、袴田から預かった金だろう、と自白を迫るが失敗する。それからおよそ一年後に味噌タンクから出てきた五点の衣類。まさにこの事件は警察のねつ造の積み重ねである。

でっち上げ逮捕から五八年を過ぎ、死刑確定から四四年を超える歳月は、一九六六年八月一八日の逮捕以降、一貫して「私は犯人ではない」「私は無実である」と叫び続けた袴田巖さんにとって、文字通り塗炭の苦しみの年月であった。

二〇一四年三月二七日の再審開始決定・釈放から一〇年、この一〇年は八八歳をすぎた袴田さんにとって、単に無駄な時間として語ることのできない貴重な時間であった。上訴し再審開始決定を妨害してきた検察官の罪は重い。

再審公判で検察官は「自白」を使わないと断言した。そのため犯行態様は検察官の想像を主張したに過ぎない。袴田さんと犯行を直接結び付ける証拠は何もない。いうなれば、検察官は誰でも犯人に仕立て上げる方法を選択したのである。これでは起訴そのものが無効だったと検察官が告白しているようなものである。

6 警察官・検察官が一体となって証拠をでっち上げた

再審公判では、袴田さんの右肩部分のDNA型鑑定をめぐる双方の主張もなされたが、そもそも静岡地裁で検察側の鑑定人も「袴田さんのDNAとは一致しない」と鑑定していた。ところがこの検察側鑑定人は試料が古く味噌の影響があるなどとして、自らの鑑定が信用できないと鑑定結果を取り下げたのである。

今回の検察官の主張は、この取り下げた鑑定を利用し、弁護側鑑定人のDNAの選択的抽出法の信用性を否定してきたものである。しかし、検察官は別の事件でこの鑑定方法の有効性を主張し、裁判所は検察官の主張を認めている。まさに検察官の二枚舌主張である。

「ま、でっち上げですね」大川原化工機えん罪事件の公判での警視庁公安部の警察官が法廷でこう述べている。大川原化工機えん罪事件は、当時の安倍政権をヨイショするため警視庁公安部が暴走したでっち上げ事件だと言われているが、東京地検は公安部の言いなりで起訴してしまった。のちほど起訴を取り下げるがとんだ赤っ恥である。

静岡県警は事件直後の現場検証で、表シャッターのカギがかかっていないこと、裏木戸は消火の際開けることがとても困難であったことが明らかであるにもかかわらず、工場の寮に住む袴田さんに目を付け、四日後の七月四日には家宅捜索を行い、その日の夕刊には袴田さんの部屋から「血染めのシャツ発見」と報道させている。どうしても、工場関係者による犯行につなげ、袴田さんを犯人にしたかったのだ。当初からまともな捜査をすることなく袴田さんをでっちあげる捜索しかしていないことが分かる。

袴田さんは静岡地検の吉村英三によって起訴されるが、袴田さんと同年代の吉村検事は、松本久次郎をはじめとする老練な静岡県警や清水署の警察官たちの捜査方針に従わざるを得なかったのだろう。血液の痕跡すらないパジャマを犯行着衣とし工作用のクリ小刀で成人男子の肋骨など切断できるはずがないことを知りつつ、袴田さんを起訴していく。その不安は五点の衣類が発見された当時の心境を述べた後年の供述からも読み取れる。

事件当時、主任検察官として捜査・公判に関わった検察官の吉村英三は、袴田の自白にはこれを裏付ける多くの証拠があり、十分な信用性がある。また、袴田の自白によって、盗んだ金を預けたとされる女性と焼けた紙幣との関係は「秘密の暴露」にあたりきわめて信用性が高いと考えていたにもかかわらず、五点の衣類の立証が出来なければ、**無罪になる可能性が出てきてしまった**、と二〇一四年七月、東京高検の調べに応じ供述している。

そして、事件後一年二ヵ月を経た一九六七年八月三一日に発見された五点の衣類について、証拠を大急ぎで集め、事実関係を明確にするよう、警察官に指示をした、とも述べている。

第一次再審請求時に分かったことだが、パジャマのシミの科警研による再鑑定の結果は、人血を認められたが血液型は不詳とある。その鑑定書の日付は一九六六年八月一五日…つまり袴田さん逮捕の直前である。そして、詳しい鑑定経過を清水署が静岡県警から受領したのは一一月一六日とある。犯行着衣と誇らしげに報道させたパジャマのシミはこの程度のものだったのである。この事実を公判検事でもあった吉村英三は知っていたのかどうか？おそらく知っていたのだろう。だからこそ、吉村は（これまでの証拠の信用性が糾弾され）**無罪になる可能性が出てきた**と供述したのだ。

吉村は九月一一日、裁判所に五点の衣類の証拠調べ請求を行う。また静岡県警は九月一二日に行った巖さんの実家の家宅捜索で、五点の衣類のズボンの裾の切れ端を「発見」してくる。九月一三日、急遽開かれた公判において、吉村はこれまでの犯行着衣であったパジャマを、この五点の衣類に変更する。

味噌タンクから発見された味噌漬けズボンと巖さんの実家から「警察官が発見」したズボンの切れ端が一致するとの鑑定結果は一二月まで待たなくてはならなかった。にもかかわらず、吉村は何のためらいもなく犯行着衣を変更したのである。吉村は、味噌漬けのズボンと巖さんの実家から「警察官が発見」した切れ端が必ず一致すると知っていたからこそ、このような変更ができたのである。

一年二ヵ月後に工場味噌醸造タンクから出てきた麻袋に入った五点の衣類は、警察官と検察官の共同作業で作り上げた証拠であったのだ。

権力が暴走すれば合法的に人を殺していく、前述した大川原化工機えん罪事件も、袴田さんが死刑宣告を受けたこの事件も、同様である。

7　証人尋問で検察官の主張が瓦解

公判維持に危機感を持った捜査関係者が、五点の衣類を発見直前に隠したものなのか、それとも袴田さんが犯行直後に隠したものか。その隠匿時期の特定が、再審公判での証人尋問の争点であった。すなわち、衣類に付着した血液に赤みが残るか否か。

弁護団の主張は、

①　味噌は塩分を含み、その熟成過程で酸性になり、液体が発生する。

②　血液であろうと血痕であろうと、塩分と酸性の影響で黒くなる。

③　五点の衣類は麻袋に入れられており、事件直後に袴田さんが隠したものであれば、一年二ヵ月間で味噌の熟成に伴って発生する液体の塩分と酸性の影響で黒くなる。血液であろうと血痕であろうと黒くなる事実は誰も否定できない。

④　血液が黒くなる化学的機序はすでに鑑定書によって明らかであり、検察官は弁護団の鑑定書の化学的機序に何一つ反論できていない。

というものである。

ところが検察官は、七名の法医学者が執筆したという共同鑑定書なるものを裁判所に提出してきた。その鑑定書の冒頭は、裁判官は科学的リテラシーに欠けると記載し、鑑定内容は、一切の実験を行うことなく、様々な文献を引用し、執筆者の意見を記載し、何を鑑定したかもよくわからない、単なる意見書らしきものでしかなかった。結論は、「一年二ヵ月味噌に漬かっていても血液の赤みが残る『可能性がある』」

というものである。

二〇二四年三月二五日から三日連続、弁護側、検察側鑑定人に対する証人尋問が行われた。検察側証人となったのは、七名の共同鑑定人の筆頭鑑定人である神田芳郎《こうだよしろう》久留米大学医学部法医学講座教授と、自らは共同鑑定書の執筆には加わらず、検察官が意見を聞き作り上げた供述調書に署名だけを行った元九州大学医学部法医学分野教授の池田典昭証人である。

池田証人は、味噌に一年間も漬かれば血痕は黒くなる。と、検察官の意に反して弁護人の主張を認めたのだ。そればかりか、検察官からは五点の衣類が、二〇日間前後空気にさらされていた事実を知らされていなかったため、その期間だけでも十分に黒くなるとまで言い切ったのだ。弁護団は尋問後の会見で、池田証人の大半の証言は弁護団の主張を認めるものだったと述べた。

一方、神田証人は、その証言の中心を麹菌による味噌発酵の持論に費やし、味噌原料の中に含まれる酸素が無くなるのだから、血液の赤みが残る可能性がある、という説を言葉や表現を変え、繰り返すばかりであった。しかも実験は何ら行っていないというのである。「仮説として、可能性があるというような主張をされるのなら、なぜ実験をされなかったのですか」という問いに対しては、時間がなかった、と誤魔化すありさまであった。

少なくとも、酸素濃度を測る機器や無酸素状態にしたり、ＰＨ値を調整したりする機材は大学なら簡単に揃えることができるし、検察官の依頼ならその資金も潤沢にもらえるだろう。にもかかわらず、その実験の提案すらしなかったのは、検察官の主張に沿った意見を述べて支える御用学者そのものである。血液の赤みの素である赤血球は塩分によって溶血し、むき出しになった赤みの素であるヘモグロビンが、酸性の環境下で黒変する医学的事実を知っているなら、自ら主張する「酸素がない条件では赤みが残る可能性がある」ことを証明する実験を行えばすむはずである。そもそも、科学的な証言をするのなら、その前提として様々な実験を行ってその機序を解明することは絶対的な条件であろう。これを怠った神田証人こそ、科学的リテラシーに欠ける法医学者でしかない。

8 巖さんの逮捕、死刑判決

袴田巖さんは逮捕後も起訴後も清水警察署の留置場に勾留されている。本来ならば起訴後の取り調べは違法だが、起訴後も取り調べが続き二〇通以上の調書がとられている。この時期は家族は一度も面会ができていなかった。弁護人の接見は三回合計二七分と記録がある。家族が当初の弁護人であった斎藤準之助弁護士に鼻の薬の差し入れを頼む。その時斎藤弁護士が「巖さんの顔がこんな（まん丸く）に腫れていた。」とひで子さんに伝えている。ひで子さんは、当時、巖は鼻が悪く薬が必要な状態であった、その影響で腫れていたかどうかわからないが、警察官が「医者に診せるから」と言っていた、と語る。

　第一回公判（一九六六年一一月一五日）が、始まる前に、家族は一度だけ、当時駿府公園内にあった静岡拘置所へ初めての面会に行くことになる。ひで子さんは、半年ぐらいは面会できなかった。面会したのは、おそらく一九六六年一一月か一二月ではないかと思う。寒かったことを覚えていると語っている。逮捕以来まさに孤立無援で巖さんは自らが潔白であることを訴え続けるしかなかった。

　この第一回公判に先だち、弁護人から「無罪を主張する」「自白は強制されたもの」との意見を聞き、公判検事でもあった吉村英三はあわてて静岡拘置所に出向き袴田さんと面会して自白を認めさせる説得を行っている。

　静岡地裁は一九六八年の死刑判決までに、当初の判決期日を二回も延期し九月一一日の判決日は延期された結果決まったものである。二〇〇七年一月に当時の主任裁判官である熊本典道氏の告白で明らかになるが、熊本さんを含む三人の裁判官で無罪主張の熊本さんと他の二人の裁判官で議論が行われたことは容易に想像できる。

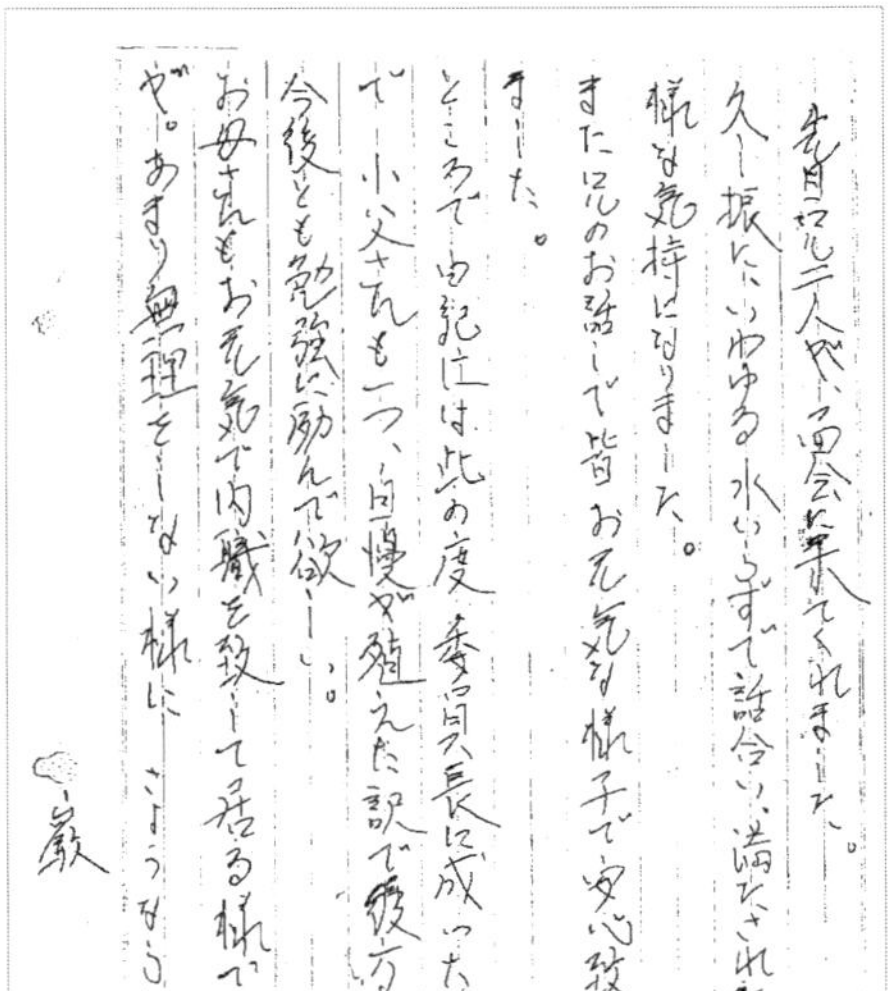
先日は二人で面会に来てくれました。
久し振りにいわゆる水いらずで話合い満たされた
様な気持になりました。
また兄のお話しで皆お元気な様子で安心致し
ました。
ところで由紀江は此の度委員長に成った様
で小父さんも一つ自慢が殖えた訳で彼方も
今後とも勉強に励んで欲しい。
お母さんもお元気で内職を致して居る様です
が。あまり無理をしない様に　さようなら
巖

1968年7月11日付の手紙
1968年9月11日に静岡地裁死刑判決が出るが、その前の手紙である

袴田さんの意に反した死刑判決。その直後に母親にあてた手紙を見れば心の動揺は隠せない。判決を待つ一九六八年七月一一日の手紙と九月一一日死刑判決直後の手紙を見比べていただきたい。

　死刑判決直後の手紙は、手を思う通りに動かせなかったのだろう、定規か何をあてがい、何とか、必死で、母親あてに自分の気持ちを伝えていることがわかる。

　弁護団は直ちに控訴、東京高裁での控訴審のため、袴田さんは東京に移される。最初は巣鴨拘置所、ほどなく小菅の東京拘置所へ移管されることになる。時期はよくわからないが、おそらく一九七一年初めのことだと思われる。

ひで子さんは、巣鴨の時期は短かったので一度も面会に行ったことがないが、小菅になってから定期的に面会に行き始めた。家族の中で比較的に自由に動けたからだ。

一九六九年（昭和四四年）二月一四日消印の手紙には、斎藤準之助弁護士と面会で話すことができて、これから始まる控訴審に期待している様子がうかがえる。しかし、控訴審はなかなか始まらない。当時の手紙を読むと、他の収容者は次々に控訴審が始まるが、なぜ自分の控訴審が始まらないのか不

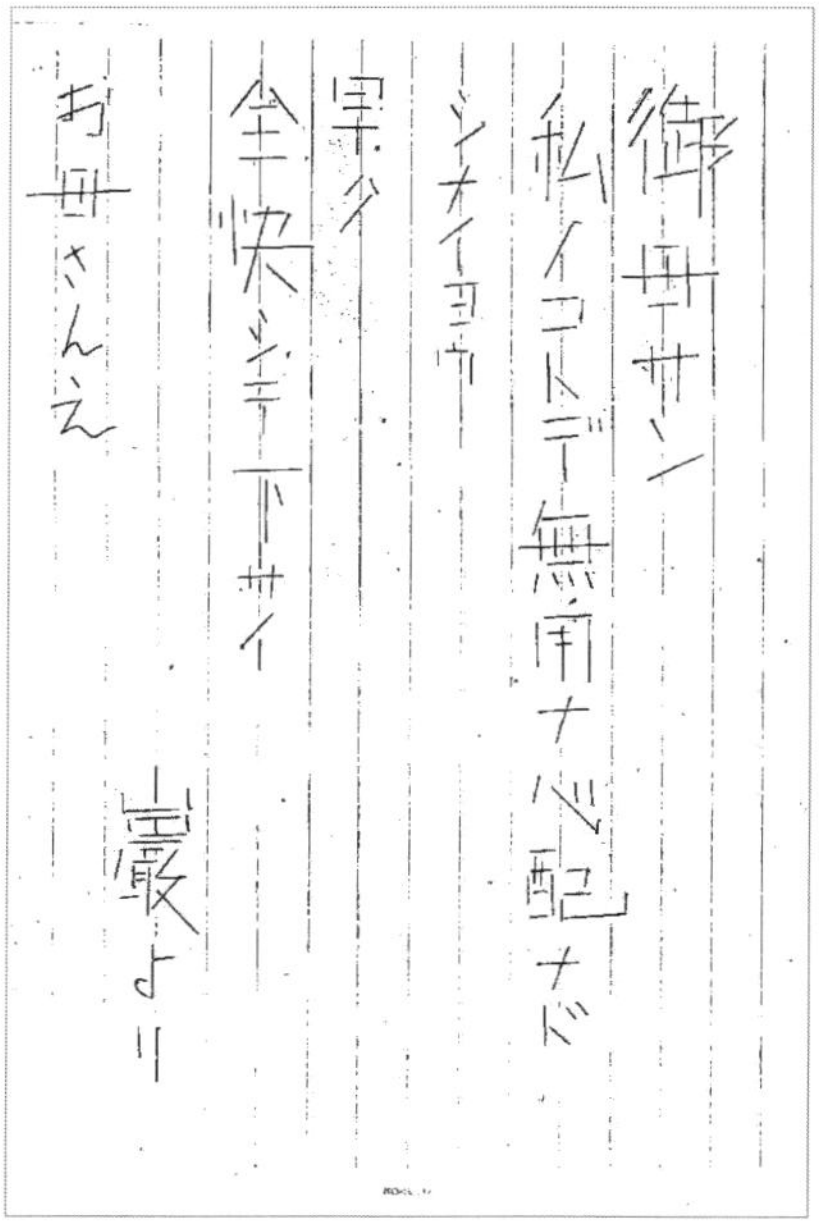
御母サン
私ノコトデ無用ナ心配ナド
シナイヨウ
呉々
全快シテ下サイ
巌より
お母さんえ

死刑判決直後の手紙

満を訴える内容の手紙が増えていく。

控訴審が始まった以降でも、自分の意に反する検察の主張に対して弁護側の反論が十分ではない不満も書かれるようになっていく。

一九七六年五月一八日、控訴審判決日には、きょうだい全員が法廷に入り、傍聴席の最前列から巌さんを間近かに見ることができたが、控訴棄却（死刑判決）を聞いた時、兄二人は肩を落とし椅子に座り込んだそうだ。

その後の上告審での面会の際は、「巌は大変元気で自分の意見や裁判の争点などを元気に語り、私たちきょうだいが励まされた」とひで子さんは語る。

最高裁判決（一九八〇年一一月一九日）の時は、高杉晋吾さんとボクシング関係者……ボクシング評論家の郡司信夫さん、不二拳闘クラブの関係者なども来ていた。ひで子さんらきょうだい全員は最高裁に行く。ひで子さんは、上告棄却後の記者会見時は、周りのみんなが敵に見えたそうだ。

9 確定死刑囚としての巌さん、そして釈放まで

最高裁の上告棄却、その後の判決訂正申し立て棄却によって、袴田さんは死刑執行の恐怖に晒されることになる。ひで子さんは、一九八四～五年頃か、面会に行ったら、面会室で座る暇もないくらい早く入ってきて

「今日、死刑があった」「隣の人だった」

「お元気で、と言って出ていった」

と一気に、口をはさむこともできない勢いで、巖さんがまくし立てたそうだ。

ひで子さんは、「巖はこの頃から死刑を意識したようだ。」と語る。

一九八一年四月、弁護団は再審請求（第一次）を申し立て、後に日弁連支援の再審請求事件となるが、袴田さんは

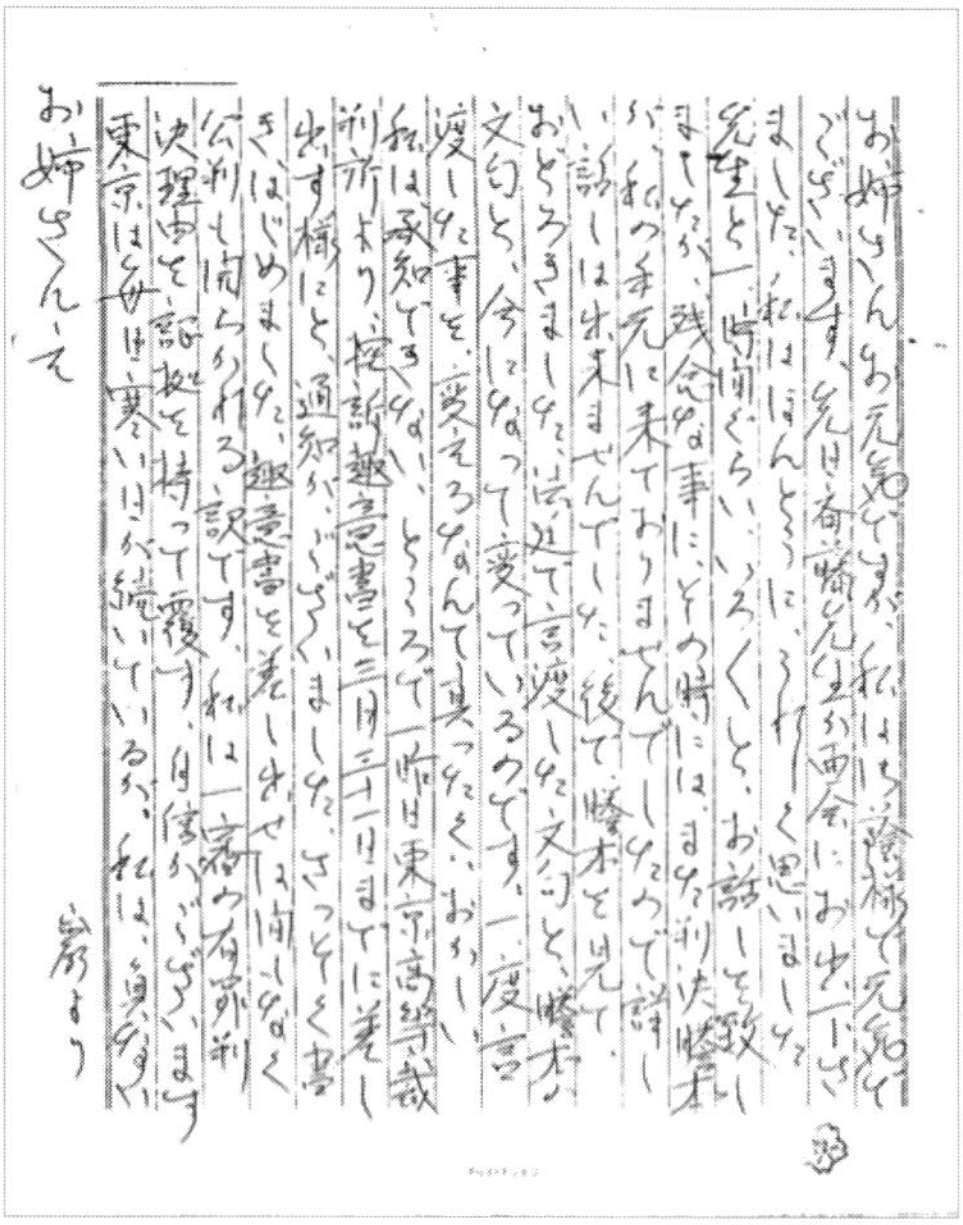
お姉さんお元気ですか、私はお陰様で元気でございます。先日斎藤先生が面会にお出で下さいました。私はほんとうにうれしく思いました。先生と一時間ぐらい、ろくろく、お話しを致しましたが、残念な事に、その時にはまだ判決謄本が私の手元に来ておりませんでしたので詳しい話しは出来ませんでした。後で謄本を見ておどろきました。法廷で言渡しした文句と、謄本の文句と、今になって変っているのです。一度言渡しした事を、変えるなんて全くおかしい。私は承知できない、ところで一昨日東京高等裁判所より控訴趣意書を三月三十一日までに差し出す様にと、通知がとどきました。さっそく書きはじめましたが、趣意書を差し出せば間もなく公判も開らかれる訳です。私は一審の有罪判決理由を証拠を持って覆す。自信がございます
東京は毎日寒い日が続いているが、私は、負けずに
巖より
お姉さんへ

1969年2月14日付の手紙

一九八五年頃から再審請求がなかなか進まないことへの焦り感じ、面会に来たひで子さんに「日弁連はどのように取り組んでいるのか」と、しきりに尋ねるようになる。

ひで子さんは、裁判所は、島田事件（八三年五月、静岡地裁へ差戻し、八五年五月再審開始決定、八七年三月再審開始確定、八七年一〇月第一回再審公判、八九年一月再審無罪）にかかりっきりになっているので、それが終わらないと進まないのでは、などと本人を慰めていた。

しかし、一九九〇年ごろからそれまで毎日のように送られてきた手紙が送られなくなる。また、ひで子さんが面会する際も言動が不安定になっていく。

ひで子さんは、「なんで手紙を書かないの？」と尋ねると、「書かないほうが良いと言われた」と返事が返ってきた。そのころから、手紙の内容もおかしくなってきたので、検閲をする拘置所の職員が、親切心か何かわからないけど、「手紙は書かないほうが良い」と言ったのではないか、と私に語ってくれた。ただ、手紙は来なくても今の自分に必要なものはハガキに記してひで子さんのところに送ってきていた。

ひで子さんら家族は、獄中の巖さんを懸命に支えていく。ひで子さんによると、中綿をたっぷり入れた敷布団を何とか認めてもらったが、夏の布団も欲しいと言われたので拘置所の近くの布団屋さんで麻の高級な布団を購入し、入れようと

したら、ぜいたく品だといわれて、入らなかったこともあると語ってくれた。

また、果物はリンゴとミカンと梨の三種類しか差し入れできなかった。「梨は皮をむけないので」と巖さんに言われたこともあるそうだ。

一九九二年以降、巖さんの面会拒否が本格化し、面会に行っても、本・お菓子・お金の差し入れしかできなくなる。そして、二〇〇七年二月に、袴田さんの糖尿病が明らかになる。

一九九二年六月、日弁連弁護団とは別に弁護活動を進めていた安部治夫弁護士が人身保護請求を起こし、拘置所内の巌さん言動が明らかになる。人身保護請求に伴い東京拘置所が出してきた資料によると

① 昭和五九年（一九八四）一二月以降に食事に毒が入っている旨の被害妄想的な言動

② 昭和六二年（一九八七）「電波」に関する妄想と思われる言動、「電波が来る」「電波により自分は神と会話をしている」などと述べ、頭部にビニール袋をかぶるなど特異な行動

③ 平成二年（一九九〇）二月、それまで受けていた宗教教誨への出席を「そんなもの関係ない。今忙しくてしょうがないんだよ。」などと述べて辞退

④ 平成三年（一九九一）には「弁護士なら面会に行かない」と述べて拒否。

⑤ 平成四年（一九九二）一月、知人（支援者）の接見（面会）申し入れに対し「そんな人知らない」「支援なんかいらない」と断る

⑥ 平成四年（一九九二）四月七日以降、副食を喫食せず、主食を水洗いし牛乳を混ぜて喫食する動静が頻繁に起こる

⑦ そのほか、バケツに放尿、便器に石けんの泡をあふれさせるなど

とある。

二〇一四年三月二七日、静岡地裁は再審開始を決定すると同時に、袴田巖さんの釈放も決定した。その結果実に四七年七ヶ月の時を経て袴田さんは釈放された。その時の様子は、前述のとおりである。そして今、釈放されて一〇年を超えてもなお、前述した拘禁反応が癒える兆しすら、私たちはほとんど感じることができない。警察官や検察官は、逮捕・起訴そして死刑によって合法的に人の命を奪うことができる。袴田巖さんはそのすべてを経験し死刑執行の恐怖は巖さんの心を回復不能の状態に追い込んでしまった。

10 届けられなかった手紙

一九八〇年一二月一〇日、袴田巖さんの死刑判決が確定された後、死刑囚に対する外部交通権（面会、信書）の制限が厳しくなり、親族、弁護士以外の面会は制限されてしまった。法務省との交渉の結果、時期は特定できないが一九八三年ごろから、限られた支援者二名（ただし、一名は補助者として）が月に一回面会することが可能になると同時に、手紙のやり取りができるようになる。

Post aus der Todeszelle

Seit 32 Jahren wartet der japanische Exboxer Iwao Hakamada auf seine Hinrichtung. In Briefen beteuert er seine Unschuld

　一方、袴田さんの再審支援は日本プロボクシング協会も引き続き行うと同時にアムネスティ・インターナショナルによる国際支援も始まった。また、この頃から外国の報道機関でも取り上げられるようになっていく。次に示す記事はドイツの週刊新聞ディー・ツァイト・一九九九年四月二二日号である。紙面全てを割いて報じている。タイトルは三二年間死刑執行を待たされている日本人元ボクサー　袴田巖とある。

　この記事と前後して、世界各地のアムネスティ・インターナショナルの会員から獄中の巖さんに手紙が寄せられるようになる。獄外では支援の輪が広がるが、獄中では袴田さんの孤独が進む。

　袴田さんが釈

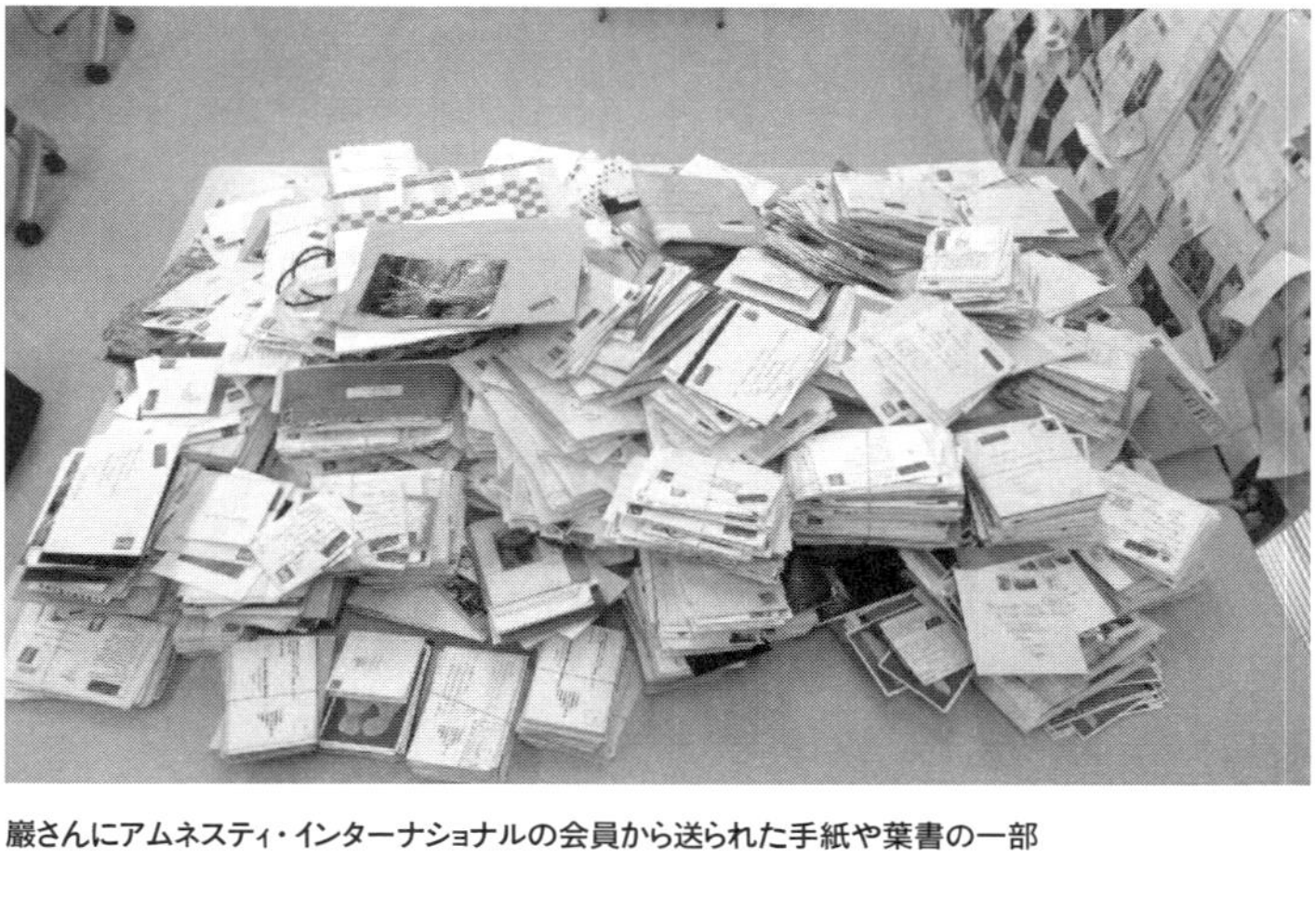

巖さんにアムネスティ・インターナショナルの会員から送られた手紙や葉書の一部

放されると同時に、東京拘置所が袴田さんに渡すことなく保管していた手紙やはがきがひで子さんの自宅に届けられた。段ボール箱六箱にびっしり詰められたままの手紙やはがきは、国内からのものが一、五八九通、海外からは二五か国から一一、八九九通である。

　これらのすべて手紙やはがきが、獄中の巖さんには届けられなかったのだ。理由は外部交通権が認められていないからだ。布川事件の桜井さんの年賀状も巖さんに届くことはなかった。

　また、二〇一一年三月一〇日、巖さん七五歳の誕生日に支援者十数名で東京拘置所を訪れ、寄せ書きを差し入れた。その差し入れた寄せ書きも、拘置所が外部交通権を認めている二名の寄せ書きだけが切り取られ巖さんに渡されたことも明らかになった。

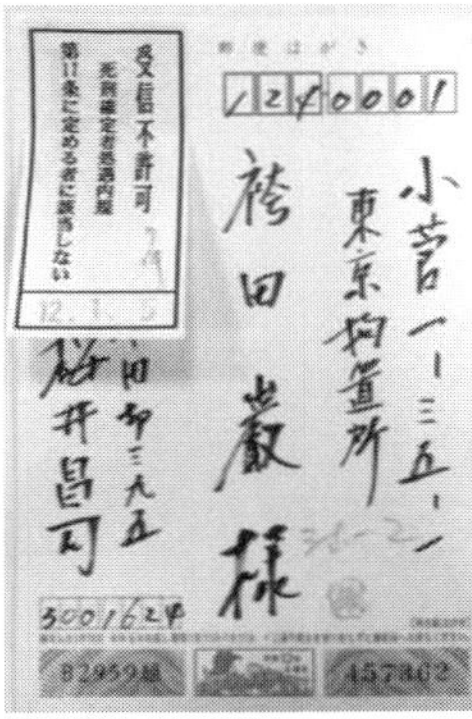

故・桜井昌司さんから
巖さんに送られた年賀状
巖さんに届けられなかった
すべての郵便物に
受信不許可
死刑確定者処遇内規第17条に
定める者に該当しない
とある。

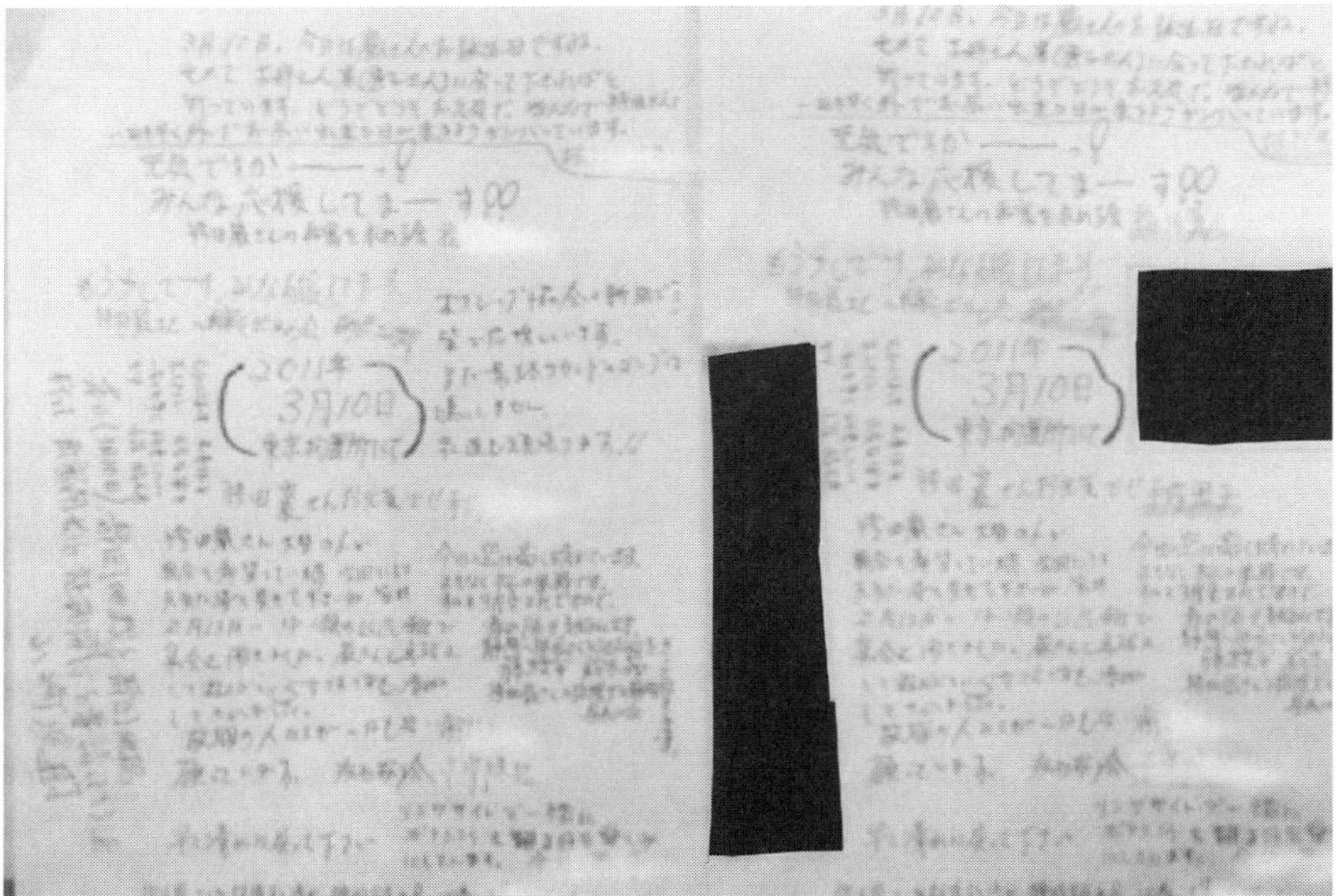

2011年3月10日、巖さん75歳の誕生日に差し入れた支援者たちの寄せ書き
外部交通権が認められているプロボクシング協会の新田さんと私のメッセージのみが切り取られて
巖さんに渡されていることがわかる

2024年5月22日、第15回公判（結審）に向かう袴田ひで子さんと弁護団

袴田さんが釈放されたことによって、拘置所の確定死刑囚に対する処遇の現実を私たちが初めて知ることになる。これが確定死刑囚のおかれている立場なのかと。

11　裁かれるべきは我が国の司法制度である

二〇二四年五月二二日、再審公判のすべての審理は終了した。いうまでもなく検察官は論告で死刑を求刑し、弁護団は弁論で無罪を求めた。

ひで子さんは弁論終了後の意見陳述を次のように読み上げた。その陳述の全文を掲載する。

ひとたび狙われて、投獄されれば、肉体深く食い込む虐待、あの虚偽虚構の覆われた部屋、あの果てしなく底知れぬ眩暈《めまい》、最早正義はない、立ち上がって眩暈む。火花、壁に飛び散る赤い血、昔の悲鳴のように、びくりとし、立ち上がっても投獄されれば最早帰れない。十三夜のお月さんが、南東に上った七時の獄である。

息子よ、お前はまだ小さい、分かってくれるか、チャンの気持ちを、勿論分かりはしないだろう、分からないと知りつつ、声の限りに叫びたい衝動に駆られてならない。そして、胸いっぱいに

2024年5月22日、結審後の会見で発言するひで子さんと弁護団

なった真の怒りをぶちまけたい。チャンが、悪い警察官に狙われて、逮捕された昭和四一年八月一八日、その時刻は夜明けであった。お前は、お婆さんに見守られて眠っていたはずだ。

今朝方、母さんの夢を見ました。元気でした。夢のように元気でおられたら嬉しいですが、お母さん、遠からず真実を立証して帰りますからね。

弟の手紙です。そして四七年七か月、投獄されておりました。

獄中にいる時は、辛いとか哀しいとか一切口にしませんでした。

釈放されて十年経ちますが、いまだ拘禁症の後遺症と言いますか、妄想の世界に居り、特に男性への警戒心が強く、男性の訪問には動揺します。玄関の鍵、小窓の鍵など知らないうちに掛けてあります。就寝時には電気をつけたままでないと寝られません。釈放後、多少回復しているとは思いますが、心は癒えておりません。

私も一時期、夜も眠れなかった時がありました。夜中に目が覚めて巖のことばかり考えて眠れないので、翌日の仕事に差し支えがあるため、お酒を飲むようになり、アルコール依存症のようになりました。今はと言うより、随分前に回復しております。

今日の最終意見陳述の機会をお与えくださいまして、ありがとうございます。長き裁判で裁判長様はじめ、皆様には大変お世話になりました。

五八年闘ってまいりました。私も九一才でございます。巌は八八才でございます。余命幾ばくもない人生かと思いますが、弟巌を人間らしく過ごさせてくださいますよう、お願い申し上げます。

この陳述の前半は巌さんの手紙からの引用、後半はひで子さんの言葉である。本来この法廷にいるはずの巌さんの姿は、無い。釈放から一〇年以上経過した今でも、逮捕されてからずっと四八年間、ただひたすらに無実を叫び続けた巌さんの心は未だ私たちの世界には、無い。

弁論で弁護団は改めて無罪を主張した。そして法廷で以下のように訴えた。

「巌さんは一〇年前に釈放されました。しかし、心は全く閉ざされたままの状態なのです。いつ死刑になるかもしれない恐怖に固く覆われているのです。恐怖を打ち消すだけの生活をしていると言ってもよいのです。

誤った裁判は、取り返しがつかないということです。誤った死刑判決は一層重大です。死刑が執行されなくても、巌さんのように、誤って死刑囚にされること自体が、国家の重大な犯罪行為です。実際、死刑判決が、巌さんの五八年の人生を完全に奪ってしまったのです。

検察官は、裁判が間違っていたことも、自分たちが隠し持っている証拠によって、間違いが明らかになることも知っていたということです。」（以下略）

奇しくも、ちょうど五六年前の一九六八年五月三〇日、巌さんは同じ静岡地裁の法廷で、次のように最終意見陳述を行っている。

「警察はさも私がやったようにし、又公判においても不当に事実を無視して無実の者を罪にけ落とし偽りにみちています。社会に白を黒と言いくるめようとしました。これらの不当が許されてよいでしょうか。これがとおるならば世の中は真っ暗であります。権威ある法廷で天地に誓って言います。私はこの事件の真犯人では絶対にありません。」

二年以上、死刑執行を避けている法務省、今回再び死刑求刑を行った検察官、そして判決を下す裁判官はこの袴田巌さん本人の言葉をどのように受け止めるだろうか。

田中薫弁護士が語る「袴田再審」

聞き手・笹原恵（本書・編集委員）

袴田事件との出会い

笹原　袴田事件に関わられたのは、袴田さんの死刑が確定して、日弁連に救済申し立てをした時ですよね？

田中　そうですね。ただその前に、私が一九八〇年に故郷の沼津に戻ってきた後に、斉藤準之助先生と福地明人先生（原審の弁護士）が事務所にいらして、徳島ラジオ商殺し事件の時の再審請求書を見せてくれと言われました。そこから始まったのです。

笹原　その時、先生は再審請求の審査委員だったのですか？

田中　いえ、その時はまだ委員ではなかったです。一九八一年四月二〇日袴田さんは静岡地裁に再審請求をし、八月一七日に日弁連に救済申し立てをしていました。九月一〇日にはこの予備審査の報告書が出ていて、伊藤和夫担当委員（のちの袴田事件弁護団の弁護団長）の名前で「事件委員会を設置して、詳細に調査するのが相当」という結論になっている。それで今度は調査委員会が始まったわけです。

笹原　この時はまだ袴田事件とは書かれていないのですよね。

田中　そうですね、袴田さんの申し立てに対して予備審査がなされ、そして「袴田事件委員会」ができたというわけ。

笹原　そこで田中先生が委員になったのですね。（田中弁護士が示した書類をみて）申し立てた本人の弁護人が委員会に入っているのですか？

田中　事情を聴くために入っていた。それで、一九八二（昭和五七）年二月九日に委員会が設置されて、伊藤先生のほか、小澤優一先生、山岸良太先生、斉藤先生と私がメンバーでした。それで、記録を検討し、討議をし、本人と接見し事情を聴取してと、そういうことを続けていきました。

笹原　さっきおっしゃった、斉藤、福地両弁護士が先生の事務所を訪ねた時には、袴田事件の概要はご存知だったのですか？

田中　知りませんでした。

笹原　そうすると、調査委員になって初めて事件の概要を知ったわけですか？

田中　そうです。

笹原　その時にはどのような印象をおもちでしたか？

田中　委員になってすぐに判決文やいろいろな書類を見たのです。その時に、特に一審の判決、何だこの判決文は？ってすごく驚きました。冒頭は無罪判決のような内容でしょ、犯行着衣は変わっている、なんか変だなって思いました。すごく違和感があったんです。そのあと、今度は自白調書などをみていってこんなのおかしいじゃないかって思いました。袴田さん自身が書いた上告趣意書にも衝撃を受けました。

袴田さんとの接見

笹原　それが一九八二年の二月から五月ぐらいの間なのですね。（書類をみて）この六月一七日の接見事情聴取というのがありますが、この時に先生は袴田さんに初めてお会いになったのですか？

田中　そうです。すごくしっかりされていて、話したいことがたくさんおありになるみたいだったんだけれど、接見時間は短いので。（その時のノートを出す）袴田さんはやっぱりすごく話をしたかった、自分はやっていないし、もちろん知らないし。あんなみそタンクの中から五点の衣類がでてくるわけないとか、ズボンだって履けないじゃないかとそういう話をいっぱい、元気に話されていましたね。

笹原　今は袴田さんは事件について何も言えないわけですが、当時の袴田さんの印象は何かありますか？

田中　なんかね、当時、「ボクサー崩れ」って言われていたのですが、暴力的な感じは全くしなかったですね。

笹原　当時の手紙をみても、思慮深いというか、すごく頭が良い方ですよね。会われた時もそういう印象でしたか？

田中　そう思います。話したいことがたくさんあったけど、そんなに能弁ではなく、そんなにぺらぺらしゃべるというタイプの人ではなく、でもしっかり話をする人でしたね。

笹原　今も雰囲気はそうですよね。この頃は死刑が確定しているわけですが、死刑の恐怖などを話したりしていましたか？

田中　そういう話もなくあまりそういう感じもありませんでした。

笹原　再審にすごく期待していらした？

田中　でしょうね。ただ、そこではまだ私たちは支援するという結論を出してはいないから。でも、たぶん日弁連の調査が入ったということで、すごく積極的に話をしたいとそういう感じを受けましたね。

笹原　接見というか事情聴取は一回だけだったんですか？

田中　たぶん一回だけだったのではないかと思います。その年の一一月に結論を出していますからね。

笹原　このあと、地裁で証拠物の閲覧などをなさっていますが、五点の衣類などひととおりご覧になられたわけですね？

田中　それで、あとは事件現場に行って。その後はずっと討議をしたり、支援団体から話を聞いたりして。この時に高杉晋吾*さんから事情をきいたのだと思います、今、メモがないので正確にはわからないけれど。それで一一月九日に調査報告書を出したのです。

＊『地獄のゴングが鳴った』（三一書房　一九八一年）の著者で、「袴田巌さんを救う会」を立ち上げた社会派ルポライター。

笹原　（調査報告書を見て）ガリ版刷なんですね。

田中　私たちが討議しながら書いたんです。その時、ズボンは本人の物ではない、あそこで端布が出てくるのはおかしいとか、見込み捜査の疑いとか。意外とちゃんと調査しているのです。で、結論は「冤罪であるとの疑いがある以上、本格的に取り組むべきである」と。そういう調査報告書を出したから、日弁連が支援決定をすぐに出したんだと思います。

笹原　調査報告書を出した一〇日後、一一月一三日支援決定がされていますね。

田中　その支援決定が袴田さんのところに届いたのが一二月二四日のクリスマスイブで、袴田さんの書簡集である『主よ、いつまでですか』に出ています。

（一九八二年）

一二月二四日、晴れ。調査事項検討中に運動の呼び出しがあったが、休んで検討を続ける。昼食後午後一時まで凍傷を擦る。本読む。（中略）三時頃だっただろうか、担当部長が食品口をガチャンと開けて行った。ガチャンガチャンとなお続いているので、私の房だけではない。みんなのものを開けている。お茶や夕食の時間ではないし変だなあ、と思いながら本を読んでいると、雑役がお皿を出して下さい、という。私は何事だと思ってエーといって覗くとケーキを配っているのだ。ああ、今日はクリスマスイブかと合点した。夕食後洗い物をしていると、ハイといって部長が封書を入れてくれた。急ぎ取って見ると日本弁護士連合会の印刷が目に飛び込んで来た。胸ときめかせ開けてみる。日弁連が本件を検討した結果が書かれ、新たに加わる四名の弁護人選任届四枚が出てきた。キリスト教者の私にとってイブの晩にとどいた日弁連の具体的支援、正に光り輝く最高の贈り物だ。

便箋三枚に書かれていた。有難くて涙が出そうだ。

一二月二五日、晴れ。日弁連再審弁護人四

名の選任届に署名指印、必要事項を記入し、礼状を同封して担当に提出する。袴田が書いたことは証明して発信する、という意味のことをいっておられた。（以下略）

（『主よ、いつまでですか：無実の死刑囚・袴田巌獄中書簡』（新教出版社、一九九二年）一〇八～一一〇頁より再構成）

袴田事件はなぜこんなに時間がかかったのか

笹原　袴田事件の原審は一九六六年から一九八〇年までの一四年間、第一次再審も一九八一年から二〇〇八年まで二七年もかかっていますが、なぜこんなに長くかかっているのでしょうか。

田中　理由の一つは、証拠開示が全くできなかったこと。第一次再審請求の時四度も「証拠提出命令の申し立て書」を出していています。三者の打ち合わせはあったけど、再審請求のやり方というのは法律で決まっていないから、結局、裁判所もあまり積極的に動かないし、証拠開示にしても全く応じなかった。そんな中、証人尋問も行われなく、また再審請求がかかっていたら死刑はされないだろうということもあり…。

笹原　なるほど、今よりはまだいい時代だったからですよね。今だと、再審請求していても執行される事態になっていますから。

田中　そう。もう一つはこれだというか、証拠に欠けていたということでしょうか。やっぱりどうしても「新規明白な証拠」が必要でしょう。第一次再審の際には結構「再審請求理由補充書」を出しているわけです（静岡地裁に九通の補充書を提出）。要するに、くり小刀が鞘と一致しないとか、あるいは裏木戸が通れないとかやっているわけね、その後、五点の衣類の血痕のつき方がおかしいとか、くり小刀は凶器とはなりえない、自白調書は、真の自白ではない等々。だけど、それぞれの鑑定ということにならないわけ。

それからもう一つ、この時期、島田事件が静岡地裁にかかっていたのね。

笹原　ああそれで、袴田事件が後回しにされたってことがあるのですね。

袴田さんの様子

笹原　この頃の袴田さんの様子はどうだったのでしょうか。まだそんなに精神状態は悪くなかったのでしょうか。

田中　昭和六三年五月に山岸先生が袴田さんに面会した際の報告書には、（読み上げる）「健康状態は、顔色も血色も頬もふっくらしていていい。睡眠も異常が無くて健康状態の不安もない」。だけど「電波の件については特に親族に伝えることはない」ともあるの。「それは保安課の部長や主任が発信している」って。

笹原　ああこの時期にもうそういう兆候が見えていたのですね。ちょうど昭和の終わりで、平成になるぐらいの時ですよね。そういう意味では精神に異常をきたし始めたという時期ではあるんですね。

田中　そうですね。ただこの時はそう恒常的ではなかったと思いますね。

笹原　第一次再審の静岡地裁の棄却までの間で、袴田さんとのやりとりで印象的なことはありますか？

田中　袴田さんは、五点の衣類は「みそタンクの中には入れられない」とか、あとは喪章のこと、「喪章は葬式の時に使って、同僚に聞いたら、近所の小間物屋で売ってるというので、買ったんだ」と、ズボンは絶対に自分のものではない、そういう話をずっとしていました。ただ近所の小間物屋に喪章があるかどうか弁護人として確認していないのね。喪章をすり替えたんだと私は思っていたのだから、今思えば、ちゃんと確認すべきだったと思います。

笹原　その時、そこまで大きなことになるとは思っていなかったんでしょうね（のちにこれは犯行着衣とされたズボンの端布の話につながる）。でも実際は喪章ではなかったんですよね。端布を（警察が）わざわざもってきたんだから。

田中　いや喪章とすり替えたのよ。袴田さんのお母さんが喪章を入れておいたんだから。

笹原　すり替えられたんですね。

田中　そうだと思うの。そうでなければおかしいの。

笹原　じゃ、家にあったのは喪章だったのに、捜索に行った警察官が喪章と端布をすり替えた。だけど、お母さんはもともと喪章だと思っていたから、そう話しているのですね。

田中　喪章のようなものだと言ったとされたの。だって、ズボン本体がないのに端布の片方を引き出しの中にわざわざ入れて取っておく？　片方だけ？　ズボンは両側の端布があるわけだから。

笹原　確かにそうですよね。端布を持っていたこと自体、やはりねつ造した人たちだから持っていたと考えられるわけですよね。

田中　そうだと思う。

五点の衣類はねつ造証拠

笹原　第一次再審の地裁の時に第三補充書（五点の衣類のねつ造）を出しましたよね。でも、当時の弁護団の中でもそんな「下品なこと」はという話が出ていたと聞きました。今なら五点の衣類のねつ造は中核的な証拠で、検察官は認めないものの、再審開始決定を出した静岡地裁の村山裁判長も支持しています。田中先生がねつ造だと考えたのはどの時点からだったのですか。

田中　かなり早い時期でした。第一次再審の途中では言ってたんだけど。

笹原　日弁連の袴田事件委員会の段階でもそのような判断をしていたんですか？

田中　その段階では、袴田さんの実家から発見されたとされた端布とズボンが一致し、同一だとの鑑定がおかしいのではないかと、ここらへんが旧弁護人らの主張なのね。

笹原　それがすり替えられたっていう話

が出てきたのはどのあたりですか？

田中　袴田さん本人は、もともと「喪章があった」、「端布ではなくて喪章があった」と言っているの。

笹原　それで、すり替えたっていう話になっているわけですね。

田中　今も（弁護団は）端布は持ちこまれたとは言っても、喪章とすり替えたとまで明確に言っていないけど。でも私はすり替えたと思っている。だってあるはずの喪章がないのだから。

袴田ひで子さんと田中薫弁護士。無罪判決後の記者会見にて

笹原　五点の衣類が出てきたのが八月三一日で、実家の捜索が九月一二日、二週間後で、その翌日に冒頭陳述の変更というのは、確かにできすぎていますよね。

田中　そうできすぎているのよ。すごいよね、その辺は。

笹原　それを考えると、警察だけではなく、検察も…。

田中　検察も関与していたと思う。静岡地裁の第一五回公判の時（一九六七（昭和四二）年八月一日）、一号タンクから五点の衣類が発見される前に、弁護人は次回再鑑定の申請をすると八月二八日に再鑑定の申請書を裁判所に出しているの。パジャマ、手拭、被害者の衣類の油の鑑定。パジャマ、作業着、手拭、石油缶の血痕。封筒等の筆跡鑑定。これらを全部。そしたら三一日にみそタンクから五点の衣類がでてくる。そして、第一六回公判は九月五日にそのままやって、そして今度は九月一一日に、浜北の実家とタンクの中を捜索するという請求をし、捜索差押令状をとっている。タンクの中なんて、八月三一日の発見時に実況見分をやっているときに十分見ているわけよ。改めて捜索するそんなのありえないのよ。その一方九月一一日には、検察官は現場での証人尋問を、立証趣旨は発見した衣類が被告人のものであるということで請求している。

笹原　捜索差押の目的は手袋とバンドのはずなのに…。

田中　そう。そもそも袴田さんが捕まった前年の八月一八日には工場、実家から兄弟姉妹の家まで全部捜索している。なのに、一年二カ月後に捜索して何が出てくるというのですか。そんなうまい話あるはずがないじゃないですか。だから、公判も含め、この経過をずっとみていけば、いかにおかしいかがわかる。もう一つはパジャマに油と血痕がついていたとされていたけれど、起訴時点では油の鑑定結果は出ていない。血痕の鑑定も静岡県警では七月一八日に終わっていることになっているけれど、私はその鑑定書は嘘だと思っている。なぜかというと、八月一五日になって科警研からは検出できないとの結果が報告されていたから。

笹原　鑑定書が使えないので、八月三一日に五点の衣類を出す必要があった？

田中　そうです。さっき言ったように、弁護側が再鑑定を申請したところ、犯行着衣とされたパジャマの血痕の再鑑定はできないということになった。血液がもう使用されていて、なくなっているから。

笹原　なるほど。それを考えると、今回の五点の衣類の血痕の「赤み」にも関係するけれど、相当、ここに近い時期に入れたということになるのでしょうね。

田中　そうだと思うの。絶対そうだと思うの。だって、(事件直後の現場の捜索の日の）七月四日の時にね、出てきてないでしょ。五点の衣類がもし犯行着衣だとしたら、麻袋の中に全部、パンツまで脱いで入れて、どこかに隠しておくことなどありえない。どこに隠すのよ？

笹原　燃やすか、捨てるかしますよね。

田中　そう。再審開始決定の村山決定は燃やすのが最も自然だろうって言っています。

笹原　そうですよね。その方が安全ですものね。

田中　それなのに、第一次再審では、時期を見てどこかに置いておいたという。そんなことありえないでしょ。

笹原　絶対に見つかるタンクには入れないですよね。

田中　それともう一つ、もし着替えるんだとしたら、最初に自宅から犯行に行くときにパジャマを脱いで五点の衣類に着替えるわけだから、パジャマは部屋の中に置いておくでしょ、そしたら今度、全部、パンツまで脱いで着替えるとしたらどこで着替えるの？　部屋に行って血の付いた衣類をパジャマに着替えたら部屋に血が付くし。

笹原　部屋に血痕がないとおかしい。

田中　そう。部屋のどこにも血痕はない。

笹原　そして、犯行現場で着替えるというばかばかしい話になるわけですよね

田中　そうでしょ、そんなばかな話はない。それともう一つ、五点の衣類を入れるとすると事件直後でなければならないわけでしょ、七月二〇日に新しいみそを仕込むわけだから。そんな時間はないし、無理な話、常識で考えたらありえない。

笹原　そういう常識で考えたら当たり前のことが、立証がなかなかできず、裁判所も聞く耳が無かったからそれだけ長くかかったということなんでしょうね。

証拠開示

田中　そうだと思う。だって第一次再審請求の控訴審だって酷いもの。五点の衣類間の血痕のつき方が違っていたら、それは(犯行の）途中で脱いだのかもしれないとか。

笹原　本当はDNA鑑定を持ち出すまでもなく、原審の内容だけでも十分に再審無罪になるような内容なのに、結果としてはこれだけ長い時間がかかったのはDNA鑑定や、血が付いた衣類がみそ漬けになった時にどれぐらい化学変化が起きるかというようなことを、科学技術の進化の中で明らかにした部分も大きいわけですけど、そういったことを持ち出さないと、裁判所を動かすことはできなかったんでしょうか。

田中　もう一つは未提出記録、第二次再審請求で六〇〇点も出てきたでしょ。あれがもっと最初から出ていたら変わっていたかもしれない。たとえばズボンが履けないということ。証拠開示で最初からBがサイズじゃなくて色の表示だとわかったら、控訴審では（検察は）B体は八四センチで肥満体のサイズだから履けないわけはない、みそ漬けで縮んだんだと。もともとが七六センチのY体のズボンで、それを三センチ詰めていたのであれば全く履けないのです。

それともう一つは、袴田さんにはアリバイがないとされていました。犯行時間帯に同室者がいなかったし、隣の部屋の人たちが起きて出て行った時に袴田さんはいなかったとされていましたが、実は事件直後の、早い時期の調書には、袴田さんが後ろから来てたって話していたのです。

笹原　つまり証拠開示がされていればもっとはっきりしていたことがたくさんあったということなのですね。証拠開示はどうしてできたのでしょう。

田中　一般刑事事件で証拠開示の制度ができたこともあるでしょう。それによって、類型証拠、つまりこれと同じ類型のものは全部出せとか、それからこちらが予定している主張関連証拠もあるはずだからそれを出せとか言えるようになった、それが大きいのでは。それがなかったから、何回も何回も証拠開示請求をしているのに出てこなかった。

笹原　第一次再審の時点ですよね。

田中　そう。その時に、検察官は証拠開示は権利ではないとか、出せないとか、不見当とか証拠漁りをするなとか…。いま、再審法の改正の論点で一番大きいのは、証拠開示がなされることと検察官の不服申し立てをさせないこと。そうすれば、今後、早く再審が開始される。せめてそれだけはすぐにやってほしい。

笹原　再審法改正の話になるのですね。

再審法廷

笹原　再審はどうでしたか？

田中　検察官は、有罪立証に努め（昔と同じことの蒸し返しをしていました。証拠としてはもう価値がないものばかりで、明らかに違法な取調べをしていることを無視して、あくまでも犯人に間違いないなどと言い続ける。「正気か？」と思いましたね。再審になってからも新たに鑑定書なども出してはいますが。

笹原　若い検察官が出てきていると聞い

たのですが。昔のことを勉強というか復習してそれを繰り返しているんですか?

田中 検察官が二〇人くらいいるとの話もあります。公判に出てきているのは三人。東京高検からこの事件のために派遣されてきている人が主任を務め、あとは静岡地検の若い人ね。血痕の証人尋問の時には高検から即時抗告審の時の検察官が出て来ました。

笹原 さすが。国はお金をかけているわけですね。それだけでも国賠ものですね。

田中 すごくお金をかけていると思う。監査請求ができるならしたいものです。検察官は(五点の衣類の血痕の赤みについて)七人の法医学者の鑑定書を出してきましたが、その人たちが共同で書いた、実験もしない、証拠物も見ないで鑑定書を作成している。それで高い費用を出している。本当に無駄な費用だと思います。

笹原 今の袴田さんの様子をみたらわかるのですが、袴田さんとは裁判関係の打ち合わせは全くできないですよね。

田中 そう。だから裁判官三人が昨年の九月二九日に浜松で袴田さんと面接をして、出頭を免除するかどうかを決めました。検察官も出席し、弁護人は間弁護士と私の二人が立ち会いました。それで袴田さんの出頭免除が決まったの。

笹原 あの状態ですものね。裁判官が行った時に袴田さんは嫌がりませんでしたか?

田中 出てこなかったらどうしようと心配でしたが大丈夫でした。私が車を降りたところまで迎えに行くなどして。

笹原 裁判官は自分のことを裁判官だって言ったんですか?

田中 ええ、裁判長が前にでてきて袴田さんに話をしましたが、付き添っていた猪野さんが通訳するように話していました。私も「袴田さん、覚えていますか」って言って話をしたんだけれど。

笹原 でも嫌がりもしなかったんですか?

田中 そう。まあ良かったですよ。途中で部屋を出て行っちゃうんじゃないかと心配しましたが、そんなこともなく。

笹原 再審公判での裁判官の雰囲気とか反応はどうですか?

田中 再審公判での心証については全くわかりません。ただ法廷内では、傍聴については本当に神経質と感じました。傍聴人が帽子を被っていたら取るように言うし、みそ漬けの衣類が法廷で調べられる際の裁判長の予告発言に「毒じゃないですよね」と発言した傍聴者に対する注意、ペットボトルを出していた弁護人に「法定内飲食禁止、しまって!」の注意等、いずれも強い口調でした。法廷内には、常時複数の警備員が配置されており、いささか異常な感じでした。

笹原 すごく威圧的ですね。メディアもみているだろうに。

田中 裁判官も注目事件での審理、緊張されていたのでしょうが、何を恐れているのかと感じました。でも私が検察官の死刑求刑に対し、思わず机をばんばんってたたいて抗議をした時には裁判官と目があったのですが何も言われなかった。

笹原　やっぱりそれは薫先生だったからでしょう。

田中　咄嗟だからびっくりしたんでしょ。みんなが、えっていう顔をして…。

笹原　判決の期日が近づいてきます。

田中　どこまで言うかですね。捏造や捜査の違法をどこまで言及、盛り込むだろうか。

笹原　村山裁判長が先鞭をつけているのだから、それを踏襲して、ちゃんと無罪と言えばいいだけですよね。

田中　そう。無罪以外の判決を出したらこれはおかしいから、無罪になることは間違いないと思うけど、冤罪であること、その内容をどこまで書くか。

四〇年間、かかわって

笹原　先生はもう四〇年、かかわっていらっしゃるわけですが、どのような感想をお持ちですか？

田中　どうしてこんなに長くかからなければならなかったのか。こんなにあきらかにできないのかってほんとに、本当にこれだったら司法に対する信頼がなくなってしまう。それは裁判所だけではなくて、検察官も弁護士も考えなければならないことだと思っています。もう取り返しがつかないじゃないですか。私、思いますよ、袴田さんの人生。この事件があった時、私は大学生なんですよ。で、こっちがこの年になっているのに。こんなこと、そんな人生、ありえないじゃない。ほんとに。

笹原　袴田さんもそうだし、ひで子さんもそうですよね。

田中　本当に、これをどうやって償うか。判決で無罪というだけではなくて、最初から間違っていたんだと認めて謝罪してもらいたいですよね。もちろん謝罪だけじゃ何にもならないけど。せめて謝罪してほしい。こんなことが続いたらいけないんだから、やっぱり死刑制度をちゃんと変えないと。死刑にならなくてよかった、やっぱり死刑なんかだめよ。死刑再審これで五件目。前にあった四件の時に、それをきちんと究明する制度を作っていなかったから。誤判や冤罪の原因究明の調査をする制度を設け、対策をとっていく必要があると思います。

笹原　ありがとうございました。

（二〇二四年九月六日）

袴田再審公判傍聴記

角田由紀子（弁護士）

二〇二四年二月一五日、袴田再審公判の傍聴券を求めて並んだところ、奇跡的に当選。初めて傍聴できた。

静岡地裁刑事一部。公判は一一時開始だが、整理券の受付は八時四〇分から九時一〇分までなので、沼津に在住している私は娘と二人で朝七時一八分の東海道線に乗った。八時半ころ地裁に着くともう列ができていた。整理券の受付は、リストバンド方式で番号入りの紙の整理券を腕に巻いてもらい、待つこと一時間余、当選番号が九時四五分に発表された。リストバンドには「当選番号であっても取り外した場合は無効です」と印刷されていた。他の裁判所のように「譲り合い」はできない仕組み。第一回公判の時は、娘と二人で並んでどちらかが当たればと思っていたが、この新しい方式の前に目論見は外れた。もっとも、二人とも外れたが。今回もどうせハズレと思って外れた場合の静岡での行先も考えていたのだが、私だけ当選した。傍聴券はこれもリストバンド方式で指定席番号が付いた青色のリストバンドを巻いてもらった。一〇時半には法廷のある二階で次の「手続き」に並んだ。筆記用具と貴重品以外はすべて係員に預けるのだ。私は運悪く治らない咳の状態だったので、のど飴とペットボトルのお茶の持ち込みをお願いしたが「法廷では飲食禁止です」とにべもなく拒否されて、傍聴中にとまらない咳で他の方に迷惑をかけてしまった。さて、貴重品（私の場合はとりあえず財布のみ、あとで考えたら鍵だって健康保険証だって貴重品ではないかとおもったりした）を手に持ってその他のものはプラスチックかごに入れ、引き換えの番号札を受け取った。それから法廷の前にいる職員の前に一人ずつ進んで、両手をあげて前後左右を金属探知機で入念に検査された。手帳に備え付けのボールペンが反応し、手帳を開けて確認を受けた。腕時計も律儀に反応し音を立てたので「腕時計です」と袖をまくって見せた。それからいよいよ法廷への入場。席は傍聴券に表示されている席へ。私の番号は０１４で最前列の左から四人目。傍聴席の半分ほどは報道機関用なので一般用は二八席と聞いた。狭い傍聴席なのに、最前列の左右の端には警務官（グレイの制服着用）が端の傍聴人に鼻突き合せんばかりの距離で座って傍聴人の動静を終始監視。いかにも傍聴人の中には凶悪者が混じっていることが前提とされているかのよう。これから傍聴する事件は五〇年前の「放火殺人事件」ではあるが、被告人はご存じの理由で出廷がかなわず、傍聴人に関係者がいるはずもない。いわんや昔の「公安事件」でもない。裁判所は何を恐れているのか？　ほとんど監視されながらの傍聴開始となった。

　一言でも発言しようものなら、そういう「勇敢な」人はもちろんいなかったが、座席番号で直ちに特定しつまみ出すことができるようになっていた。私は恐る恐る頻発する咳と闘った。苦しくて息が止まりそうだった。

　さて、法廷の左右の壁（検察官席と弁護人席の頭上）にはモニターが設置されており、この日は検察官が文献を多用していたので、傍聴席からは読めない小さな字が多数映し出されていた。一列目の弁護人席、検察官席、裁判官席には個別にモニターが配置されており、あの壁のモニターはご親切にも傍聴人用？　そもそも、静岡地裁の２０２号法廷を使用するのは（もっと大きい法廷はある）モニターがあるのはこの法廷だけだからと聞いている。席数を犠牲にしても選択された２０２号法廷であるが、モニターは役に立っていない。不思議な判断！　合理的な理由をつけてできれば小さい法廷にしたかった？

　昼休みと午後の休憩時間には法廷から出ることになっており、再入場には初めの荷物を預けて身体検査を受けての手続きを繰り返した。

　最近の裁判所が傍聴に関して極端に神経質になっており、傍聴人性悪説にどっぷりつかっていることは、私自身が、安保法制違憲訴訟で東京地裁、東京高裁で何回も経験済みだ。東京高裁ではNO WARと書いたTシャツを着た傍聴人の入場が拒否されたし、東京地裁では裁判官と議論を続けようとして法廷に少しの時間座っていたら、「暴徒」扱いされた。裁判官が帰ってしまい、議論を続けられないのであきらめて法廷から引き揚げようとしたら廊下には総動員されたらしい職員が詰めており、なんと丸の内署から呼んだらしい警棒を持った制服警察官が闊歩していたこともあった。どうもごぼう抜きのつもりだったのでは。これは安保法制女の会の事件で法廷にいた傍聴人の大部分は高齢女性だったというのに。別の東京高裁の法廷では、裁判官が入廷すると傍聴人が一斉に上着を脱いで「主権者国民は棄却を認めない」のTシャツを見せたとか。怒った裁判長は判決言い渡しだったのに引っ込んでしまって、言い渡しが遅れたとか（これは伝聞）。

東京地裁・高裁は入口に金属探知機が設置されているのでナイフ等は見つけ出すことができるが、スマホその他は身に着けることができている。できていて当たり前だが。

裁判長は法廷の運営について権限を持っているにしても、袴田再審公判法廷で起きていることはその権限を越えているのではないか。法廷入り口で金属探知機を使っていた職員は、荷物をいったん預けている傍聴人に重ねて「通信機器はもっていませんか」と尋ねていた。持っていたとして傍聴人が外部にどんな秘密通信をするというのか？

今までも傍聴人への規制について支援者らは抗議をしてきたとのことであったが、もちろん無視されたままだ。

裁判長は一体何をそんなに恐れているのか。傍聴は憲法の公開の法廷に付随する国民の権利のはずだ。袴田再審公判にはどんな不穏の動きの心配があるのか？

全国から、海外からもらしい、注目されている法廷であることはその通りだが、だからと言って傍聴人を過度に規制する権限はないはず。根拠を説明してもらいたい。

最後にひとこと。この異常な傍聴人規制は自分が傍聴人になって初めて知った。毎回の公判を報じるメディアは誰も一言もこのことに触れてきていない。運よくくじに当たらなかったら私も知らないままであった。私は、一五日の法廷後の弁護団の報告集会兼記者会見の席でこのことを話した。メディアの誰も何の関心も示さなかったことも、特筆すべきことだ。初めて傍聴した人はこれが異常だとは知る由もないのかもしれない。

裁判のＩＴ化が急速に進む中で傍聴そのものが危うくなってきていることと合わせて静岡地裁で起きていることを知ってほしい。このようにして裁判に関する私たちの権利は奪い取られていっているのではないか。

死刑囚表現展文学作品の受賞作

深海魚　響野湾子短歌集　池田浩士編　2000円＋税

大道寺幸子・赤堀政夫基金　死刑囚表現展に2006年から19年まで（08年を除き）毎年応募、受賞した。

刑死した歌人の遺した遺した6千余首から912首を精選
上訴審棄却賜わる今朝よりは光り届かぬ深海魚となる
確定に決まりし日より亡者の如くずだらずだらと歩く癖つく
逝く先は月の砂漠と決めてをり戦に満ちたこの星を捨て
浅ましき獣の如き過去を持ち歌詠む事にひるみ覚える

鎮魂歌　闇サイト事件・殺人者の手記

堀慶末　2000円＋税
第13回大道寺幸子・赤堀政夫基金　死刑囚表現展特別賞受賞作
「いま、私は思います。残された時間をすべて、贖罪に捧げて行かねばいけないと。」

河村啓三の著作

1988年コスモリサーチ事件を起こし2004年死刑が確定。西成に生まれ夜の世界へ、サラ金を経て事件を起こす。獄中で自分の人生を振り返った第1作、宗教の世界に触れて行く第2作、獄中生活を描いた第3作がある。2018年12月27日、再審請求中に死刑執行。

こんな僕でも生きてていいの　2000円＋税

第1回大道寺幸子基金　死刑囚表現展優秀作品賞受賞作（2005年）

生きる　大阪拘置所・死刑囚房から　1700円＋税

第3回大道寺幸子基金　死刑囚表現展奨励賞受賞作（2007年）

落伍者　1700円＋税

第7回大道寺幸子基金　死刑囚表現展優秀賞受賞作（2011年）

鶴見事件　抹殺された真実　私は冤罪で死刑判決を受けた

高橋和利著　1800円＋税
第5回大道寺幸子基金　死刑囚表現展奨励賞受賞作（2009年）

1998年6月に鶴見で起きた横浜金融業夫妻殺害事件の犯人として死刑判決を受ける。一貫して「私は殺していない」と無実を主張し続けたが、2021年10月8日、東京拘置所で無念の死を遂げる。いま遺族が再審請求中である。本書は彼の無実の証明である。なお絵画表現でも受賞をしている。

極限の表現 死刑囚が描く　年報・死刑廃止2013　2300円＋税

極限で描かれたこれらの作品は何を訴えるのか。大道寺幸子基金表現展のすべて。加賀乙彦「〈悪人〉を愛する」、北川フラム「枠を超え埋め尽くす」、池田浩士編「響野湾子詩歌句作品集」、櫛野展正「アールブリュットと死刑囚の絵画展」、作品多数収載。

死刑囚90人　届きますか獄中からの声

死刑廃止国際条約の批准を求めるフォーラム90編　1800円＋税
2011年にフォーラム90が確定死刑囚に行ったアンケートの報告集。2005年から2011年までの大道寺幸子基金絵画部門受賞作品をカラー16ページ掲載。

袴田ひで子さんに聞く

聞き手・笹原恵（本書・編集委員）

幼い日の姉と弟

笹原　巖さんは小さい頃、おとなしい子だったって以前うかがいましたよね？

ひで子　巖はおとなしい。私はちょっときつかっただと思う。

笹原　巖さんはいじめられたりしなかったのですか？

ひで子　巖はおとなしいからいじめられてね。小学校三年生の時、ちょうど巖の教室が見えるの。休み時間にみたら、あれ、巖がいじめられていると思って、たかたか飛んで行って、いじめている子に、何あんたらといって、姉さんなもんで、向こうもたじろぐよね、囲んでいじめていたが、それで巖に家に帰んなっていって帰らしちゃったの。そしたらさ、次の日、先生に呼ばれてなんで帰ったっていうんで説明して…。平気で家に帰らしちゃったの。

笹原　頼りになるお姉ちゃんだったのですね。いまでも頼りになるお姉ちゃんだけど。

ひで子　私と巖は先生に呼ばれて、巖の担任の先生に。お説教されたことがある。

笹原　ひで子さんはその頃から正義の味方だったのですね。

巖さんと死刑

笹原　巖さんが出てきてから死刑について何か話したりしますか？

ひで子　死刑はない方がいいと言っているね。誰かが取材に来た時、割合とまともだった時に、死刑なんてない方がいいとか。私には直接言わんけどね。

笹原　再審請求中といっても、こうやって外に出てくる前はいつ何時執行されるかわからなかったですしね。

ひで子　いくら再審請求中だってね、安心しておれんもん。

笹原　再審請求中に執行された人もいますしね。

ひで子　ほんとだよ、たまたま巖はね。そんな目にあわなかっただけ。だけど本

人にすれば、いつ処刑されるかわからんと思っていただろうからね、あんな中だから。

笹原　そうですよね、よくいろんなことをしながら生き延びてきましたよね。それこそお米を洗ったりとか。

ひで子　よくぞ生きて出てきたと思っている。私は。

笹原　ひで子さんも、よく、この間、がんばってきましたよね。ほんとに。

ひで子　後がないでしょ、死刑で。三年や五年の刑じゃないだもの。一九六六年に捕まえられて四八年。四八年も入っていりゃおかしくなって当たりまえだよ。死刑にされちゃうと思っているもんで。

巌さんの日常

笹原　巌さんとは再審の話はしないんですか。

ひで子　裁判の話は一切しない。私は九月の判決がくだってからゆっくり話をしようと思っている。今は途中だからね。（再審の時は）行ってくるよって言ってるだけでね。たぶんわかっていると思うけどね。

笹原　ちゃんと無罪だっていうことがわかれば、また変わるかもしれませんよね。

ひで子　変わると思う。無罪になってから本当の話をすればいいので。今言っても、嘘を言っていると思うでしょ。

笹原　まあ、ここにいること自体、以前と環境が違うから安心しているでしょうね。

ひで子　そりゃそう。今は自由にさせている。

笹原　ひで子さんのことをひで子さんとか、姉さんとかいうのですか？

ひで子　ひで子。私には直接言わんけど、みんなと話す時に「ひで子」って言う。

笹原　ひで子さんに直接は、姉さんとかひで子とは言わないということなのですね？

ひで子　用があると、私の部屋に来て座って、こうやって…（待っている）。

笹原　ひで子さんを朝起こす時には何て言って起こすのですか？

ひで子　起こさないで、目が覚めるのを待っている。

笹原　待ってるの？　じゃ「猫に餌を

やってくれ」というのも、起こすんじゃなくて待ってるということですか？

ひで子　待ってる。トイレに起きると、猫が腹すかせてるで、餌やってくれっていうの。

笹原　巖さんの食事はどのような感じですか？

ひで子　巖は朝は果物とパンぐらい。お昼はご飯。

笹原　今はメロンは食べなくなったんですか？

ひで子　相変わらずメロンを食べている。九州とか札幌からこんな大きなメロンを送ってくれていて、大きいのを切って…。みんな、ブドウとか果物をもってきてくれるの、最近は。

笹原　身体は大丈夫ですか？

ひで子　ほかに食べへんで、大丈夫。それで夜は外食する。一年半、うなぎ食べっぱなし。この頃やっと天ぷらうどんになったけれど。そのあと、パンぐらい食べるね、天ぷらうどん食べた後ね。朝みると、パンの袋が破けてここにあるので。毎日、菓子パンを買ってくる。猫にくれるために買ってくる（笑）。猫は食べないけど…。買い物かごに一〇個ぐらい入れるので、一緒に行く人が一所懸命返すの。それで三つぐらい買ってくる。

ひで子さんの「死刑廃止」

笹原　ひで子さんは死刑についてどう考えていますか？

ひで子　私は若い時には死刑があるのは当たり前だと思っていたの。それぐらいの感覚でしかなかった。だけど今は、巖のことがあってからは、死刑はあってはならないと思ってる。

笹原　巖さんは冤罪で、何もしていないのに犯人に仕立て上げられたわけで、もちろん冤罪の人が死刑になってはならないということはあるけれど、一方では実際に罪を犯した人たちもいますが、その人たちについてはどう思いますか？

ひで子　やっぱりね、永山則夫さん。若くて更生する可能性もあるのにね、処刑したでしょ、あれは一つの見せしめだと思う。そういうことのないようにね。年寄りだから執行していいってわけじゃないが、若い人で更生する道がいくらもあるのに、処刑するのには大変反対する。それはけしからんと思う。人間だもの。生きてる限りはやっぱり生かしてやらなきゃ。そう思うよ。

笹原　全ての人が間違うように、巖さんの場合もそうだけど、裁判官も間違うわけだし、警察官も間違うし…。

ひで子　裁判官も人間だもの。人間がやる裁判ですよ。だから絶対に間違いはあるの。

　それこそ、今度のことでよくわかったけど。処刑されてしまった人もあるけれど…。だけど国は絶対認めない。一番私がそう思ったのはね、巖の裁判で、犯行中にズボンをはいたり脱いだりしたって判決に書いてあったけど、こんなことを書くのはね、私たちの普通の常識では考

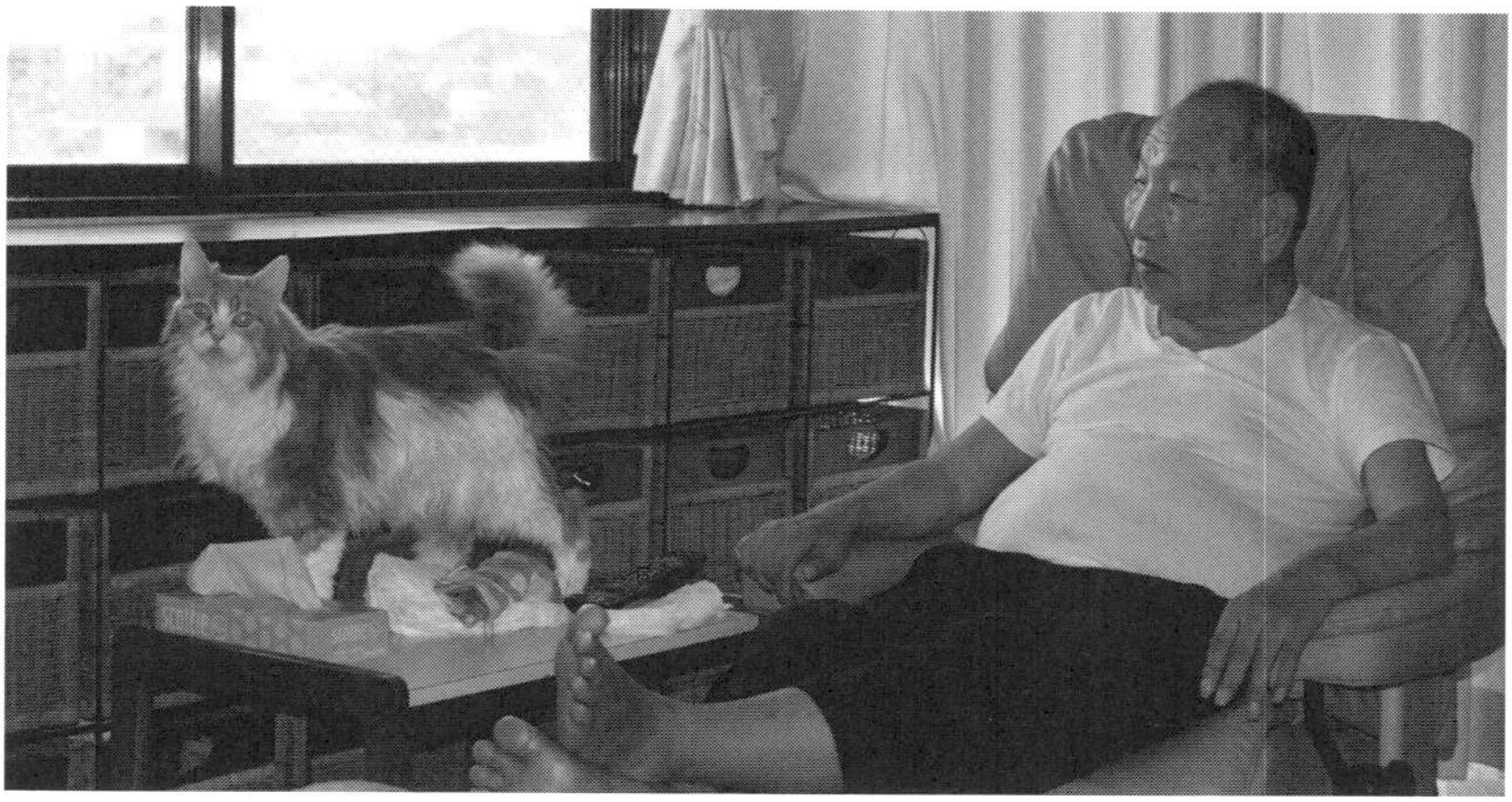

えられんじゃん。それをね。裁判所が堂々と書いているの、そういう常識というのは普通の民間人の常識とは雲泥の差がある。死刑についても同じ。

笹原　自分たちは間違わないし、誤ったことをした人は殺してしまっても構わないっていう…。

ひで子　自分らは間違わないっていう。本当の人間性というのはそういうもんじゃないよね。人間性に欠けるというと語弊があるけど、感覚がそういうもんなの。人間はみんな平等であるべき。

再審判決まであと少し

笹原　再審の判決まで一カ月少しですよね。

ひで子　みんなどんな心境かと聞くけど、いいえ何ともないですよ、平気でいますよと私は答えている。

笹原　（無罪判決が出るのは）楽しみといえば楽しみですよね。

ひで子　一八年間待たされたから。ここで、一、二年待ってもどうってことないって平気で言っている。年月は早いよ。五年や一〇年どうってことないよ。

笹原　ひで子さんが元気なのはちょっとスペシャルだけどね。こんな元気な九一歳の人はいないと思いますよ。ほんとに

ひで子　それはそうかもしれんね（笑）

笹原　まあ無罪判決が出ても、しばらくはいろいろ忙しいだろうけど、それで一段落したらいいですね。

ひで子　まあいろいろやることはあるだろうが、まずは一息。巌にきっちり話をして、巌を安心させるように。安心してもらうように。巌が安心するってことが一番だもの。

笹原　ひで子さん、再審無罪判決の後は、ぜひ死刑廃止のアピールもお願いします。

ひで子　もちろん、もちろん言うよ。いまは再審法の改正って言っているけど、死刑廃止、死刑反対っていうよ、もちろんいうよ。大いに言わせてもらう。

笹原　ひで子さんが発言してくれるのを

皆頼りにしています。巖さんみたいに無実の人が死刑になるのはとんでもないけど、罪を犯した人についても。人が人を裁く時に間違えないということはないので。

ひで子　それはそうだよ。人間だでね。生きるべきものは生かさなきゃ。死刑にしておしまいにするなんてとんでもない。

笹原　人が人を殺すことも大変なことだけど、国が人を殺すということはそれ以上に大変なことだと思います。

ひで子　死刑制度があるから（死刑が）当たり前だと思うけど、なければないで、また当たり前になるのだから、早く死刑制度はなくさなければならない。いずれ死刑制度はなくなると思う。私はそう思っている。

笹原　世界の国の中ではなくなってるところも多いですしね。いつも思うけど、巖さんの無罪判決を免田栄さんに聞かせたかったですね。免田さんは死刑囚で無罪になった一番最初の方でしょ。それから赤堀さんまで四人続いて、そこからしばらく時間がたって、巖さんが五人めです。

ひで子　きっかけがあれば、死刑廃止になるだろうから。（免田さんまでは）あの時には助け出してよかったでおしまいになってしまった。それ以上に死刑反対ってことは言わなかった。ご時世かもしれんが。今度はしっかり死刑廃止って言って反対していかなければならないと思うよ。

笹原　一九九〇年代はもうちょっと死刑廃止の声が高かったけれど、その後、オウム事件があったり、障害者施設で収容者が殺された事件があったりして。死刑執行を望む声が大きくなって、それはそれで恐ろしいなと思っているんだけど。でも殺してしまったら何があったのかわからないものね。

ひで子　ほんとだよ。

笹原　去年は一年間、死刑の執行がなかったですよね。

ひで子　袴田事件が影響していると思うよ。

笹原　そうですね。そういう意味ではこの九月に決定が出て、今年も執行が止まるといいと思っています。

ひで子　どうかね。

笹原　巖さんの無罪判決があって執行するっていうのは結構しんどいのではないかと思うけど。

ひで子　しにくいんじゃない。しにくいってことは死刑制度に反対する人もいるだもの。死刑に賛成っていう人は実質的にはほとんどいないと思う。だけど、代議士とかなんとか体面があるもんで、死刑制度あるよ、反対しませんぐらいのこと言うけど、実際は処刑したいと思っていないと思うよ。いかに犯罪者であったって。あとに残るだもの。

（二〇二四年八月一二日
袴田ひで子さん自宅にて）

2023 — 2024年

死刑をめぐる状況

死刑をめぐる状況 2023—2024

死刑執行の無法状態を糾明する訴訟傍聴記

永井美由紀（関西救援連絡センター）

1 再審請求中の死刑執行による弁護権侵害国賠

第11回口頭弁論

二〇二三年一一月一日一〇時から、第11回口頭弁論が開かれた。

原告からは、前回提出された北村泰三中央大学名誉教授の意見書に基づいて、再審請求中の死刑執行は、市民的および文化的権利に関する国際規約六条一項および四項に反し、違法である旨を明らかにする第七準備書面が陳述された。

また、北村泰三名誉教授、葛野尋之一橋大学教授、河村啓三氏の再審請求弁護人であった小田幸児弁護士の三名の証人申請も出された。

一一月四日に、葛野尋之教授の論文二本が書証として提出されている。論文の要旨は、以下のとおりである。

①再審請求権は再審公判にアクセスする権利として憲法三二条が保障していると解すべきで、重大な違法である。再審請求中の死刑執行によっても請求手続きが継続することや旧刑訴法の規定との対比からみて、再審請求弁護人には死刑執行後にも請求手続きを追行する法的利益が存すると解されること。

②再審請求人と再審請求弁護人との間の接見交通権について、秘密接見を保障しない接見制限が弁護権の制約になっており憲法三四条等からみて許されないこと、再審請求弁護人には「弁護権」という固有の利益があること。

以降の予定は、原告は一二月下旬に小田弁護士の陳述書を提出し、被告は次回期日までに原告第五～第七準備書面への反論および証人申請への意見を述べるとされている。

第12回口頭弁論

二〇二四年二月二一日午前一〇時から第12回口頭弁論が開かれた。

被告国からは、原告準備書面五・六・七への反論として、第九準備書面が陳述された。これに対して、原告から求釈明が申し立てられた。

　原告は自由権規約の一般的意見および総括所見ないし見解に法的拘束力がないことを前提とした上で、自由権規約委員会が提出する一般的意見等を十分に尊重する必要があるとして、事実上の拘束力を有すると主張している。しかし被告は「自由権規約の一般的意見および総括所見ないし見解には法的拘束力がない」と主張しているのみで、議論がかみ合っていない。

　そこで、原告から「拘束力のあるなしを議論していない」「解釈指針として、一般的意見等を無視してもよい、全く尊重しなくてもよいと主張するのか」との釈明を求めたが、被告国は応答しなかった。

　また、再審中の死刑執行について、一般的意見三六号が、自由権規約六条には、再審請求中に死刑を執行されない権利が含まれると解釈していることを認めているのか、それとも争っているのかとの求釈明にも応答しなかった。

　原告は、これは事実の認否に関わる内容なので、このやりとりを記録にとどめてほしいと裁判所に要求したが、裁判長は必要性はないとして、調書に記載することを拒否した。

　証人として申請されているもう一人の河村啓三氏の再審請求弁護人の陳述書は年末に提出されている。北村泰三名誉教授、葛野尋之教授ら三名の証人申請に対して、被告国からは「証人調べの必要なし」との意見書も提出されている。

第13回口頭弁論

　第13回口頭弁論は、五月八日午前一〇時から大阪地裁二〇二号法廷で開かれた。陪席裁判官が異動となったため、更新手続が行われた（大阪地裁第19民事部　大森直哉裁判長、太田章子・土肥大致裁判官）。

　証人申請に対して、被告国からは、国賠法一条一項の違法性に関する原告らの主張には理由がないのは明らかであり、証拠調べの必要性は全くないと主張する意見書が提出された。

　しかしこれまでの被告の主張は、被告が死刑再審請求人やその弁護人との関係で再審請求中に死刑を執行してはならない職務上の義務はないというものであり、意見書の主張とは矛盾していると原告から反論が出された。

　また原告は第八準備書面を陳述し、自由権規約委員会から何度も、裁判官・検察官及び行政官に対し、規約上の人権についての教育を行うようにとの内容の強い勧告が出されていることを明らかにした。

　今回で主張（争点）は出尽くしたとして、次回からは立証に入る。原告代理人から裁判所に対して、現時点での争点整理をしてほしいとの要請があったが、裁判長は「その必要を認めない」とした。

　証人申請がされていた北村泰三中央大

学名誉教授、葛野尋之一橋大学教授、河村啓三氏の再審請求弁護人であった小田幸児弁護士の証人調べは採用された。

第14回口頭弁論

八月二日午後一時半から、第14回口頭弁論が開かれ、陪席裁判官の異動による更新手続ののち、証人二名が証言を行った。

葛野尋之教授の証言の要旨は、以下のとおりである。

再審請求中の死刑執行は、誤判からの救済を求め裁判を受ける権利を保障する憲法三二条、誤判是正を目的とし不利益再審を禁止する憲法三九条に反し、違法である。また、請求人死亡後も再審が継続するとの刑訴法四五一条の規定では、誤判からの救済だけでなく誤判の是正も目的としている。

再審中の死亡によっても請求手続きが継続することや旧刑訴法の規定との対比からみて、再審請求弁護人には死刑執行後にも請求手続きを追行する法的利益が存する。再審請求人と再審請求弁護人の秘密交通権を保障しない接見制限は弁護権の制約であり、憲法三四条等からみて許されないことからも再審請求弁護人には「弁護権」という固有の利益がある。

また、法務省は詳細に検討し「理由のない再審」として死刑を執行したというが、免田事件をはじめ再審請求が認められた事件は、幾度もの再審請求の後に無罪となっている。この事実からも、司法判断を待たずに、法務省が判断し執行したことは問題がある。

この裁判の原告ではないもう一人の再審請求弁護人である小田幸児弁護士が、この再審が何を目指していたかを証言した。

死刑が確定した原審は、強盗殺人罪と認定したが、原審判決を検討する限り、強盗罪と殺人罪であり、死刑判決とはならない事件である。原審判決には「暗黙」という言葉が多用されており、殺意を抱いた時期に対しても明確に認定しておらず、明らかに誤判が疑われた。そのための証拠集めをしており、共犯二人の供述との照らし合わせもしようとしていたが、死刑が執行され、その道は絶たれた。

2 告知当日の死刑執行違憲国賠

第8回口頭弁論

二〇二三年一〇月三日午後三時から、第8回口頭弁論が開かれた。

前回裁判長が交代し、裁判長から双方の主張を整理した争点骨子が原告被告双方に示されている。

原告からは、前回提出の北村泰三意見書に基づき、死刑確定者に死刑執行について適切な時期に事前に告知しないこと（死刑執行の二時間前に告知する行政運用）は、市民的および文化的権利に関する国際規約および「死刑存置国は死刑確定者に死刑執行について適切な時期に事前に告知しなければならない」という国際慣習法に違反し、違法であることを明らかにする準備書面九が陳述された。

次回進行協議までに、被告から争点骨子での違憲および原告第九準備書面への反論が出される。

提出される被告準備書面への原告からの書面の提出が不要な場合には、原告から次回口頭弁論において結審を求めることになるようである。

第9回口頭弁論　結審

一一月二八日午後二時から、大阪地裁二〇二号法廷で開かれた第9回口頭弁論で、結審となった（大阪地裁第二民事部横田典子裁判長、森文弥・立仙早矢裁判官）。

一昨年一一月四日の提訴以来、原告は九本の準備書面を提出している。この日、即日告知即日執行の非人間性・残虐性を袴田巖氏を例に述べた第一〇準備書面、「死刑執行の告知義務（事前告知を含む）は存在しない」「自由権規約委員会の一般的意見、見解等には法的拘束力がなく、一般的意見を踏まえた自由権規約の解釈および実施は各国で個別に判断される」と被告は主張するが、国連で政府はそのような主張をしていないことを明らかにした第一一準備書面を陳述した。被告も第七準備書面を陳述し、「死刑存置国は死刑確定者に死刑執行について適切な時期に事前に告知しなければならない」との原告第九準備書面に反論。

死刑執行を具体的にどのような手続で行うのかなどについて、告知自体や告知の時期および方法について法律の規定はなく、被告国は法的根拠にもとづいて、告知後二、三時間で死刑執行を行っているわけではない。

日本国政府は国連の場で、「死刑執行の告知義務（事前告知を含む）は存在しない」「自由権規約委員会の一般的意見、見解等には法的拘束力がなく、一般的意見をどのように踏まえて、自由権規約を解釈し、実施するかは、各締約国において個別に判断される」と主張していないにもかかわらず、この訴訟では「法的には死刑執行の告知義務（事前告知を含む）は存在しない」「自由権規約委員会の一般的意見、見解等には法的拘束力がなく、一般的意見を踏まえた自由権規約の解釈および実施は各国で個別に判断される」と被告国は主張しているのである。そして、自由権規約の解釈権限が締約国にあること、一般的意見等に法的拘束力がないことを理由に、あたかもこれまで積み重ねられてきた国連総会決議、自由権規約委員会の一般的意見、通報事例、総括所見等を無視してもよいかのような主張を繰り返してきている。裁判所が、この被告国の二枚舌に対してどのような対応をするのか。また根拠となる法整備もなされず、情報の公開も行われず、行政の恣意的運用がなされている現在の死刑執行に対して、裁判所は司法としてどのような判断を行うのか、注目したい。

判決公判

四つの死刑国賠の最初の判決が、二〇二四年四月一五日午後二時から行われた（大阪地裁第二民事部　横田典子裁判長、森文弥・立仙早矢裁判官）。

この訴訟は、死刑執行の一、二時間前に受刑者が告知を受ける現在の運用は違憲違法であるとして、①「原告らには死刑執行告知と同日になされる死刑執行を受忍する義務がないことの確認」と、②国家賠償を求めたものである。

①は却下、②は棄却との判決主文につづいて、横田裁判長は要旨を読み上げた。

①は「法律上の争訟」にあたり提訴自体は不適当ではないとしたが、死刑執行方法の違憲・違法性は刑事裁判で争うべきであり、行政訴訟で争えるとすると、刑事裁判と矛盾を生じることになるので、行政訴訟で争うことは不適法であると退けた。

昭和三六年一二月の最高裁判決は、行政訴訟で死刑執行方法は争えないとするが、その前提となる死刑裁判および執行方法は憲法三一・三六条に違反しないという判例に変更はなく、判例変更すべき事情はないとする。

刑訴法五〇二条の異議申立は、裁判内容の不当性への救済であって、現行刑罰制度や行刑制度は対象とされず、刑訴法五〇二条の異議申立権からは、告知当日に執行されない法的地位や利益を導くことはできないと判示した。

そして、賠償請求は、原告らが受けた死刑判決の違法性、権利侵害の主張であり、判決の結果自体を損害とみて賠償を求めており、そのような請求は求められないと、原告の主張していない内容にまで踏み込んで、退けている。

また国連の自由権規約委員会の一般的意見や総括所見には法的拘束力はないとして、現行の死刑執行制度については合憲判例が確定しているとして、内容を検討せず退けている。

死刑確定者は、死刑執行を受ける時期について自己決定権は認められておらず、事前に知り、執行までの期間をどのように生きるかを決める自己決定権は権利や法的利益として保障されていないと、判決は述べる。

弁護団は、日々執行の恐怖を感じている死刑確定者の苦しみを考えていない判決と批判した。原告は控訴した。

※却下とは、要件不備など不適法な訴えであるとして、内容が審理されずに退けられること。棄却は、内容が審理されたうえで訴えが退けられること。

刑事訴訟法第五〇二条〔執行に関する異議の申立〕裁判の執行を受ける者又はその法定代理人若しくは保佐人は、執行に関し検察官のした処分を不当とするときは、言渡をした裁判所に異議の申立をすることができる。

憲法第一三条〔個人の尊重と公共の福祉〕すべて国民は、個人として尊重される。生命、自由及び幸福追求に対する国民の権利については、公共の福祉に反しない限り、立法その他の国政の上で、最大の尊重を必要とする。

憲法第三一条〔生命及び自由の保障と科刑の制約〕

何人も、法律の定める手続によらなければ、その生命若しくは自由を奪われ、又はその他の刑罰を科せられない。

憲法第三二条〔裁判を受ける権利〕何人も、裁判所において裁判を受ける権利を奪われない。

憲法第三六条〔拷問及び残虐な刑罰の禁止〕公務員による拷問及び残虐な刑罰は、絶対にこれを禁ずる。

3 絞首刑は残虐な刑罰

第3回口頭弁論

二〇二三年一二月一日午前一一時から、第3回口頭弁論が開かれた。

被告は、昭和三六年最高裁判決を盾に行政訴訟では争えないと主張するのみで、どのように絞首刑が執行されているかの事実について「回答の要なし」との応答がなされ、死刑執行の実態を明らかにすることを回避している。

そのため、原告から死刑の実態や残虐性を明らかにするための立証方針および甲号証が提出された。

千葉景子元法務大臣からは、死刑執行命令発出の手続きや立ち会った死刑執行の実態および刑場公開と死刑に関する勉強会の目的と経緯を聴取し、書証として提出。

この他に、大阪拘置所の死刑執行場に関する検証請求も予定されていることが明らかにされた。

第4回口頭弁論

三月一九日午後二時から、第4回口頭弁論が開かれ、陪席裁判官の交替により更新手続が行われた。

絞首刑の実態に対して、応答してこない被告国に対して、証人により実態を明らかにすると原告側は主張してきた。

本日は、予定されていた六名の証人申請と意見書が提出された。

立証趣旨は以下のとおり。

①青木理　複数の関係者への取材によって把握した死刑執行の実態。

②野口善國　東京拘置所刑務官として立ち会った絞首刑執行の具体的な状況。

③証人ヴァルター・ラブル　絞首刑によって死に至る機序および被執行者の身体・精神に生ずる影響および苦痛。

④櫻井悟史　死刑執行方法の歴史的変遷および刑執行に携わる刑務官の職責。

⑤古川原明子　アメリカ合衆国の死刑存置州における死刑執行方法の変遷および変遷の理由。

⑥北村泰三　国際人権法の観点から評価した絞首による死刑執行の違法性。

なお、千葉景子元法相からの聴取報告書（執行の体験）も証拠として提出された。

また同時に、被告国と原告代理人による、大阪拘置所に設けられた死刑執行場、前室、立会室等の付属する設備並びに絞首に用いる絞縄、踏板その他設備等の構造、形状の検証の申し出も行われた。この検証により、測定等や映像・写真の撮影による証拠化を行うとしている。

なお、現行の絞首刑執行装置は、明治六年太政官布告第六五号で定められた絞罪器械図式の仕様とは異なる地下に落下させる様式となってもいる。

第5回口頭弁論

六月四日一一時から、第5回口頭弁論が開かれた。

陪席裁判官が異動となり、更新手続が行われた（大阪地裁第二民事部　横田典子裁判長、宮崎陽介・橋本康平裁判官）。

原告からは、三月一一日付で証人尋問の申請および検証申請が提出されている。

証人は、青木理氏、野口善國弁護士、ヴァルター・ラブル博士、櫻井悟史教授、古川原明子教授、北村泰三教授の六名。

検証は、大阪拘置所の死刑執行場、前室、立会室等の付属設備および絞首に用いる絞縄、踏板その他設備等の構造、形状。

この証拠調べ請求に対して、被告から五月一〇日付意見書が提出され、この裁判のような差止めや地位確認あるいは国賠においては、死刑執行方法が違憲あるいは違法であるかどうかを審理・判断または主張することは許されていないとして、門前払いを主張している。そのうえで、六名の証人はいずれも死刑執行方法（絞首刑）が違憲・違法であることを立証する証人であり、証人調べの必要はないとする。

検証についても、死刑執行方法（絞首刑）が違憲・違法であるとの主張に関するものであり、そもそもそのような訴訟自体が許されていないとして、検証の必要性もないと主張している。

原告は、この被告の意見書に対して反論の意見書を提出予定。

4　死刑執行情報公開請求訴訟

二〇二四年一月二三日に死刑執行情報公開請求訴訟が提訴された。

第1回口頭弁論

死刑執行情報公開請求国賠の第1回口頭弁論が、四月一九日午後一時半から、大阪地裁で開かれた。原告は弁護士とフリージャーナリストの二名。係属部は、絞首刑違憲国賠や告知当日の執行違憲国賠と同じ第二民事部（横田典子裁判長、宮崎陽介、橋本康平裁判官）。

死刑執行が適正・適法になされているのか、日本の絞首刑が現段階で憲法が禁じる「残虐な刑罰」にあたらないかどうかを確認するため、昨年六月二八日付で川中鉄夫氏（大阪拘置所で一九九三年三月二六日執行）、永山則夫氏（東京拘置所で一九九七年八月一日執行）、藤波芳夫氏（東京拘置所で二〇〇六年一二月二五日執行）、久間三千年氏（福岡拘置所で二〇〇八年一〇月二八日執行）、麻原彰晃こと松本智津夫氏（東京拘置所で二〇一八年七月六日執行）、岡本（旧姓河村）啓三氏（大阪拘置所で二〇一八年十二月二七日執行）の死刑執行に関する情報公開を求めたが、全面不開示あるいは一部のみ開示の決定が出された。

情報公開は、法務大臣に対しては、①死刑執行上申書、②死刑執行に関する決裁文書、③死刑執行命令書、④死刑執行報告書、⑤その他これらの文書を発出するにあたって作成された稟議書、会議の議事録等である。東京・大阪・福岡の各矯正管区長に対しては、①死刑執行指揮書、②死刑執行速報、③①の文書を受けて作成された稟議書、会議の議事録等である。

訴状によると、この六名には以下の疑いがもたれていた。

◎川中鉄夫氏　大阪拘置所による精神科医の診察で「幻覚妄想状態（精神分裂の疑い）」の診断があり、半年ごとに精神科を受診。執行時、統合失調症様の精神疾患に罹患し、人格崩壊にまで至っていた可能性があり、刑訴法四七九条一項で執行が禁止されている「心神喪失」状態にあった疑いがある。

◎永山則夫氏　執行の際に永山が相当の程度で抵抗し、何らかの有形力が使われた可能性がある。

◎藤波芳夫氏　執行時七五歳で、自立歩行できず病舎にいた。車椅子に乗せて連行され、車椅子から降ろされ手錠を掛け目隠しをされて処刑されたという。

◎久間三千年氏　一貫して否認を貫いたが、科警研の血痕のDNA鑑定が証拠となって、死刑が確定。このDNA鑑定の手法は、足利事件で証拠の証明力が否定された手法と同一であり、その信用性に疑問があり、えん罪の疑いがある。青木理氏は「相当に早い執行であった…法務・検察は、足利事件で科警研鑑定が覆ってしまうのを見越し、恐れ、同じ問題点を孕む飯塚事件死刑囚・久間を一刻も早く処刑してしまわなければならない、と考えたのではなかったか」と指摘している。

◎麻原彰晃こと松本智津夫氏　精神状態は裁判当時から問題となっていた。死刑執行時には心神喪失で、執行は違法であるとの遺族による国賠が係争中である。

◎岡本（旧姓河村）啓三氏　第四次再審請求中に、法務大臣が「再審請求の理由がない」と判断して執行され、違法ではないかとの疑問がある。

第2回口頭弁論

七月一日一〇時から、大阪地裁一〇〇七号法廷で、第2回口頭弁論が開かれた。被告国からは、四月一九日付けで答弁書が出されていたが、事実認否の記載がないため、原告は求釈明を提出する旨を表明していた。

また、被告からは第一準備書面および乙号証が提出された。被告は、情報公開法第五条の公開義務が免除される、不開示情報に該当すると主張している。

今回は今後の進行予定についての協議のみが行われ、八月末までに原告は答弁書に対する求釈明を提出、それを受けて、九月六日に進行協議を行い、今後の進行が決定されることになった。次回口頭弁論期日は、進行協議で決定されると思われる。

＊　＊　＊

独立行政法人等の保有する情報の公開に関する法律

（法人文書の開示義務）

第五条　独立行政法人等は、開示請求があったときは、開示請求に係る法人文書に次の各号に掲げる情報（以下「不開示情報」という。）のいずれかが記録されている場合を除き、開示請求者に対し、当該法人文書を開示しなければならない。

一　個人に関する情報（事業を営む個人の当該事業に関する情報を除く。）であって、当該情報に含まれる氏名、生年月日その他の記述等（文書、図画若しくは電磁的記録に記載され、若しくは記録され、又は音声、動作その他の方法を用いて表された一切の事項をいう。次条第二項において同じ。）により特定の個人を識別することができるもの（他の情報と照合することにより、特定の個人を識別することができることとなるものを含む。）又は特定の個人を識別することはできないが、公にすることにより、なお個人の権利利益を害するおそれがあるもの。ただし、次に掲げる情報を除く。（イ～ハ略）

（二、三略）

四　国の機関、独立行政法人等、地方公共団体又は地方独立行政法人が行う事務又は事業に関する情報であって、公にすることにより、次に掲げるおそれその他当該事務又は事業の性質上、当該事務又は事業の適正な遂行に支障を及ぼすおそれがあるもの。（イ～ト略）

（初出『関西救援連絡センターニュース』に加筆・改稿）

訂正とお詫び

私が出席した『年報・死刑廃止２０２３』での「袴田再審から死刑廃止へ」という座談会で、再審公判における袴田さんの出頭について意見を求められた時、私は「刑訴法三一四条の規定を適用すると、無罪の裁判をすべきことが明らかな場合でない限り公判手続を停止する以外に方法がないのではないか」という趣旨の話をしました。しかし、よく調べてみると、私が述べた公判手続に関する刑訴法三一四条は、四五一条によって再審手続では一定の適用除外が定められており、それによれば、袴田さんが不出頭でも公判開廷が可能であることが分かりました。したがって二二ページの私の発言部分を以下のように訂正させていただくと同時に、私のミスをお詫びします。（木谷明）

「木谷　公判手続に関する刑訴法三一四条を形式的に適用すると、被告人が心神喪失状態にある場合、同条一項によって公判手続を停止せざるを得なくなります。しかし、再審は、死者や心神喪失者の名誉回復をも視野に入れた制度ですから、これでは困ります。そのため刑訴法は、四五一条二項という特則により、「死亡者又は回復の見込みのない心神喪失者」のために再審が請求された場合には、三一四条一項の規定を「適用しない」としました。ですから、袴田さんの場合、この要件に当たると認定される限り、ご本人が不出頭でも法廷での手続を進めることができます。」

再審請求中の死刑執行による弁護権侵害国賠尋問調書

2023—2024

二〇二四年八月二日午後一時三〇分から大阪地裁二〇〇一号法廷定で行われた再審請求中の死刑執行による弁護権侵害国賠第11回弁論での葛野尋之青山学院大学教授の尋問調書で、質問は原告代理人の宇野裕明弁護士である。

原告ら代理人宇野　甲B第19号証を示す

まず始めに先生が作成された意見書、論文等の資料について確認をします。こちら甲B19号証ですけれども、これは弁護団の方からお願いをして先生に作成いただいた意見書ということでよろしかったでしょうか。

はい、そのとおりです。

甲B第20号証を示す

こちらも先生の方で執筆された論文であるということでよろしかったでしょうか。

はい、間違いありません。

死刑をめぐる状況

この甲B19号証と20号証の関係について教えていただけますか。

この論文の方は意見書の内容とまったく変わってないですけれども、一定の表現などについて必要な加筆、修正をして論文の形にまとめ発表したものです。

甲B第21号証の2を示す

こちらは何になりますか。

これは本日、私がここでお話をさせていただくに当たって私の意見が少しでも分かりやすいようになるように思いまして作成した資料でございます。

それでは、ここからは先生が作成された甲B21号証の2のスライドに沿ってお話を聞いていきたいと思います。

被告指定代理人久冨木　ずっとおいたまんま。

原告ら代理人宇野　はい、そうです。

被告指定代理人久冨木　事前にそういうふうには伺ってなかったんですけれども。

原告ら代理人宇野　事前にこれを利用して尋問するという前提でお出しをしています。

被告指定代理人久冨木　証拠は基本的に常に手元に置かないという前提でありますので、そうであればそのサジェッションは頂きたかったなと思うんですけども。

原告ら代理人宇野　では、ここで民事訴訟規則１１６条の１項に基づいて、そのスライドを利用して尋問することの許可を願います。

被告指定代理人久冨木　裁判所の訴訟指揮にお任せします。

裁判長　その都度見せるというのでは難しいんですかね。

原告ら代理人宇野　非常に無駄なコストがかかるだけだと思います。それによって時間が超過するということも考えられます。

裁判長　問題ないかと思いますけど、よろしいですかね。

被告指定代理人久冨木　裁判所がそういうんであれば。

裁判長　じゃあ、どうぞ。

原告ら代理人宇野　甲Ｂ第21号証の２を示す

甲Ｂ21号証の２の一枚目の右下、スライド番号１番と書かれているものについて確認します。まず先生の御経歴ですけども、このスライドに書かれているとおりということで間違いないでしょうか。

はい、間違いありません。

　現在は青山学院大学の法学部の教授を務められているということですね。

はい、そうです。

　具体的に先生の御意見について伺っていきます。まず再審請求中に死刑を執行するということの違法性、違憲性について先生の意見の骨子を教えてください。

スライド３ページ下の方を御覧ください。私の意見の骨子を述べます。

　まず第一に再審請求中の死刑の執行は違法だと考えます。再審請求中の死刑の執行は、請求人から誤判からの現実的な救済の機会を完全に奪うものであります。そういう点において再審請求権を侵害する違法なものだと考えます。また、憲法32条の裁判を受ける権利は再審請求という場面では再審請求権という形で具体化されますが、再審請求中の死刑の執行は同じく憲法32条の保障する裁判を受ける権利の侵害にも当たると考えます。行政的判断に基づく死刑の執行によって請求人が誤判からの現実的な救済を求めて、司法的な判断を求める、司法的救済を受ける機会を奪うものだからです。死刑が執行されたときも再審請求手続は継続するものと考えます。死刑執行による請求人の死亡後は、弁護人が手続の追行を担う形で請求手続が継続する。しかし死刑の執行によって弁護人の請求手続の追行は、弁護人の弁護権の行使でありますが、それに対して重大な障害、重大な困難が生じます。この点において、死刑の執行は弁護人の弁護権の侵害に当たるそのように考えます。以上が私の意見の骨子です。

先生のお考えとして、再審請求権の保障の目的とそこからどのように死刑執行の違法性違憲性が導かれるのかについて教えてください。

スライドの4ページ、5ページを御覧ください。憲法の39条は不利益再審を禁止しました。再審の目的は誤判の是正に純化されました。再審請求権の目的は確定判決における誤った有罪の認定、それに基づく誤判を是正すること。その本質的な構成要素として請求人が誤判から現実的に救済される、そのような権利、それを求める権利を保障しているものと考えます。再審請求権の本質的な構成要素としての誤判からの現実的な救済を求める権利について説明しますと、刑事訴訟法は再審請求権の帰属主体として、有罪の言渡しを受けた本人に対して特別に重要な位置を与えています。有罪の言渡しを受けた者その本人こそが誤判による刑罰を実際に科された主体であるからです。再審請求権の保障において誤判からの現実的な救済を受けること、それが重要な意義、重大な意義を有しているわけでございます。死刑確定者にとっては、誤判からの現実的な救済というのは自己の生命剥奪の阻止を意味するものですから、再審請求権の保障においてその意義はひときわ重大なものと考えます。国が再審請求中の請求人の死刑を執行することは、誤判の是正を自ら求めている請求人から誤判からの現実的な救済の機会、現実的救済を受ける機会を奪うものにほかなりません。この点において請求人の再審請求権を侵害するものと考えます。憲法32条は裁判を受ける権利を保障しています。この裁判を受ける権利の意味についてはいろいろな考え方がこれまでございましたけれども、結局のところ憲法32条は法的救済を求めて裁判にアクセスする権利を保障しているものでございます。再審請求と再審公判という二段階の構造を取る再審制度において、再審公判の裁判にアクセスする権利として再審請求権が存在しています。再審請求権は、再審公判の裁判にアクセスする権利という形で憲法32条の裁判を受ける権利を具体化しているわけでございます。行政的判断に基づく死刑の執行によって請求人から司法的救済の機会を奪うこと、誤判からの現実的な救済を司法に対して求めている請求人から、その機会、現実的な救済の機会を奪ってしまうということは、その裁判を受ける権利、それを具体化した再審請求権を侵害するものゆえに再審請求中の死刑の執行は単なる刑訴法上の権利の侵害にとどまらず、憲法32条の裁判を受ける権利の侵害にもなるというふうに考えております。

憲法32条の裁判を受ける権利の侵害に関連して、近時、国賠法上の違法を認める判決が幾つか出ています。

この訴訟の中でも原告らの方で東京高裁令和3年9月22日の判決、これは甲D10号証、あるいは東京高裁の令和5年7月19日の判決、これは甲D18の1で証拠として出していますが、その中で32条違反として違法が認められている裁判例なども出ています。これらの判決についての先生の評価はいかがでしょうか。

これらの裁判例、判決は憲法32条の保障する裁判を受ける権利が侵害に対して救済がなされるべき具体的な権利として認めた点、また裁判にアクセスする権利が実質的に、裁判にアクセスする機会が実質的に保障されなければならない、裁判を受ける権利の保障の下では裁判にアクセスする権利が実質的に保障されなければならないということを認めた点において大変有意義だと思います。本訴訟、本件訴訟の進むべき方向に対しても、重要な示唆を提示してるんだと考えております。

例えば刑事訴訟法の４４２条では、死刑執行に限らず再審請求には執行停止効力がないということが定められた条文がありますけれども、これに基づいて死刑が適法になるのではないかっていう見解もあり得るところですが、その見解に対する先生の意見を教えてください。

確かに一見しますと、刑事訴訟法の中には再審請求中の死刑執行を認めている、許しているかのように理解できる規定も存在しております。しかしですね、ここで問題になるのはまず再審請求中の死刑の執行が適法なのか、それとも違法なのか、そのことこそが先決問題だということでございます。先ほど申しましたように再審請求中の死刑の執行は、請求人から誤判からの現実的な救済を受ける機会を奪うという点において再審請求権を侵害するのではないか、その再審請求権というのは単なる法律上の権利にとどまらず、憲法32条の裁判を受ける権利を具体化したものである、このような問題ですから、まずはそこについて答えを出さなければならない。その上で再審請求中の死刑の執行が違法だということであれば、それに整合するような形で現行法の規定を解釈していく必要があるというふうに考えます。確かに刑訴法４４２条は、再審の請求が刑の執行を停止する効力を有しないと定めています。しかしここで重要なのは、死刑の執行と自由刑財産刑の執行との質的な大きな違いでございます。自由刑財産刑の執行が再審請求後、継続しても、再審請求権の帰属主体である人が存在する限り、その人が誤判からの現実的な救済を受ける機会は否定されません。これに対して死刑が執行されると、その人自体が存在しなくなってしまうわけですから、請求人が誤判からの現実的救済を受ける機会が完全に奪われてしまいます。このような質的な違いがございます。先ほど申しましたように、再審請求中の死刑の執行は請求人の再審請求権を侵害するものとして違法だと考えるべき、これを前提に考えると刑訴法４４２条は死刑の場合を除外する、除いている、除くというふうに理解すべきように考えております。刑訴法４４２条は、請求中の執行の適法性を根拠づけるものではないということでございます。

もう一つ、刑事訴訟法の４７５条という条文がありますが、これと死刑執行の適法性との関係について先生の考えを教えてください。

これは複雑な規定なのですが、判決の確定から6か月以内に執行命令を発するというそのこと自体、2項の本文ですね、自体が訓示規定だというふうに一般に理解されております。そうであれば再審請求の期間を算入しない、2項のただし書、そのこと自体に大きな意味はないというふうに考えます。刑訴法４７５条2項ただし書の実質的な意義をどう理解するかという点ですが、スライドの8ページ9ページを御覧ください。再審請求などの結果によって、確定判決に大きな影響が及ぶ場合があり、そうであるがゆえに生命尊重という観点から再審請求などの手続終了まで執行命令を発するべきでないというのがこのただし書の実質的な意義でございます。ここでは、判決確定から6か月経過後の扱いについては、何ら規定しておりません。しかし先ほど申しました、このただし書の実質的意義から何が帰結されるかといえば、再審請求などの結果によって確定判決に影響が及ぶ場合があり得る、そのことは何も確定判決から6か月以内に限られることではありません。6か月を経過した後にも同じように影響が及ぶ場合はあるわけです。そうすると生命尊重という観点から再審請求中の執行命令を禁止したただし書、それを理由にして、それを基にして6か月経過した後であれば再審請求中であっても執行命令に何ら制約はないというふうに理解することはできないものと考えます。むしろ同規定の実質的意義、生命尊重というその基礎にある価値からすると、6か月経過後も再審請求中には執行命令を発しないことが強く期待されているというふうに考えます。この点について、そうすると確定判決の執行力を行政の判断によって阻害する、妨害するということにならないか、裁判とその執行を巡る司法と行政の関係からして問題があるのではないかという意見もあり得るかもしれません。しかし再審請求中の死刑執行をすべきでないのは、それが請求人の再審請求権を侵害し違法である、そうであるがゆえに執行すべきでないとしたわけです。行政の裁量的な判断によって裁判の執行をしない、確定判決の執行力を阻害するというわけではございません。ですから裁判とその執行を巡る司法と行政の関係について何ら問題は生じません。むしろ行政的判断による死刑の執行によって請求人の裁判を受ける権利、司法的救済を求める権利を侵害する点において、こちらこそ大きな問題を引き起こすのではないかというふうに考えております。

例えば再審請求をしていれば、それを繰り返すことによって死刑執行を免れることができてしまうのではないかとそういう批判もあり得るかと思うんですが、その点についての御意見はいかがでしょうか。

この点、再審請求の繰り返しについては、刑訴法447条3項が同一の理由による再審請求の繰り返しのみを制限しております。同一の理由によるものでない限り、再度の請求を認めるというのが刑訴法の立場でございます。誤判の是正という目的、その目的に向けて再審制度が十全に機能する、その十全な機能を保障するためには、複数回の請求を保障しなければなりません。実際、死刑再審無罪の4事件を含めて過去再審開始が確定し再審無罪判決を得た事件の多くが複数回の請求の結果でございます。複数回の請求は同一の理由によるものと請求を受けた裁判所が認める限りにおいて制限されるべきものだと考えます。再度の請求によって死刑執行の機会が制限されたとしても、そのことは確実な誤判の是正のために複数回の再審請求を認めているそのような法の立場から来る帰結として受容されるべきものというふうに考えます。

ところで司法判断による再審理由についての判断の問題という点でこのような意見があります。再審請求中の死刑の執行は、法務省において再審理由がないことを慎重に確認した上で執行している、だから問題がないのだと、そういう意見であります。しかし、実際実例を見ましても、先ほど申しました死刑再審無罪の4事件、あるいは現在公判が進められている袴田事件、それらを含めて過去再審開始が確定し、再審無罪となった事件についても、再審請求手続において検察官は再審理由がないことを主張、立証していた。再審公判においても有罪の主張立証をしている。そうすると、再審理由がないことを法務省の内部で慎重に確認したとしても、その判断と裁判所の判断というのは決して一致するものではない、一致しない場合もあり得るということでございます。ですから、法務省内部で慎重に検討して再審理由がない、だから問題はない、執行に問題はないんだというふうには決して言うことはできないように考えております。再審理由の有無を判断するのは請求を受けた裁判所しかできないことであります。

先ほど刑訴法475条2項の議論がありましたが、この訴訟の中で原告らとしては、特に原告第4準備書面の中で憲法31条の要請が執行場面にも及ぶということを前提に、この475条の2項の規定というのは、むしろ確定判決が揺らぐ可能性のある手続がなされている間は刑の執行を停止することを法定したものだというふうに主張しているわけなんですが、この主張については先生はどのように御理解されていますか。

今の御意見、今の御主張は、憲法31条の要請として再審請求中には死刑の執行をしてはならない、すべきではないということが求められているというものだと理解しております。そういう点において、先ほど私が述べました475条2項ただし書の実質的な意義と同一線上にあるものだというふうに理解しております。私の意見書においては、そのような憲法論を自ら展開することができなかったわけですけれども、伺ってなるほどそういう考え方もあり得るなというふうに思いました。

　少し話が変わりますが、再審請求中に死刑が執行されてしまった場合にその当該再審請求の手続がどうなるのかについて先生のお考えを教えてください。

これは死刑の執行によるものではなく、請求中に請求人が死亡した場合、請求手続は終了するというふうに判断した判例裁判例がございます。その実質的な理由は、請求人が存在しなくなると手続の進行に大きな支障が生じるということでございました。しかし、死刑執行によって請求人が死亡したとき、請求手続が終了するということを認めた判例裁判例はまだございません。この点において参考となる示唆を与えてくれるのが、刑訴法451条でございます。この規定は再審開始の決定が確定した後、有罪の言渡しを受けた者が、本人が再審の裁判の前に死亡したとしても、再審公判の手続は継続するということを定めています。なぜこのような規定があるのか、通常手続であれば被告人死亡によって終了するわけですけれども、なぜ再審の公判の手続が継続するのかといえば再審の目的は誤判からの本人の現実的な救済にとどまらず、誤判の是正に及んでいるから、誤判の是正を目的としているからでございます。誤判の是正という再審の目的は本人の死亡によって直ちに消滅することはございません。そして451条の3項は本人が選任した弁護人がいる場合には弁護人が公判手続の追行を担う。そして3項に併せて、弁護人が不選任、選任されていない場合は裁判所が弁護人を選任しなければならないと規定しております。このような再審公判の継続に関する規定は、請求手続の継続を考える上でも大いに参考になると考えます。なぜかと申しますれば、請求人の死亡によって請求手続の終了を定めた規定はまずございません。規定がないということですね。そして公判の場合と同様、再審の目的は誤判からの本人の現実的な救済にとどまりません。より広く誤判の是正を目的としています。この誤判の是正という再審の目的は、請求人の死亡によって直ちに消滅することはございません。この点、再審公判の場合と同様でございます。ですから先ほど過去の裁判例、これは死刑執行によるものではございませんが、請求人が死亡したとき、請求手続が終了するとした判断の実質的な理由とされていた手続上の支障がない限りは請求人の死亡後も請求手続は継続すると考えるべきように思います。弁護人が選任されていて、その弁護人が手続の追行を担うことによって手続上の支障は生じません。そのように考えることが刑訴法440条の2項が再審請求に当たって、弁護人を選任したとき、その選任の効力は再審の裁判まで及ぶとしていることとも合致するように思います。スライドの12ページを御覧いただければというふうに思います。もう一つ、旧刑事訴訟法の規定との対比においても、死刑執行によって請求人が死亡した場合も請求手続は継続するという考え方が支持されるように思います。実は旧法は不利益再審の規定を有しておりました。しかしその不利益再審について、不利益再審の場合に限って本人が死亡した場合、再審請求や開始決定は失効するという規定があったわけでございます。その理由についてはこのように説明されています。

すなわち本人が死亡すると新たな有罪判決、新たな重い刑の言渡しの対象が存在しないということになる。だから本人死亡によって不利益再審は目的を失うんだと、だから再審請求や開始決定が失効するということでございます。これに対して、現行法は利益再審のみを憲法上の要請として有しておりますが、利益再審の目的は誤判からの現実的な救済、これを中核としながらも、より広く誤判の是正にあります。この誤判の是正という再審の制度目的は、本人の死亡によって直ちに消滅することはございません。ですから旧刑訴法が不利益再審の場合に限って再審請求、開始決定の失効を規定していたことは積極的な理由があるんだろうというふうに思います。利益再審の場合は死亡によって直ちに請求手続は終了しないんだというふうに考えるのが旧法の規定とも整合した理解だというふうに考えます。実質的に考えても再審請求中の死刑執行後の請求手続を継続すべき、死刑執行による請求人の死亡によって終了するというふうに考えるのは不合理だと思います。なぜかと申しますと、再審請求中の死刑執行は違法なものであります。そうであれば本来あるべきではないものであります。本来あるべきでない死刑の執行によって請求人が死亡した、そのことによって請求手続が終了するということは背理だと考えます。再審請求の実質的な相手方たる国、刑訴規則において請求人の相手方とされているのは、刑訴規則による相手方は再審の実務において検察官が務めておりますが、実質的な相手方である国が死刑執行することによって再審請求を終了させることができるとするのは余りにも不合理なように思います。実際、死刑執行後も請求手続の継続を認めた裁判例が存在しております。そのうち一つは、実はこの本件の訴訟の基になった再審請求でございます。大阪地裁の令和1年12月5日の決定は、結論においては請求棄却でございましたが、死刑執行後も請求手続を継続させております。

再審請求中に死刑が執行されてしまった場合、再審請求人の弁護人であった人の弁護権がどのような影響を受けるのかという点について教えていただけますか。

スライドの13ページ、ここは簡単にお話ししますが、まず再審請求中の死刑執行後、死刑執行による請求人の死亡後ですね、請求手続の追行を弁護人がその自己の弁護権の行使として担うというお話をしましたが、その性格は弁護人の固有権でございます。これは先ほど触れました刑訴法451条3項による本人死亡の場合の再審公判における弁護人の手続追行の権利が弁護人の固有権とされるのと同じでございます。スライドの14ページ15ページを御覧ください。死刑執行による請求人の死亡、それによる再審請求手続を追行する弁護人の弁護権の侵害という問題を考える上で、重要な示唆を与えてくれるのが最高裁の平成25年12月25日の判決です。この判決は死刑確定者たる再審請求人と弁護人との面会について拘置所長が職員の立会いのない面会を許さなかった措置を違法としたものでございます。この判断の基礎にあるのは、再審請求人が弁護人の援助を受ける権利、弁護人の効果的な援助を提供する弁護人の弁護権、これらの権利の実効的な行使にとって秘密性の保障によって支えられた弁護人と請求人との間の自由なコミュニケーションこそが不可欠の基盤になるという点でございます。請求手続における弁護人の効果的な援助、これは弁護人が自己の弁護権を実効的に行使することができるかどうかという問題ですが、そのためには、その実効的な弁護権の行使のためには本人との間の十分なコミュニケーションを通して弁護人が確定判決の証拠構造、犯罪事実の認定を基礎づけた証拠の証明力、新証拠に関する請求人側の主張、立証、検察官の意見に対する反論などについて、請求人と十分協議を尽くして検討を尽くす必要が、また請求人から適切な指示を受ける必要が、これらがあって初めて弁護人はその自己の弁護権を実効的に行使し、請求手続の追行をすることができるということでございます。このことは先ほど挙げました最高裁の平成25年判決の趣旨にも合致するところだと思います。死刑執行後の弁護人の請求手続の追行は弁護人の固有権の行使でございますが、死刑の執行によってこの弁護権、手続追行権は侵害されるものと考えております。なぜかと申しませば、本人との間のコミュニケーションの機会が一切奪われてしまう、失ってしまうということからです。弁護人が効果的に請求手続を追行することの基盤が失われます。そのことによって弁護人の効果的な手続追行、すなわち弁護人が自己の弁護権を実効的に行使することに対して、重大な障害、重大な制約が生じます。この点において再審請求中の死刑の執行は、弁護人の固有権たる請求手続を追行するその弁護権を侵害するものだというふうに考えます。

最後に、改めて先生の御意見をまとめて教えていただけますでしょうか。

もう一度スライドの3ページに戻ってください。簡単に振り返りたいというふうに思います。私の意見の骨子を確認します。再審請求中の死刑の執行は違法であります。それは請求人が誤判から現実的に救済されるその機会を奪う、その点において再審請求権を侵害するからでございます。また再審請求権は再審請求という場面において、裁判にアクセスする権利としての裁判を受ける権利、憲法32条が保障する裁判を受ける権利を具体化したものでありますが、その権利の侵害にも当たる。行政的判断に基づく死刑の執行によって、請求人は司法的救済を受ける機会を奪われるわけでございます。請求中の執行によって請求人が死亡した後も、弁護人がその弁護権の行使として手続を追行することによって請求手続は継続いたします。死刑執行はその弁護人の請求手続の追行に重大な困難をもたらします。この点において弁護人の弁護権を侵害するというふうに考えます。以上が私の意見の骨子でございます。

被告指定代理人久冨木　今、最後お話がありましたけれども、証人としては現在実務上、再審請求中に請求人が死亡した場合でも再審請求手続は終了しないというふうに考えているということでいいですか。

私の本日の意見、私のこの訴訟との関係で出しました意見は、死刑執行による請求人死亡の場合に限定しております。

死刑執行により死亡した場合でも、再審請求手続は終了しないという考えだということですか。

はい。

そうすると、再審請求中に死刑執行されたということ自体は、再審請求の手続自体には影響はしないということですか。

まず第一に再審。

まずは、はいかいいえでお答えいただきたいと思うんです。

手続に影響しないということの意味が幾つか理解しうるなというふうに思いまして、手続は継続する、終了しないということを申しました。そのことでございます。そのように考えております。

いや、私の質問は再審請求の手続に影響はあるんですか、ないんですかという質問に対しては証人の意見はどうなんですか。

原告ら代理人宇野　すみません、異議があります。趣旨が不明確ですので影響の内容を具体的におっしゃってください。

被告指定代理人久冨木　影響の内容を具体的にというのが意味が分からないので。

原告ら代理人宇野　つまり葛野先生は、再審請求中に死刑が執行されて請求人が死亡しても手続は続きますと、そういうふうに意見を述べておられます。それ以外の影響としてどのようなことをお考えなのか不明確だと申し上げています。

被告指定代理人久冨木　影響があるかないかというのが、その証人としてどう考えているのかを聞いているだけで、質問として不明確とは考えておりません。

裁判長　どういう影響があるかという、そういう質問をされるということですか。

被告指定代理人久冨木　手続自体にですね。

裁判長　それであれば、もう一度質問していただけますか。

被告指定代理人久冨木　再審請求中に死刑執行がされた場合、再審請求の手続にどのような影響がありますか。

まず、手続は終了しないということは先ほど確認したところでございますが、その終了しない手続は弁護人が追行を担う、弁護人が自己の弁護権の行使として請求手続の追行を担うことになります、しかし再審請求中の死刑執行によって弁護人の手続追行は、先ほど申しましたように大きな困難に直面します。ですからその弁護権の侵害、手続追行をする権利を侵害することになる、そのような影響が生じます。

　その弁護権の侵害の話なんですけれども、それは死刑が執行されて請求人が死亡したことによって、接見等でコミュニケーションが取れなくなるというのが大きな理由だというふうに受け取ったんですけど、そういう理解でよろしいですか。

そうですね。それに尽きるものかどうかは今後、詰めて考えますけれども、一番大きな理由はそこにあるのではないかというふうに考えます。

　例えば、少し状況が変わって再審請求をしている請求人が突発的な病気で死亡した場合、それでも弁護人はその後、接見等はできなくなりますよね。

はい。

　そうすると、弁護人にとっては死刑が執行されて死亡した場合と病気で死亡した場合であっても、状況的にはその弁護権にとっての影響は変わらないんじゃないんですか。

先ほど申しましたように死刑執行以外の理由による請求人の死亡後、請求手続が継続するかどうかについては、私自身は判断をしておりません。終了しないという判例裁判例がございます。ですから今の御質問はちょっと前提が、私はその点は考えていないというふうに申し上げるしかないです。

以上

死刑をめぐる状況

特定少年の死刑判決を考える

2023—2024

大河原昌夫（精神科医）

自分が想いを馳せた人の両親を殺害してしまった一九歳の男性に、山梨県の甲府地方裁判所で死刑判決が言い渡された。Aさんと呼んでおきたい。事件は二〇二一年一〇月に発生し、二〇二四年一月に判決となった。一審の弁護人は控訴したが、Aさん本人がそれを取り下げ、この判決が確定判決となった。

民法の成年年齢は一八歳に引き下げられたが、少年法は二〇二二年の「改正」でも二〇歳未満を同法の範囲内とする基本姿勢を保ち、かつ犯行時に一八歳未満の人を死刑に処せない条文は維持した。他方、一八歳、一九歳を「特定少年」とする新たな呼称を作成した。今回の事件は「特定少年」に対する初めての死刑判決として話題になったが、一八歳以上には死刑判決が許される法律上の規定自体には何の変化もなかったのである。事実としても死刑判決を受けた永山則夫は一九歳、光市事件の被告は一八歳での「犯行」であった。

今回のような死刑判決を疑問視する見方には二通りがある。一つは一九歳の「特定少年」には回復（司法用語でいえば更生）可能性があるから、死刑を躊躇すべきであるとの論法である。

二つ目は彼は精神疾患の（少なくとも）可能性があるのだから、その治療を優先し、死刑判決をできうる限り回避すべきだとの議論である。

私はそのどちらにも危うさを感ずる。Aさんは確かに特異な怒りと行動を持った。検察官依頼の精神科医も弁護人依頼の心理学者も、犯行に対する影響という観点からは大きな違いがあったものの、Aさんの精神障害自体は認めた。しかし、それは死刑判断を覆すものとはならなかった。

私はここに永山則夫に対する緻密な精神鑑定を行った石川義博医師、それを軸に死刑判決を回避した東京高裁の寺尾三雄判決に対する、日本の最高裁の怒りの持続、それに追従する、せざるを得ない日本の裁判官の姿を見る。更には、私が憲法違反と考える裁判員制度の闇を。裁判員制度とは日本の非法律家に死刑判決を納得させるための制度であると私は思う。

☆　☆　☆

私は精神科医であり、かなり重症の摂食障害や薬物依存症を診てきた。日本における違法薬物の代表は覚醒剤であるが、薬物依存症の回復はほとんどが民間施設である「ダルク」に任されてきた。二年前に亡くなった近藤恒夫さんが先頭に立ってきた。私の住む山梨にもダルクが二箇所あり、そこでは覚醒剤使用で五回も六回も刑務所に入った人々が、現在は職員として働き、後輩の応援をする。かつては自分たちを取り締まった側である警察官、すなわち地元の山梨県警と、年に一回のソフトボール大会は知られた行事となっている。重症に思える人が意外に回復する姿を見るのは楽しみですらある。

摂食障害の人は、過食衝動が抑えきれず、万引きに走ってしまうケースがある。その結果、刑務所生活を繰り返す。「ああ、この人はこうして人生を終わるのだろうか」と半ば諦めかけたとき、ふと万引きが止まる。彼ら、彼女たちはその理由を探すが、しばしば解答は闇である。

「お金に困ってもいないのになぜ、万引きばかりしていたのだろう」と述懐する。つまり、ある犯罪が止まる理由はなかなか本人にも予想がつかないのである。ただ、薬物依存症のダルクと同じく、摂食障害や万引きからの回復に仲間の存在は強い支柱である。それは私の臨床経験を通じての確信となっている。

逆に言えば仲間を知らない回復は心細さと隣り合わせであり続ける。それに耐えることは人間にとってしばしば難しい。

人が立ち直るのに年齢が関与しないとは思わない。小学生で発症した摂食障害の人は大学生で発症した人よりも回復率が高い。小学生の方が本人も周囲も軌道修正がしやすいのである。

だが、繰り返して言おう。それは一般論である。五〇歳の人は二〇歳の人よりも軌道修正は困難かもしれないが、五〇歳の人が回復しないのではない。私が最も愛した一人の薬物依存症者は、五〇歳までに人生の半分以上を刑務所で過ごし、五〇歳のときダルクで仲間と出会い、それ以降の人生を刑務所と無縁に過ごした。ただ、彼は歩行中に自転車に衝突され、命を失った。人の命に変わりはないはずだが、私は心底悔しかった。

私は犯罪を犯した人に対し、精神医学がその責任能力を論じることを否定しない。全くの妄想から殺人事件を犯した人に刑事責任を問うには無理があるだろう。だが、重大事件において精神疾患の有無を問う姿勢は、死刑制度がある限り、精神障害自体を、あるいはその重症度を否定された途端に死刑への道が開かれる危険がある。

判決はAさんについて「更生する可能

性は低い」と断定する。我々が人間について語り得るのは「更生する可能性は低いかも知れない」であり、それを超えた判断はできない。この判断は精神医療に限らない、人間への姿勢だ。精神鑑定が裁判官の都合の良い方に解釈され、利用される傾向はますます強まっている。それは精神医学と司法双方の衰退であろうと思う。

　精神医学は犯罪を犯した人の回復を含め、人間の回復を信ずる方向を失ってはならない。私はAさんが精神疾患を抱えていた可能性故に死刑に反対するのではない。一九歳で人を殺したからでもない。死刑は人の更生、精神医療の言葉では回復に対する一切の拒否表明であるが故に反対する。

（大河原昌夫（おおがわらまさお）精神科医・財団法人住吉病院副院長。著書に『トラウマを負う精神医療の希望と哀しみ』『精神科医の出会った家族の風景』『摂食障害とアルコール依存を孤独・自傷から見る』インパクト出版会）

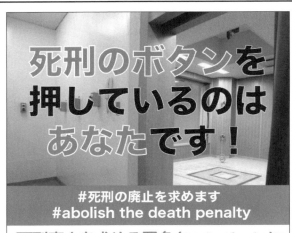

サハラの水

正田昭作品集　川村湊〔編・解説〕

「死刑囚表現展」の原点！
代表作「サハラの水」と全小説、
執行直前の日記「夜の記録」を収載。
３０００円＋税

推薦＝青木理　「独房と砂漠。生と死。両極を往還して紡がれる本作は、安易な先入観を覆す孤高の文学である」

正田昭（しょうだあきら）
1929 年、大阪市生まれ。1953 年バー・メッカ殺人事件を実行し、1963 年最高裁で死刑確定、1969 年 12 月東京拘置所で死刑を執行される。
バー・メッカ殺人事件　慶応大卒の 24 歳の若者・正田昭が遊興費に困って金融業者を殺害、バー・メッカの天井裏に死体を隠したが、滴る血で事件が発覚。3ヶ月逃亡の末逮捕された。当時、戦後アプレゲール犯罪の一つとして注目を浴びた。獄中でキリスト教に帰依し、加賀乙彦と親交を結び、加賀の代表作の一つ『宣告』のモデルの一人となる。

黒い水／殺雨

河林満作品集　川村湊〔編・解説〕
４０００円＋税
二度芥川賞候補になりながらも受賞を逃し、五七歳の短い生を終えた作家の復活。映画化された「渇水」の原型「ある執行」収載

裁判小説　人耶鬼耶

黒岩涙香〔著〕池田浩士〔校訂・解説〕
２３００円＋税
誤認逮捕と誤判への警鐘を鳴らし、人権の尊さを訴えた最初の死刑廃止小説

少年死刑囚

中山義秀著　池田浩士〔解説〕
１６００円＋税
死刑か、無期か。翻弄される少年殺人者の内面を描き、刑罰とはなにかを問う中山義秀の傑作ドキュメンタリー小説。池田浩士は、モデルとなった鹿児島・雑貨商殺害事件の少年のその後を追い、衝撃的な事実を発掘する。そして私たちにあまりにも残酷なこの国の刑罰制度の現実を突きつけるのだ。団藤重光『死刑廃止論』でも絶賛の作品

死刑をめぐる状況

裁判員経験者から「死刑執行停止の要請書」再提出

（署名筆頭者）田口真義

2023—2024

裁判員制度は、二〇二四年五月二十一日で施行十五年となった。その前日、私は五名の裁判員経験者と共に法務省を訪ねた。十年前にも一度提出したことのある「死刑執行停止の要請書」を再度提出するためだ。趣旨や要請事項は当時と変わっていない。つまり十年前、いや裁判員制度施行よりも遥か前から日本の死刑制度に関する状況は何も変わっていないということである。当日の様子と所感を簡単に報告したい。

当日、法務省内応接室にて要請書手交後、官房長の応対で意見交換の場が設けられた。同行した裁判員経験者も含めてこちら側の言いたいことは繰り返し伝えた。しかし、十年前と同様にべもなくこう返された「皆さんの貴重なご意見は今後の参考にさせていただきます」と。一方で、次のようにも話していた。

「以前、死刑とはどういうものかを国民の皆さんに考えてもらうために刑場公開を行った。当時の映像も資料もマスコミに記録が残っているはずで、正直その時から大きく変わっていない。死刑に関する情報公開をと言われても、こちらとしては十分に行っているという認識である」

つまり、「国としては議論のための材料は提供しているので、あとはそちら側の問題ではないか」と言っているわけだ。そして、三つの要請項目のうち「2」はすでに満たされているし、「3」は国の責任ではない。ましてや、「1」は法律に規定がない以上、実現は不可能である。これがこの要請への端的な回答ということだろう。

二〇一〇年に当時の千葉景子法相が公開したのは東京拘置所の刑場である。同じ場所の公開がナンセンス（無意味）と言うならば、大阪でも仙台でも他所の刑場を順次公開すべきだろう。また、官房長は「コンセンサス（合意）」という言葉をしきりに口にしていた。そこには、国としての意思ではなく国民の合意さえあれば、情報公開も執行停止も、死刑廃止ですら可能という意味が内包されているのだろうか。口にするのは簡単だが険しい道のりだろう。だからこそ、声を上げ続ける必要があると思った。

死刑執行停止の要請書

令和6年5月20日
法務省法務大臣小泉龍司殿

私たちは平成21年（2009年）より施行された裁判員裁判における裁判員経験者です。今より10年前の平成26年（2014年）2月18日に、本書面と同題の「死刑執行停止の要請書」を法務大臣・副大臣ならびに法務省各局へ提出いたしました。しかし、国は私たちの要請に耳を傾けることはなく刑の執行を繰り返してきました。（この10年間で35名の執行、そのうち裁判員裁判による死刑判決は3名）

そして、10年前に最も危惧したのが裁判員裁判による死刑判決確定者への刑の執行であり、要請書提出の動機でもありました。これについても平成27年（2015年）12月18日に、裁判員裁判による死刑判決確定者に対する初の死刑執行がされてしまいました。しかも、当該死刑判決は一審の裁判員裁判で確定してしまい、裁判官のみの上級審で審理を精査する機会が不十分なままの執行でした。

私たちは、決してその判断や死刑の是非を訴えたいわけではありません。死刑判断に関わることになる裁判員裁判の現状は、制度施行時の15年前から何ら変わらず裁判官をも含めた評議室の誰もが死刑制度や死刑の実態について十分な理解がない状態で評議に臨んでいます。その不全感からくる裁判員たる国民の懊悩を解消するためにも、再度10年前と同じ3項目の要請をいたします。

1．直ちに死刑の執行停止をしてください
2．死刑に関する情報公開をはかってください
3．死刑に関する複層的な国民的議論を促してください

国民に参加義務を課す裁判員制度があって、その裁判で死刑という判断も求められるのであれば、その実情はつぶさに公開されるべきであって、その情報や知識をもって議論された死刑判決はまさに正当性を有するものであり、その評議に参加した裁判員の納得度合は現状よりも遥かに高くなるはずです。他方で、死刑に関するあらゆる情報がきちんと公開されている中で、国民一人ひとりが死刑制度というものに正しい姿勢で向き合って議論する機会を作り出すことも国の責務であり、正しい情報や知識で国民的議論をした結果こそが我が国の刑罰制度への国民的支持、つまり正当性ある刑事政策を支えるものとなるのではないでしょうか。

経済や教育だけでなく、刑罰制度を含む刑事政策においても世界を見渡すべきであって、「死刑に関する情報公開」を模索するのであれば、我が国を除く先進国の中で唯一死刑制度を存置していて執行もしているアメリカ合衆国が大いに参考になると思います。例えば、全米50州中13州しかない死刑制度を存置かつ執行している州においては、死刑確定者本人や社会への執行日程の事前告知だけでなく、事件被害者遺族や死刑確定者家族、さらには報道機関までもが刑の執行に立ち会うなどの徹底した情報公開がなされています。そして、それらが死刑制度運用への監視となり、同時に制度維持の重要な要素になっていると考えられています。

翻ってあらゆることが不明瞭な現状での我が国の死刑執行は、裁判員制度を支える国民にとって不平ばかりが募ります。死刑執行のたびに、「慎重の上にも慎重を期して」と言うのであれば、一度立ち止まる慎重な行動と誠実な情報公開をもって、私たち国民に死刑に関する議論のための土壌を与えて下さい。

以上の理由と共に各項の実現を願い、裁判員経験者22名の署名を添えて本要請書を提出いたします。我が国が本当に民主主義であるならば、何卒お聞き届けいただけますよう謹んでお願い申し上げます。

死刑をめぐる状況

死刑廃止をめざす日本弁護士連合会の活動報告 2023—2024

小川原優之（弁護士）

1 はじめに

日本弁護士連合会（日弁連）は、渕上玲子会長を本部長とする「死刑廃止及び関連する刑罰制度改革実現本部」を設置しており、私は、この実現本部の事務局長を務めています。

二〇二四年二月二九日、日弁連の呼びかけに応じて参加したメンバー一六名により、「日本の死刑制度について考える懇話会」（以下「懇話会」といいます）が設立されました。

この懇話会は、日弁連とは別の組織なのですが、私は、呼びかけの段階から関わっており、またこれまでに開催された懇話会はすべて傍聴していますので、今回の活動報告は、主にこの懇話会についてご説明します。なお、以下の説明で、意見にわたる部分は私見であることをお断りしておきます。

2 懇話会の委員（五十音順。敬称略）

懇話会の委員は一六名で、井田香奈子（朝日新聞論説委員）、井田良（座長。中央大学大学院教授、前法制審会長）、上田勇（参議院議員公明党）、岡野貞彦（経済同友会代表理事・事務局長）、片山徒有（被害者と司法を考える会代表）、金髙雅仁（元警察庁長官）、神津里季生（前日本労働組合総連合会（連合）会長）、坂上香（映画監督）、笹倉香奈（座長代行。甲南大学法学部教授）、佐藤大介（共同通信編集委員兼論説委員）、戸松義晴（ＷＣＲＰ世界宗教者平和会議理事長、元公益財団法人全日本仏教会理事長）、中本和洋（元日本弁護士連合会会長）、西村智奈美（衆議院議員立憲民主党）、林眞琴（前検事総長）、平沢勝栄（衆議院議員自由民主党）、藤本哲也（最高検察庁参与、公益財団法人矯正協会会長）の各位です。
日弁連は、懇話会の申し合わせにより、懇話会の事務局を担っています。

3　懇話会の設立趣意書

懇話会委員の全員一致で採択された設立趣意書には、次のように記載されています。

「我が国の死刑制度は、一八八二年（明治一五年）制定の旧刑法によって、執行方法を絞首刑と定められたものが、現行の刑法にも引き継がれ、今も一〇〇名以上の死刑囚がいます。

死刑は人間の尊い生命を奪う不可逆的な刑罰であるため、「国家が人の生命を奪う」という国家機能の根源に関わる問題を内包しています。

死刑制度の廃止は国際的な潮流です。世界の七割を超える国が、すでに法律上又は事実上、死刑を廃止しています（一九六か国中、法律上又は事実上の廃止国は一四四か国）。とりわけ、先進国グループであるＯＥＣＤ（経済協力開発機構）加盟三八か国のうち、死刑制度を存置しているのは、米国、韓国、日本の三か国です。しかも、死刑存置国に数えられる米国でも、すでに二三州とワシントンＤ．Ｃ．で死刑が廃止されています。また、韓国ではすでに一九九八年以降二〇年以上にわたって執行を停止しています。したがって、ＯＥＣＤ加盟国の中で、いまだに国家として統一して死刑執行を続けているのは日本だけです。

このため、国際司法共助の上でも、日本で殺人を犯した者が外国に逃亡した場合に、日本政府が逃亡先の死刑廃止国に犯罪人の引き渡しを求めても、日本に死刑が存在していることを理由として引き渡しを拒まれるという指摘もあります。

日本弁護士連合会は、二〇一六年（平成二八年）一〇月七日に「死刑制度の廃止を含む刑罰制度全体の改革を求める宣言」を行い、死刑廃止の立場を明確にし、二〇二二年（令和四年）一一月には「死刑制度の廃止に伴う代替刑の制度設計に関する提言」により、死刑制度の廃止とともに、その代替刑として終身拘禁刑（ただし、例外的に減刑制度あり）を設けること等を提案しています。また、全国の弁護士会でも死刑廃止決議が相次いでなされています。

二〇一八年（平成三〇年）一二月五日には、死刑制度の是非を議論する超党派の議員連盟として「日本の死刑制度の今後を考える議員の会」が設立され、将来的な死刑制度の在り方に関する提言とりまとめを目指すとされています。社会各層の著名人が死刑制度について意見を表明することも増えました。

ところが、政府の世論調査の結果、国民の八割が死刑制度も「やむを得ない」としていることなどから、死刑制度についての検討は進んでいないのが現状です。

そこで、私たちは、国民各界及び各層の参加を得て、十分な情報をもとに活発な議論を行い、日本の死刑制度のあるべき方向性について提言するため、ここに「日本の死刑制度について考える懇話会」を設立します。」

このように懇話会は死刑廃止を前提とする有識者会議ではなく、また死刑廃止を求める日弁連とも立場は異なるのですが、「国民各界及び各層の参加を得て、十分な情報をもとに活発な議論を行い、日本の死刑制度のあるべき方向性について提言する」ための有識者会議なのです。

4 懇話会の議事の概要

懇話会は二〇二四年秋頃を目処に提言を行う予定で、同年八月六日までに八回開催されており、更に数回開催される予定ですが、第六回までの議事の概要は下記のとおりです。なお詳細は、ホームページからご覧になっていただけます。

https://www.shikeikonwakai.net/

第一回　二月二九日
①報告（小川原優之弁護士）
　日弁連の活動報告と論点整理
②報告（笹倉香奈委員）
　死刑をめぐる国際状況

第二回　三月一一日
　冤罪・誤判の危険について
①報告（木谷明弁護士）
②報告（村井宏彰弁護士）
③意見交換

第三回　四月二二日
(1)死刑存廃に関する刑事法学者からの意見
①松原芳博早稲田大学法学学術院教授からの意見
②椎橋隆幸中央大学名誉教授からの意見
(2)刑罰の目的と存在理由について
　井田良座長からの報告
(3)意見交換
(4)法務省矯正局との交渉経過について

第四回　五月一三日
(1)駐日ドイツ連邦共和国大使による講演「被害者の視点は死刑制度を維持する根拠になるか」
　講師　クレーメンス・フォン・ゲッツェ大使（Dr. Clemens von Goetze）
　（代読）ティーデン・團参事官（Dr. Dan Tidten）
(2)裁判官と裁判員の量刑評議について
　講師　稗田雅洋早稲田大学教授
(3)被害者支援の視点から見た死刑制度
　講師　太田達也慶應義塾大学教授
(4)意見交換

第五回　六月一七日
(1)犯罪被害者・遺族の権利保障のあり方（スウェーデンにおける被害者政策）
　講師　久野恵美・琉球大学教授
(2)犯罪被害者・遺族の権利保障のあり方（ドイツの制度を参考に）
　講師　滝沢誠・中央大学教授
(3)憲法と死刑制度（生命、自由及び幸

福追求に対する権利と公共の福祉）
講師　長谷部恭男・早稲田大学教授
⑷意見交換
第六回　七月四日
⑴犯罪被害者・遺族の意見
①磯谷富美子さん
②原田正治さん
③山口由美子さん
④片山徒有委員
⑵意見交換

5　今後の「運動」の課題

日本では、二〇二二年七月二六日の死刑執行後、二年以上にわたり死刑の執行が行われていません。その理由は、法務大臣の失言や、政治資金パーティーをめぐる問題による所があったとは思いますが、そのような「政治の失態」だけによるものではなく、袴田事件の再審開始決定や、飯塚事件についての報道、大阪地裁における訴訟の提訴、死刑廃止フォーラムや宗教者ネットなど市民運動による死刑絵画展や映画祭の開催、新聞やテレビなどの死刑関連の報道、国の内外からの法務大臣への死刑を執行しないようにとの要請活動等々があり、この間、法務省（法務大臣）が死刑の執行のしにくい状況を作り出すことができたことが大きいと思います。

日弁連の渕上会長も、二〇二四年六月二四日、小泉龍司法務大臣に直接面談し、死刑制度の廃止・執行の停止を要請してきました。

私は、これまで多くの国会議員に死刑廃止の要請をしてきましたが、国会議員の中には、冤罪による死刑の誤執行があきからになったとしても死刑制度は維持するべきだと明言する人や、死刑廃止などと選挙民に言えば選挙の票が減るからとても言えないとためらいがちに言う人もおり、「政治の失態」があっただけでは、死刑の廃止は勿論のこと、死刑の執行停止も実現しないと思います。

やはり死刑に反対する様々な活動の成果を重ね合わせ、法務省（法務大臣）が死刑の執行のしにくい状況を作り出す現実的な「運動」が必要だと思いますし、また法務省内にも、死刑の執行をためらう理解者を得る必要があります。

懇話会の提言は、死刑制度の即時廃止や死刑の執行停止を提言するものとはならないかも知れませんが、「日本の死刑制度のあるべき方向性について提言」するものとはなるでしょうから、その提言を、法務省（法務大臣）が死刑の執行のしにくい状況へと、私たちがどうやって繋げていくのかが 今後の「運動」の課題だと思います。

そのために、超党派の議員連盟である「日本の死刑制度の今後を考える議員の会」と連携し、また多くの市民と協力し合って、死刑制度の廃止を実現していきたいと思います。

死刑をめぐる状況

日弁連、死刑再審弁護活動援助制度を開始

2023—2024

小林 修（弁護士）

1　本年度から、日本弁護士連合会（日弁連）で、死刑再審弁護活動援助制度が開始されました。同時に死刑以外の再審弁護活動援助事業も開始されました。これまで、日弁連は、再審請求における国選弁護制度を提言してきましたが、これらは国選弁護制度が実現するまでの間、日弁連が国選弁護程度の弁護費用を援助しようとするものです。

二〇年以上前から、日弁連は、死刑執行停止法を提言し、その立法理由の一つに、死刑確定者に対する弁護権が保障されていないことを指摘してきました。その後、日弁連は死刑廃止決議を採択しましたが、その前提にもこの問題がありました。この課題克服のために、一〇年以上にわたって、死刑再審国選弁護実現の一里塚になるものとして追求してきたのがこの制度です。ようやく昨年一二月八日の日弁連臨時総会において規程を制定し、本年一月一九日の日弁連理事会において規則を制定することにより、本年四月一日からこの制度が開始されました。その後、この制度のための予算も無事に成立しました。

2　制度の概要

以下に、死刑再審弁護活動援助制度の概要について説明します。死刑以外の再審弁護活動援助については、要件が加わっていますが、これまでの日弁連の人権救済制度としての再審支援ほど厳しいものではありません。

（1）申込者

死刑確定者ではなく、死刑再審弁護人弁護士または弁護人になろうとする弁護士が申し込む制度です。死刑確定者本人では申し込みできませんので、死刑確定者の方は、事前に弁護士に申込みを依頼する必要があります。複数の弁護士で申し込むこともできますが、援助金が出るのは三人の弁護士が上限です。

なお、この援助のためには、死刑確定者が生きていることが必要です。死後再審の場合は、死刑以外の再審弁護

援助の対象となります。

（2）援助要件

1）既に再審請求を行なった場合は

イ　再審請求が不適法でないこと

ロ　再審請求に理由がないことが明らかとはいえないこと

が要件です。具体的には、再審請求申立書や補充意見書により、確定判決の誤りと再審理由が明示されており、それなりの新証拠が提出されていることが必要です。いずれも簡単ではないと思いますが、刑事事件を扱う弁護士であれば可能なものです。

2）これから再審請求の準備を行なう場合は

弁護士等の調査により再審請求に理由があるものとすることができる事実または証拠を発見できる可能性があることが要件です。具体的には、弁護士が再審請求申立書案を作成し、その中に、確定判決の誤りとそれなりの新証拠を示すことが必要です。しかし、入手した新証拠が不十分なものであっても、その後の証拠開示申立て等により入手可能であれば要件を満たすことができます。

いずれにしても、形式的に整っていることが必要ですが、新証拠の強弱はあまり問題にはされません。また、死刑再審弁護援助の場合は、その他の再審弁護援助と異なり、死刑確定者の資力の有無は要件ではありません。執行されてしまっては取り返しがつかないからです。

（3）申し込みに必要な書類は以下のものです。

○死刑確定判決の謄本

○再審請求申立書の写し（再審請求前の場合は提出予定のもの）

○再審請求事由を疎明する資料の写し（再審請求前の場合は提出予定のもの）

（4）援助金の支払

弁護活動に対する援助金は弁護人一人のときは二二万円、二人のときは四四万円、三人以上のときは六六万円です。

そのほかに、通訳または翻訳の実費は二〇万円を上限に、鑑定等で専門家に支払う費用は三〇万円を上限に、その他の実費は5万円を上限に支払われます。

（5）既存の再審支援制度との関係

日弁連には、本制度とは別に、人権救済申立てを前提とした再審支援制度がありますが、これは、国選弁護報酬に代わるものではなく、実費のみを支援するものです。趣旨が異なりますので、本制度と併用することが可能です。

3　申込方法

死刑再審弁護活動に関するお問い合わせ先は以下の通りです。

日本弁護士連合会法制部法制第二課
TEL03-3580-9821 FAX03-3580-9920
E-MAIL housei2@nichibenren.or.jp.

日弁連のホームページからも、制度の詳細や申込書式にアクセスできます。

HOME会員専用ページ⇩刑事⇩刑事再審弁護活動に対する援助制度関係　とお進みください。

（初出「FORUM90」192号、2024年9月）

死刑をめぐる状況 2023—2024

「死刑囚表現展」と死刑をめぐる現実

第19回死刑囚表現展を終えて

太田昌国

死刑囚表現展の選考委員を初回の二〇〇五年以降数年前まで務められた作家の加賀乙彦氏が今年（二〇二三年）一月に亡くなられた。敗戦直後に制定された新憲法が「戦争放棄・戦力不保持」を定めたからには、当然、国家の名の下にひとを殺す死刑制度もなくすべきだという考えが当時は広くありましたよ、と氏はよく語っておられた。国家ならひとを殺してもよいとする〈信仰〉は「戦争」と「死刑」を拠り所として、社会に深く根を張っている。この二つを同時になくす——国家の存立根拠を揺るがしかねないそんな「夢」には現実性があるのだという確信を、氏のこの証言は強めてくれた。それをも心の支えにして、私たちは死刑囚表現展を続けてきたが、今年は第19回目を迎えた。

「戦争」と「死刑」を結びつけた文芸作品

「戦争」と「死刑」——ロシア・ウクライナ戦争が悲惨にも繰り広げられているいま、この二つを結びつけて表現する作品が登場した。安全保障関連法が成立して、自衛隊が米軍への後方支援活動を行ない得る範囲が拡大した二〇一五年からまもなく、先駆的にも、すでに同じテーマの作品を創作したことのある檜あすなろである。「ハケン」と題した今回の作品では、日本の一老死刑囚が、侵略されている国へ連れ出され、「敵」国の標的に対して旧日本軍が取ったような夜襲作戦を敢行するよう命じられる経緯が描かれている。しかも、日本から輸入された「空飛ぶクルマ」に乗って、である。

作者はいつも、情報が厳しく制限されている獄中にあって、新しい情報を実によく吸収している。技術分野への目配りも広く、深い。だから、来るべき未来を先取りするような、空想性と意外性に満ちた内容の作品が生まれてくる。惜しむらくは、物語の展開上と表現上の冗漫さなのだが、毎年のようにこう指摘する私に対する批評的な言及がところどころに見られることにも触れておきたい。私としては、檜あすなろの作品が星新一的な「ショートショート」のスタイルで書かれた時の作品の深まりを待望しているのだが、それは外部からの、ないものねだりなのかもしれない。栗原康選考委員は「やはり新しさがすごくある。ふだんの僕らでは思わないようなことを考えさせられる」と評し、檜が今回応募した七つの作品全体の「繋ぎ方」に注目して読むことの重要性を指摘した。

　選考会における私たちの発言を読んで、獄中者が置かれている実情について外部の連中はまったく無知なんだなとでも思ったのか（それは、その通りに違いない）、拘置所が獄中者に課している規則（差し入れ物の制限、所内での物品購入価格、日常生活上の「心得」など）が事細かく説明されている作品もある。私はこれを、相互交通性（交流）を求める作者の「叫び」だと受け止めたい。

「戦争」といえば、坂口弘は「憲法九条を守るオーソドックスで超簡易な秘策」なるエッセイを寄せている。「国民の圧倒的多数が諳《そら》んじるまで憲法九条を物にするならば、それが堅固な壁となって、決して九条改悪の企てを許さないであろう」との作者の確信を支えるのは、「未知の記憶術の発見」だ。一日に九条の一語句を覚える方法を四一日間続けると完璧に九条を暗唱できるというのだが、文脈を無視したこの方法が、仮に「記憶」のためにと限定したところで果たして有効なのか。九条暗唱運動が、時の政治・社会状況といかに拮抗して、その力を発揮しうるのか。論じ残された課題は、あまりに大きいものに思われる。

「戦争」体制を作り上げるために、それこそ憲法九条を徹底的に蔑《ないがし》ろにして、閣議決定などの奇手を連続的に発動した元首相の暗殺死を、次のように謳う作品も印象に残った。「美しい　国にも銃があった」「殺人　者の理屈に　頷いた」「物価上げ　年金下げて　国葬かい」「忖度は　どこまで続く　あの世まで」「あー怖い　こうして歴史は　作られる」

　作者は、短歌と俳句の作品を毎回寄せる石川恵子である。作品として自立しているから、作者が時に付してくる注釈は要らないとする川村湊選考委員は、秀作として「八本の脚をきれいに折りたたみ蜘蛛のむくろが扉にあり」を挙げ、さらに「カステラと　聖書の厚み　春深し」「菫《すみれ》ほどな　小さき人に　生まれたし」を「すごくいい」と評したが、私も深く共感した。

子ども時代の情景や獄中の日常を謳う作品も

「戦争」とも「死刑」とも無関係に、子ども時代の情景や獄中の日常を謳う作品も、もちろん、多い。初応募の小川和弘は「参観日　わからなくても　手をあげる」「秋空に　夕焼けこやけ　赤とんぼ」と、もはや戻ることのない幼い日々を素朴に謳ったかと思えば、「大拘は　飯が不味いぞ　堪らんは」「ぜんざいは　朝は重いぞ　昼にしろ」（正月の祝い膳なのだろう）などと、獄の中での楽しみはやはり食べ物かと思わせる川柳（作者の言）を詠む。

　北村孝は「全確定死刑囚に証拠リストの開示を」と訴える。袴田事件にあからさまに見られるように、検察側が自分たちに不利な証拠を開示することなく、あろうことか捏造したものを証拠として持ち出したことが再審開始決定文で指摘される日本の刑事裁判の現状を思えば、これは死刑囚のみの要求に終わることのない、全社会的な課題なのだろう。

　北村真美の俳句はいう。「19年1人ぼっちで　涙だけ」。彼女には家族の暖かさや結びつきを謳う作品がいつもは多い。香山リカ選考委員は、「この一句だけはすごくネガティブな話」で、家族への思いを綴っていても「現実は一九年一人ぼっちなのだろうなって、そこがとても胸に迫る感じ」と評した。

　長勝久は短歌二九首を「何か特殊なフォントみたいな字」（香山選考委員評）で寄せた。いわゆる花鳥風月を謳う歌が多い中で、私は「膝が痛んで小年の日をふと想う観音堂に父のまぼろし」の歌にうたれた。老境にあって幼い日を想う時、大慈大悲に富む「観音」菩薩が祀られている「お堂」に「父」のまぼろしを幻視したというこの歌は、作者のいまの心境を語り尽くしていてあまりあるように思える。

　何力は今年も、短歌・俳句・川柳・拘置所への願書・絵と多彩な方法を駆使して、表現を続けている。発想も表現も類型化しつつあることは否定し難いが、外国語である日本語を学びながら表現するその努力には敬服する。中国にいる父親が作者にキャリーバッグを送ってきたようだ。「親父より願いを込めて送られしキャリーバッグは我帰国用」との歌に添えられた自画像は、スーツに身を固め、キャリーバッグを引いて空港へ向かう己の姿を描いていて、切ない。作者は、紙の縁に彩色して額縁的な工夫を施し、その中を短歌と絵で埋め尽くす方法を取っている。「切手は小さな美術館」という表現に似せて言うと、小さなA4用紙の中に、絵と文字による「自画像という小宇宙」が描かれているようで、その

何力「親父より願いを込めて送られしキャリーバッグは我帰国用」

工夫が楽しい。

溝上浩二の今年も健在な表現意欲

溝上浩二の表現意欲は、今年も健在だ。作者は、自らが表現し創作する大きな動機のひとつは「日本からの死刑廃止」メッセージを発信することだと言う。作品中に、独学で学んだ英語と韓国語がちりばめられているのは、そのためだ。作者が五三歳の誕生日を迎えた頃に書かれた「体力や精神力が衰えない僕の秘訣」と題する文章がある。そこには「今回、問われている刑事事件で逮捕され、今年の八月で八年目を迎える。事件が発生してしまったあの夏の夜、そして当時交際していた彼女と一緒にいた時にいきなり警察に取り押さえられてしまったあの夏の夜から八年目だ」と書かれている。

死刑囚であれば、自分が起こした事件のことを必ず書くべきだとは、誰にも言えない。だが、それに少しでも触れるのであれば、「事件が発生してしまったあの夏の夜」という表現はないだろうと私は思う。「発生してしまった」と書く時、作者は、自分が引き起こした事態に正面から向き合っていないことを誰よりも自覚しているに違いない。そんなふうに表現された言葉が、読む者の心に染み渡っていくことも、突き刺さることもないだろう。

同時に、作者は問題の在り処《か》に気づいていることにも触れておきたい。「加害者が死刑確定者となり、表現展で反省しているとは思えない作品を応答していたりすれば」とか「現実逃避という表現はどうかと思う」と書いたりしていることに、それは表れている。これからも表現展に応募し続けるという作者が、この矛盾を解きほぐす道を、迷いつつも突き進んでほしいと心から願う。

盛藤吉高は短歌三首、俳句二二句を応募した。季節感に溢れた作品が多く、「一幅の絵画は千の言葉を語る」とは逆に、僅かな語句が情景を一枚の絵として浮かび上がらせる。例えば、「雨脚の　駆け上がる先　夏の山」「恥じらいの　乙女の頬に　並び咲き　白梅仄かに　打ち震えおり」。

山田広志が応募してきた俳句九句は、難しい漢字の使い方で読む者を幻惑する。「胸の中魂魄《こんぱく》を持ち執行列車」「煉国《れんごく》に魂逝《い》くが逝《ゆ》くでなし」「罪人の時代の息吹多種多様」——一読わかったような気持ちにさせられるが、落ち着いて読み返すと、その心は？　と問いかけたくなる、不思議な味わいを持つ作品群だ。

井上（北村）孝紘の「創意工夫、発明」

絵画作品に移る。

今年も井上（北村）孝紘の諸作品が目を射る。「手作りタトゥーマシーン・手彫り用ノミの作り方」と題した「作品」に驚く。経験知を基に機械構造を応用し、計算と想像によって描かれた設計図である。獄中では「この設計で実用的可動す

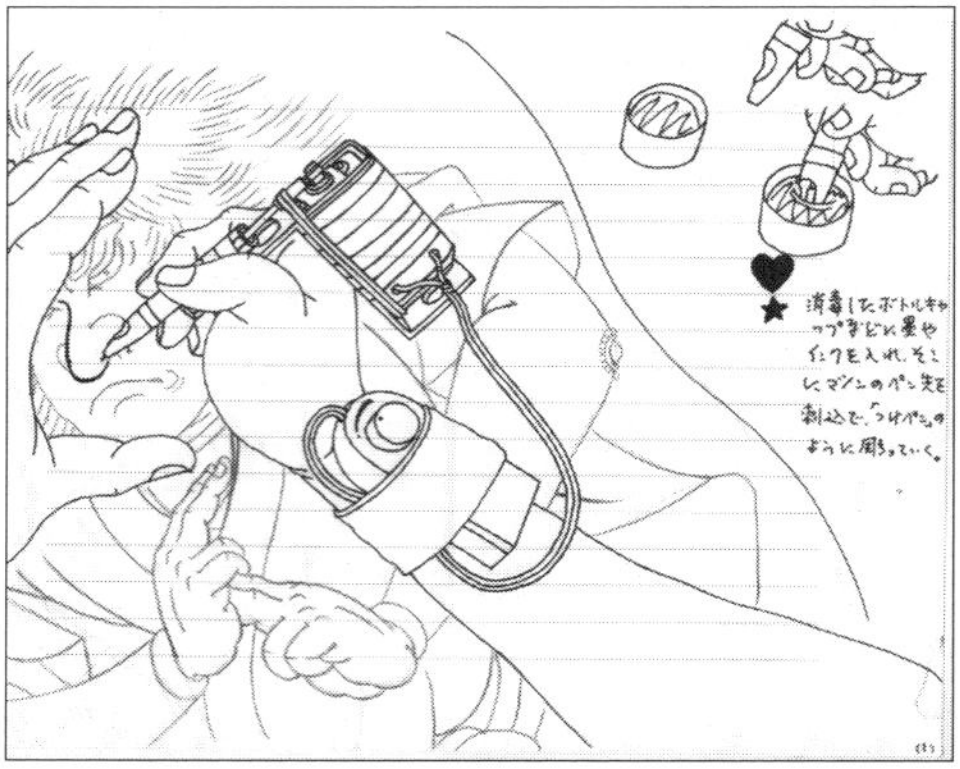
井上孝紘「タトゥマシーン設計図」から

るのか」確認できない。表現展運営会側が説明書通りにタトゥーマシーンと手彫り用ノミを制作してほしいというのである。

一スタッフが指示書に基づいて各部品を購入し、三日間をかけて実際に作ってみた。それは可動し、設計の正確さが実証された。北川フラム選考委員は「これはルネッサンスで、片方に錬金術的なカバラの世界があり、他方もっと合理的な方法で現実化しようということで発明の道を行く。ルネッサンス的な創意工夫、発明の世界をやっている」と評価した。

作者は「再審請求以外は読書と作品作りしかすることが無くて、実際は時間をもてあましている」と自己描写しているが、他の六種の作品の場合も、制作上の集中度と入念な工夫の仕方には目を見張るしかない。

猪熊武夫「村の郵便局・役場」

猪熊武夫の「村の郵便局・役場」という作品は、「役場」という古風な表現からしても、子ども時代の記憶に基づいて描かれたものだろうか。丁寧に彩色されてもいて、もはや手の届かない遠い過去へとタイムスリップするような、切ない懐かしさを感じさせる作品に仕上がっている。

金川一の一点の絵画は、相変わらず、悠然と己の道を進みゆく。イソップ物語のウサギを描いて、昼寝する姿態もカメに負けまいと走り出す姿も、どこかユーモラスでもあり、上手い。貼り絵風の工夫が変わることなく施されていることに感心したり、自画像の柔和な表情に和みを感じたり……と、見る者へ語りかけるところ多い作品群だ。

金川一「イソップとカメ」

原正志の絵画三点には、北川選考委員がよく言っていた「画面を埋め尽くす」へのこだわりが年ごとに希薄になっていく感じがする。小田原のどか選考委員も「去年は、描いた女性の乳房の周りを、たぶん自分で舐めて唾液でふやかして、紙が波打っているようなことも見られたが、今回はそれもなく、もっといろいろなことをされていいのにな」と語った。

風間博子からは今年も「獄の風　春夏秋冬」の二八句プラスの文字作品と、絵画三点の応募があった。「人生を怠けし獄の一万夜」という夏の句に強い印象を受けた。季節ごとに詠まれる七句の行間はそれぞれ黒く塗りつぶされている。その行間を透かして見ると、この句の後には「逮捕から五月二三日で一万日」との注釈が書かれている。実に二七年有余の歳月である。この工夫の形式には感心するしかないが、「獄の一万夜」を指して「人生を怠けし」と表現せざるを得なかった、「失われた時間」を求める作者の心情に思いを馳せる。

原正志「Back 中出し孕んだら結婚するしか無いでしょう Hitomi Ocup 少女・銀座№１のママ清華と私の娘５女 Hcup 少女中島美嘉と私の娘長女 Gcup 少女 Blackgal、Martin №１吉原高級 soap Mcup 少女松田聖子と私の娘 10 女 Mcup 少女 NTR、Fackyou、我妻高しょう Icup 青森自宅の温泉にてと DISNEY・Frure・和水八神・佐賀維新祭・Pre-qua・ぴよちゃん・One PIECE（ナミ・NicoRobin）・Lirbbit お鶴ちゃん（板野友美）・Helloweeen・ソメイテイと森の仲間―愛と平和・絆」

高尾康司「無題」

謝依俤からは絵画二点の応募があった。花鳥を描いたもので、「四季を表現したいが色の事情から夏と秋のものだけ応募」との但し書きがある。多様な描き方に挑戦しているとも言えるが、かつての雄渾《ゆうこん》な墨絵の世界が思い出されてならない。

高尾康司からは四点の作品が応募された。「牡丹」と「藤」と題された具象的な作品よりも、墨で描かれた「無題」の二作品が心に残る。何を描いているのか、心象風景（小田原選考委員の言）なのだろうか、受け止め方は見る者によって多様だろうが、作品としばらく対面していてこそ味わいが出てくる作品と思えた。

応募者同士間に〈見えない交流〉

　昨年に引き続き二回目の応募となる中田典広は七点の絵画を寄せた。自画像一点以外は「故加藤智大君が得意としたイラストロジックに挑戦してみました」とある。応募者同士間に、作品を媒介にしたこのような〈見えない交流〉が生まれている事実に注目したい。イラストロジックで描く対象が、清水寺・薬師寺・長崎平和祈念像など誰もが言い当てることのできるものではなく、作者ならではの独自の情景が生まれ出ることを期待したい。

藤井政安（旧姓関口）「愛（なんでも溶かす薬）」

　藤井政安の「愛（なんでも溶かす薬）」は見て愉《たの》しい。差し入れ品なのだろうか、ビスケット・三色飴・柿の種・チョコレートなどの包装紙のごった煮の中に、猫や楽隊や飾り立てたツリーなどが巧みに配されているうえ、切り貼りもあって立体化されている。情報量の多さに圧倒された。

　植松聖からは「相模原事件」「即時抗告」「無理心中」「大麻取締法」「死刑廃止」と題された五点の色紙の応募があった。自らが起こした事件についての振り返りの言葉には納得できないが、「字と空白とのバランスが異常にうまい」（北川選考委員の言）という評もあるように、デザイン化のためのさまざまな工夫も含めて、見る者を引き込む力がある。

　今年の受賞者は次のように決まった。文字作品では、風間博子「春夏秋冬賞」、檜あすなろ「双方向賞」、山田広志「難読賞」。絵画では、井上孝紘「人力飛行機賞」、金川一「紙一重賞」、藤井政安「紙芝居賞」。

　最後に。常連の応募者であった加藤智大の死刑が執行されたのは、二〇二二年七月だった。それ以降今日に至る一五カ月間、死刑執行はなされていない。来年はこの件についてどう書くことができるか。

　まもなく、新法相の地元で「執行するな！」の要請行動が行なわれる。

（文中、応募者への敬称は省略しました）

（初出『創』二〇二三年一二月号）

死刑囚表現展２０２３

「死刑囚表現展２０２３」は松本治一郎記念会館で一一月三～五日にかけて開催され、三日間で一六六五人の方が来場した。四日に実施した小田原のどかさんのトークショーは満員の盛況であった。

共同通信の47ニュース、Yahooニュース、弁護士JP、『週刊新潮』での『年報・死刑廃止２０２３』の書評（都筑響一）の中での予告、「ENTAME next」での雨宮処凛評、ポリタスＴＶ（司会・小田原のどか）での特集、都築響一さんのメールマガジン＝roadsiders weekly、北海道新聞、『創』などにも予告が会期前、あるいは会期中に掲載され、終了後も『創』や『支援連ニュース』などにも評が掲載された。

広島アビエルトでの死刑囚の絵展

広島のカフェ・テアトロ・アビエルトが、東京の展示会後、「死刑囚の絵展」と題して、毎年全点展示を行なっている。

二〇二二年度の応募作品は二三年三月一一日から一九日にかけて展示。一二日に「なぜ死刑囚の絵展を開催しているのか」をアビエルトの中山幸雄、秋本大介、司会・田浪亜央江でオープニングトークとして実施、一八日には東海テレビの「ふたりの死刑囚」を上映した。

二三年度の作品は二四年三月九日から一七日に開催。九日にオープニングトークとして大道寺幸子・赤堀政夫基金運営会の深田卓が表現展の二〇年近い歴史と現時点の死刑廃止運動について話し、一六日には金聖雄監督の「袴田巖　夢の間の世の中」を上映、足立修一弁護士のトークも行った。

宮城県にしぴりかの美術館の「命みつめて２」展

宮城県黒川郡大和町吉岡のにしぴりかの美術館では二〇二四年一月五日から五月六日までの四カ月、「命みつめて２」を開催。二〇一六年から一七年にかけて「命みつめて」を開催し、その後コロナ禍でのびのびになっていたが再開。この企画は八王子の平川病院〈造形教室〉のスタッフ宇野学さんが作品の選定と展示を行なっている。三月二〇日には坂上香監督の「ライファーズ―終身刑を超えて」の上映会も行った。

朝日、読売の地元版や河北新報に掲載されたこともあり、不便なところにも関わらず八〇〇人もの方に見ていただけた。（F）

再審請求への補助金と死刑囚の表現展の募集要項

死刑廃止のための大道寺幸子、赤堀政夫基金から死刑判決を受けたみなさんへ

２００４年５月12日に死刑廃止を訴え続けた大道寺幸子さんが亡くなり、その遺産を元に「死刑廃止のための大道寺幸子基金」が発足しました。基金は、確定死刑囚の再審請求への補助金、死刑囚の表現展の開催と優秀作品の表彰のために使われます。

私たちは、２０２５年もまた６名の確定死刑囚の方への再審支援金をお渡しします。また24年に続いて死刑囚の表現展を実施し、死刑廃止国際デーの10月10日前後に、寄せられた小説、自伝、エッセイ、評論、詩歌、脚本、絵画、まんが、その他、あらゆる分野の未発表でオリジナルな表現作品を展示し、優秀作品の顕彰と選考委員による選考経過の発表、シンポジウムなどを行う予定です。

今年度もぜひ補助金の要請、作品の応募をしていただけますようにお願い申し上げます。

１、再審請求への補助金　募集要項

(１)補助金は、下記住所まで、本人または関係者の方がお申し込み下さい。

(２)申し込みは毎年７月末とします。

(３)なお補助金は弁護人もしくは弁護人になろうとする人（恩赦代理人を含む）にお渡しします。

(４)補助金は、確定死刑囚１人に対して１回限りとさせていただきます。

(５)優先順位は、緊急性・必要性を考慮し当方で考えさせていただきます。

(６)今回選定されなかった人も、次回に再応募できます。

(７)告知は速やかに申請者に行います。

２、死刑囚（未決を含む）表現展と優秀作品の表彰　募集要項

(１)死刑囚（確定囚、未決囚を問わない）による作品を公募します。

(２)公募する作品は、小説、自伝、エッセイ、評論、詩歌、脚本、絵画、まんが、その他、あらゆる分野の未発表でオリジナルな表現作品です。

長篇作品は、１回１作品だけの応募に限ります

他人を誹謗・中傷することに主眼を置いた作品は、運営会及び選考会の判断によっては、これを受け付けない場合もあり得ます。

(３)締めきりは毎年７月末、基金が依頼した選考委員によって優秀作品を選定し、優秀作品に賞金（３万円を予定）を贈呈します。応募者全員に参加賞（３千円）を贈呈します。

(４)応募作品は10月10日の国際死刑廃止デー前後に展示を予定しています。作品の著作権は制作者が、所有権は基金が持ち、これらの作品を死刑廃止運動に役立てるために使います。

(５)選考委員：小田原のどかさん・香山リカさん・川村湊さん・北川フラムさん・栗原康さん・五所純子さん・太田昌国さんです。

応募作品には必ず題名をお付けください。絵画作品の場合、裏にタイトルの明記をお願いします。

なお第21回死刑囚表現展の締め切りは２０２５年７月末日厳守です。

これまでの応募者、受賞者の応募も歓迎し

ます。
送り先：〒107-0052　東京都港区赤坂2－14－13－5階　港合同法律事務所　大道寺幸子・赤堀政夫基金運営会
※　封筒表に「表現展応募作品」もしくは「再審請求補助金」と明記してください。

２０２４年10月10日
（死刑廃止のための大道寺幸子・赤堀政夫基金運営会）

「喪失と悲しみ、そして赦すこと」開催にあたって

第一三回死刑映画週間

太田昌国（フォーラム90・死刑映画週間チーム）

昨年のこの欄で、私は「対テロ戦争」での死者が、中東の非白人地域で起きているために情報が少ないが、その時点では信頼しうるかと思われた情報源に基づいて、アフガニスタンで八万人、イラクで二〇万人と推定されていると書いた。その後、米国ブラウン大学ワトソン国際公共問題研究所が二〇二三年五月一五日段階で試算した数字に行き着いた。↓Human Costs of U.S. Post-9/11 Wars: Direct War Deaths in Major War Zones | Figures | Costs of War (brown.edu)

目にしたのは驚くべき数字だった。それによれば、戦闘による死者数は次のように試算されている。アフガニスタン一七万六〇〇〇人／パキスタン六万六〇〇〇人／イラク二七万五〇〇〇人～三〇万六〇〇〇人／シリア二六万六〇〇〇人／イエメン一一万二〇〇〇人／その他八〇〇人、これで合計九三万人弱となる。死者全体の四割が民間人（イラクでは三分の二）で、米軍兵＋傭兵の死者は一万五〇〇〇人という。

これに加えて、経済破綻、医療インフラの崩壊、環境汚染、住民のトラウマと暴力などによる、間接的な死者数は三六〇万～三七〇万人にまで上るという。報告者によれば、いずれも「合理的で控えめな見積もり」だ。米国市民で構成されているだろう報告チームは、「国民生活のインフラを破壊した紛争当事者には支援と修復を行なう倫理的な義務がある。特に米国政府には重大な義務がある」と語っている。

この「対テロ戦争」にかける米国の戦費は八兆ドルに上るともいう。これには二〇五〇年度までに掛かる帰還兵対策費が四割を占める形で計上されている。対テロ戦争に派兵された米兵のうち数万人が負傷し、PTSD（心的外傷後ストレス障害）に苦しむ者も多い。負傷兵の治療や自殺防止などのための費用も莫大な額になると知れる。報告書は、イラク戦争（広くは「対テロ戦争」といえよう）

は「記録的な数の死者、高くつき今も増える費用、地域の破壊」をもたらしたが、「ＩＳ（イスラーム国）の台頭は、少なくとも部分的にはイラク戦争がもたらした荒廃に原因がある」と指摘しており、ここでも、自国が一方的な攻撃対象とした国・地域に与えた甚大なマイナスに視野が及んでいることに注目しておきたい。

二一世紀も今年末には四半世紀を終えることになるが、最初のおよそ二〇年間は、これほどまでの死者、インフラの破壊、大地の損壊と汚染などをもたらした「対テロ戦争」が続けられていたのだという事実を改めて思い起こす。

しかも、戦争はそれでは終わらなかった。「対テロ戦争」の「終結」を見届けたかのように、二二年には、もうひとつの超大国・ロシアがウクライナへの軍事攻撃を開始した。二三年一〇月には、パレスチナ自治区・ガザから行なわれたイスラエルへの軍事攻撃を口実にして、イスラエル軍がガザ地区でジェノサイド攻撃を展開している。米国、ロシアという世界規模でのふたつの超大国と、イスラエルという地域大国が主導権をもつ戦争が、この二一世紀初頭の四半世紀ものあいだ世界を覆い尽くしているということになる。強大な国家が、微塵も自己懐疑を持たずに行使する戦争という暴力（＝テロ行為）を前にしながら、私たちはこれらいずれの戦争をも食い止めることができないままだ。

戦争を遂行するためなら、国家はいかなる手段でも行使するという事例を一つ挙げよう。

ウクライナへ侵攻中のロシアでは、兵員不足を補うために重罪受刑者らを軍に動員できる法整備が行なわれた。私たちが実施している死刑囚表現展には、このロシアの事例にヒントを得たのか、それとも純粋に作者の想像力の産物なのか、印象的な作品が寄せられた。日本政府が、海外で戦われている戦争に「同盟国」から自衛隊の派兵を要請されるが、憲法九条の下で不可能なので、「どうせいつかは処刑される」死刑囚を秘密裡に派兵して取り繕うというフィクションである。若干誇張の要素を持ちながらも、怖ろしい未来像を先取りした風刺性がある。

私たちが一貫して訴えてきたように、戦争の当事国の国軍は、政府レベルでの日頃の「人道主義的言辞」を投げ捨てて、どんな虐殺・暴行も躊躇わない。二一世紀を「戦争の世紀」としつつある三大国の現実の姿がそれを明かしている。戦争を前にした国家の在り方には、止むを得ず抵抗する小国の場合も含めて、残念ながら例外は少ない。戦争廃絶は、依然として、現存するすべての国家が取り組むべき課題だ。

死刑の場合は、現存する国家の三分の二では廃止されているから、全面的廃絶まであと一歩だ、とも言える。だが、足元の日本では存続しているのだから、気楽なことは言えない。制度から行政手続きまでどの側面から見ても、国家の権力性・暴力性・隠蔽性に満ち溢れた死刑をなくすこと。国家にはひとを殺す権限があるという〈思い込み〉＝〈信仰〉から私たち自身を解放してはじめて、私たちは戦争と死刑を廃絶する道を世界の人びとと共に歩むことになる。

（初出・死刑映画週間配布パンフレット）

ゲストのトークから

まとめ 可知亮

二〇二四年二月一〇日～一六日、東京渋谷のユーロスペースで第一三回死刑映画週間を開催しました。入場総数は九五七人。昨年の一一六一人から減少しましたが、今回の作品は最近公開したものや配信で観ることができる作品があり、すでに観ていた人が多かったのかもしれません。死刑映画週間独自の作品が少なかった、という指摘もありました。来年の第一四回の死刑映画週間では、より充実した映画作品を上映し、多くの方に参加いただけるよう、そして一人でも多くの人が死刑制度について考える機会になるよう準備したいと思います。

私、オルガ・ヘプロナロヴァー

栗林佐知さん

上映後のトークゲストのお話は、私たちに多くの新たな気付きを与えてくれました。『私、オルガ・ヘプナロヴァー』上映後のトークは小説家の栗林佐知さん。

映画は社会主義共和国時代のチェコで最後に死刑を執行された女性死刑囚オルガを描いた作品。栗林さんは、オルガの描き方がハリウッド的ではなく、観

使用写真 ©2016 BLACK BALANCE, MEDIA BRIGADE, ALEF FILM&MEDIA, LOVE.FRAME, FRAME 100R, ODRA-FILM, SPOON, BARRANDOV STUDIOS, ARIZONA PRODUCTIONS.

ている人に考えさせられるように描いていることの意味などをシーンに沿って話されました。なぜオルガは「秋葉原事件」のようにトラックで多くの人を無差別に轢き殺してしまったのか。オルガの出自や他者との関係性など、事件が発生した原因の核心を、映画の表現から紡ぎだすように話されました。

赦し

牧田史さん

『赦し』のトークは弁護士の牧田史さん。当初予定していた大谷恭子弁護士の都合が合わなくなり、急遽お願いし快諾いただきました。牧田さんは少年事件の弁護を多くされています。この映画は少年事件の再審公判を描いていますが、その内容は超フィクションである、と話しはじめました。日本の法律では、映画で描かれているような再審は絶対にできない。現実には少年法は改悪され、一八歳・一九歳を「特定少年」と新たに規定し死刑を科せるようにしてしまいました。甲府で起こった事件の「特定少年」も死刑が確定しました。少年事件が抱える多くの問題を丁寧に話されました。

袴田巖　夢の間の世の中

新田渉世さん

今も再審が継続している袴田事件を描いた『袴田巖　夢の間の世の中』。トークは日本ボクシング協会理事の新田渉世さん。袴田支援委員会委員長であり、袴田巖さんを長く支援されてきました。

ボクサーであるということが、社会から偏見を持たれ、冤罪が発生した要因のひとつかもしれない。アメリカでも映画『ハリケーン』の主人公のモデルとなったボクサーのルービン・カーターさんは冤罪被害者でした。多くのボクシング仲間たちが袴田巖さんの支援をしてきた歴史を、詳しく話していただきました。

使用写真 ©December Production Committee　©Kimoon Film

井上淳一さん

ある男

平野啓一郎原作『ある男』のトークは、脚本家で映画監督の井上淳一さん。劇中の死刑囚絵画展のシーンでスピーカーとして出演している太田昌国さんを相手に、辛辣に映画の評価をされました。原作ではきちんと書かれている在日朝鮮人の問題が、映画では通り一遍に触れるかたちでしか描かれていない、映画として面白い表現は各所にあるが、主人公の抱えている問題を描き切れていないのは失敗だと一刀両断しました。

片山徒有さん

対峙

被害者と司法を考える会代表の片山徒有さんが『対峙』上映後のトークゲスト。『対峙』はアメリカの高校で起こった銃乱射事件の加害者家族と被害者家族が交わす会話だけの劇映画。

片山さんのお話は、この映画を五回も観たということから始まりました。映画で描かれたように、アメリカでは重大事件の被害者と加害者が話し合う制度が日本よりも充実している。修復的司法という方法で、片山さんも日本で広げようと運動されている。しかしなかなか広がっていかないことなどを話されました。

池田嘉郎さん

キエフ裁判

セルゲイ・ロズニツァ監督『キエフ裁判』上映後のトークは、ロシア近現代史研究者の池田嘉郎さん。映画は一九四六年一月にキエフ（キーウ）で開かれたナチスによる戦争犯罪に対する裁判を描いた作品。池田さんはロズニツァ監督の他の多くの作品にも解説を書かれています。映画には、裁判を傍聴する人々が数多く出てきます。特に死刑判決後にカリーニン広場で行われる処刑の場面に詰めかける

群衆の多さには驚かされます。もとはソ連の宣伝＝プロパガンダとして残された映像が、ロズニツァ監督の手によって処刑場面の醜悪さを際立たせる表現となっていることなどを話されました。

太田昌国さん
青春を返せ

一九六三年の日活映画『青春を返せ』のトークは太田昌国さん。長門裕之が冤罪死刑囚を演じ、その冤罪を晴らすために闘う妹を芦川いずみが演じた作品。

太田さんは、この映画公開の三年後の一九六六年に起きる袴田事件から話を始めました。映画では長門裕之が袴田事件と同じように強引な取調べで無理矢理、自白させられますが、妹の努力などで七年後に無罪を勝ち取ります。しかし現実の世界では、袴田巖さんはいまだに死刑囚のままです。

「大川原化工機事件」などの冤罪事件は今も起きています。現在にいたるまで解決されていない冤罪の問題を、戦争が今も続いている世界情勢と絡ませながら話をされました。

（可知亮）

（初出『フォーラム90』190号）

［二〇二五年の死刑映画週間は二月八日から一四日まで、東京渋谷のユーロスペースで行われます。］

死刑をめぐる状況
2023—2024

死刑関係文献案内 二〇二四年

前田朗

一　袴田事件

本年九月二六日、ついに袴田事件再審公判の判決を迎える。

再審請求人である袴田巖さん、姉のひで子さん、再審弁護団が五八年目の真実を手にする日を、誰もが固唾をのんで見守っている。あまりにも長い、長すぎる待望の日がついに迫ってきた。

一九六六年六月三〇日発生の味噌製造会社専務宅強盗殺人放火事件。一九八〇年に袴田さんの死刑が確定した。

袴田さん、ひで子さん、そして弁護団は気が遠くなるような超長期の再審請求の闘いを続け、二〇一四年、ついに歴史が動いた。

二〇一四年三月二七日、静岡地裁（村山浩昭裁判長）が再審開始と拘置の執行停止を決定した。袴田死刑囚は釈放され、浜松の姉の自宅に迎えられた。確定死刑囚が自宅で過ごすという、やはり前代未聞の出来事である。四五年以上の歳月（死刑囚としては四二年）を獄中で過ごすというギネス記録がようやく終焉を告げた。

二〇一八年六月一一日、東京高裁でいったん再審開始が取り消された。ただし、袴田の死刑及び拘置の執行停止は維持するという不思議な決定である。自信をもって再審開始を取り消すのなら、執行停止も取り消すのが筋であるが、それができなかったところに、裁判所の混乱と無責任ぶりが露呈した。

請求人側の特別抗告につき、二〇二〇年一二月二二日、最高裁が、東京高裁決定には審理を尽くさなかった違法があるとして、高裁決定を取り消し、審理を差し戻した。林景一と宇賀克也の二人の裁判官は、最高裁自ら再審開始決定を行うべきだと主張した。新証拠は再審を開始すべき合理的な疑いを生じさせるものであることは明らかであり、その判断のためだけにこれ以上の時間をかけるべきでないとし、高裁決定を取り消した上で最高裁自ら再審開始決定を行うべきとする反対意見であった。

二〇二三年三月一三日、東京高裁は「衣類の他に袴田を犯人と認定できる証拠はなく、確定判決の認定に合理的な疑いが生じることは明らか」として、再審開始を支持する決定をした。検察側が特別抗告断念に追い込まれ、再審開始が確定した。死刑囚に対する再審開始決定が確定したのは、島田事件以来三六年ぶり、五件目である。免田事件・財田川事件・松山事件・島田事件ではいずれも、死刑囚の無罪が再審で確定している。

二〇二三年一〇月二七日、静岡地裁で再審初公判が開かれ、姉ひで子と弁護団が袴田の無罪を訴えた。

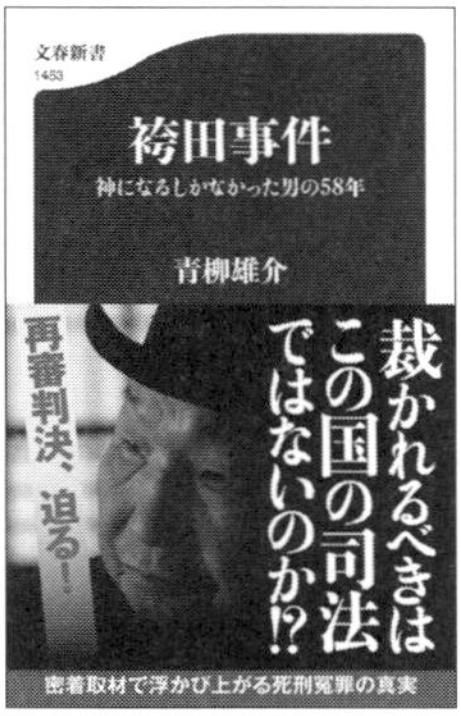

青柳雄介『袴田事件——神になるしかなかった男の五八年』（文春新書、24年8月）

二〇二四年五月二二日、静岡地裁（國井恒志裁判長）で再審第一五回公判をもって再審公判は結審した。検察官は論告で改めて袴田が犯人であると主張して死刑を求刑し、弁護団は最終弁論で無罪判決と謝罪を求めた。

注目すべき点は多数あるが、とりわけ捜査機関の証拠捏造疑惑について、静岡地裁はどのように判断するであろうか。検察の責任はもとより、捏造を見抜けなかった裁判所の責任も重大かつ深刻である。

第二次請求審では、犯人が着ていたとされたシャツについた血液のDNA型が袴田さんと一致しないとの鑑定結果が出た。村山裁判長は決定理由で、DNA鑑定結果を「無罪を言い渡すべき明らかな証拠に該当する」と評価した。事件の約一年後に発見され、有罪の最有力証拠とされたシャツなどの衣類について、「捜査機関によって捏造された疑いのある証拠によって有罪とされ、死刑の恐怖の下で拘束されてきた」と指摘した。弁護団がたゆまぬ努力で明らかにしてきた真実を、裁判所がついに認めた。

九月二六日、再審公判の判決で、静岡地裁はどのような結論を提示するだろうか。

司法関係者もジャーナリストも宗教者も、誰もが大いなる期待と僅かの不安を抱きながら、その日を迎えようとしている。

青柳雄介『袴田事件——神になるしかなかった男の五八年』（文春新書、二〇二四年）は、新書一冊で「事件」の全体を紹介する。著者は雑誌記者を経てフリーのジャーナリストである。二〇〇六年から袴田事件の取材を始め、途中二年ほどは浜松に居を移して密着取材を続けたという。

味噌工場強盗殺人事件、死刑判決、拘置所の日々、死刑判決を書いた熊本典道裁判官、その告白、再審決定獲得後の闘い、開始決定取り消しの衝撃、証拠開示で判明した違法捜査、そして再審法廷までを追いかける。

「袴田は神を信じていた。誤認逮捕され酷い捜査で起訴までされたが、神がいる限り自分の無実は裁判で必ず明らかになる。疑うことなくそう思っていた。しかし『絶望裁判』によって死刑が確定してしまった。身近にいる死刑囚が次々と処刑され、この世から排除されていく。強引な死が我が身に迫ってくる恐怖と諦念。神は存在しなかった。現実はなんと無慈悲で冷酷なのか。そうであるならば自分が神になり、近い将来やってくる死に打ち克とう。死を超える生を獲得しよう。自分を保ち、死に抗う方法はこれしかなかった。袴田には神に、強い自分にならなければならない理由があったのだ。」

　再審請求審や公判で、弁護団は途方もない努力を強いられたが、一つひとつ丁寧に真実を明らかにしてきた。犯行と袴田さんを結び付ける証拠とされた五点の着衣の発見経過の疑問、血痕鑑定、さらには事件の発生経過の疑問（被害者の身体に残る縛った痕等）、数々の疑問は捜査方法に焦点を当てることになった。証拠隠蔽と証拠捏造という重大疑惑の輪郭がどんどん鮮明になってきた。

　事件を追いかけ、関係者に取材を続けた著者は、死刑再審事件の構造を提示すると同時に、密着取材で接することのできた印象的な言葉を紹介する。

「巌の支援は親孝行のつもりでもあるんです」――あまりに辛い苦悩に苛まれながら他界した母親への思いである。

「巌に効く薬は、自由しかございません」――最終局面の即時抗告審の東京高裁での陳述書に僅か二行書かれた心の叫びである。「どうぞ、ぜひ自由をお与えくださいませ」。

「市民の小さな犠牲の上に喜ばしい歴史を造ろう」――三六年前の袴田さんの書簡からの引用である。「必ず、正義の批判と歴史の審判で打ち砕かん」。

　最後に著者は次のように締めくくる。

「再審開始決定を受けて釈放され、一度は四七階段の先にある自宅のドアにたどり着いたはずだった。しかし再審開始決定が取り消され、それでも自由を獲得しようとする息吹を止めようとはしなかった。権力の嘘と横暴さを暴いてきた。自由はここにあると、希望の灯を掲げてきた。一〇年をかけて再度、最後の一段まで袴田は登ってきたのだ。／あと一歩。そしていま、一つ屋根の下、姉と弟は静かに暮らしている。神の領域に達している袴田は、無罪判決によって、私たち人間の世界に戻ってくるであろうか。」

粟野仁雄『袴田巌と世界一の姉――冤罪・袴田事件をめぐる人びとの闘い』（花伝社、二〇二四年）は、共同通信記者を経て、警察問題や原発問題を追いかけてきたジャーナリストによるルポルタージュであり、味噌工場強盗殺人事件発生から五八年にわたる「袴田事件」の全体像を浮き彫りにする。冒頭の「日本中がビートルズ来日に熱狂していた一九六六年」

という定番の事件紹介に始まり、再審公判までの闘いを描き出す。著者は「一般に『袴田事件』と呼ばれるが、殺人・放火事件そのものには袴田巌さんは無関係なので、本来は『清水事件』などと呼称されるべきだろう。本著作での『袴田事件』とは、冤罪事件、警察の捏造事件という意味での『事件』である」と断る。

「『再審開始はある程度予想していたが、まさか釈放するとは思わなかった。慌てましたよ』と振り返った、西嶋勝彦弁護士（袴田再審弁護団団長）。」――静岡地裁の再審開始決定の時の話だ。「釈放は意外でした。拘置所からいきなり巌さんが出てきたから、弁護団は面食らった」という。百戦錬磨の西嶋弁護士（故人）でさえも驚きの瞬間だったのだろう。

「背広姿の大橋秀行会長からベルトを渡され、『名誉チャンピオン、はかまだーいわおー』とリングアナウンスされると、満員の観衆にVサインの右手を高々と差し上げた。」――袴田支援を続けた日本プロボクシング協会が、二〇一四年、袴田さんに名誉チャンピオンを贈った時のことだ。ファイティング原田、輪島功一等、歴代チャンピオンたちが袴田再審を訴えてきた。

「私は性格が乱暴だから（笑）、弁護団に入ってからも『あんなの捏造に決まってるじゃない』と騒いでいました。」――事件発生時は明治大学の学生だった田中薫弁護士は一九八一年に弁護団に加わり、拘置所面会では、女性同士なのでひで子さんと同じ部屋に宿泊したと言う。

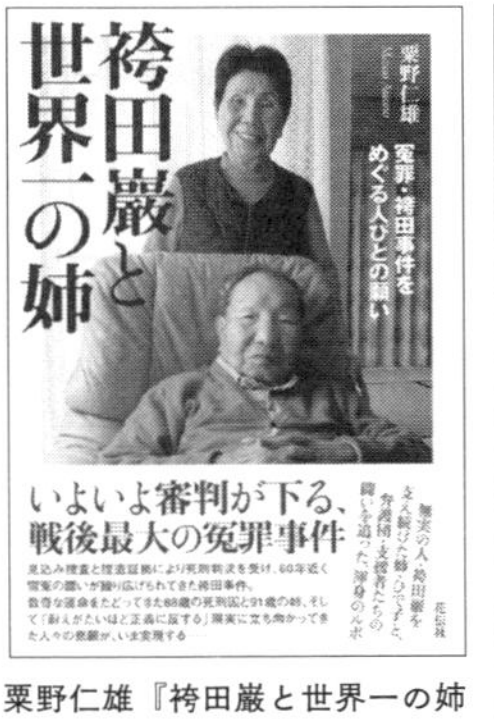

粟野仁雄『袴田巌と世界一の姉――冤罪・袴田事件をめぐる人びとの闘い』（花伝社、24年8月）

「次々とかかる祝福の電話にひで子さんは『検察は偉いよ、偉いよ』と言っていた。耳を疑った。なんという懐の深さか。KOチャンスに相手を追い込まない弟と同じだった。」――二〇二三年、二度目の再審開始決定を受けて、ついに東京高検が抗告を断念し、再審開始が確定した時、著者はひで子さんと巌さんの様子をスクープ撮影したが、ひで子さんの言葉に耳を疑ったのだ。

『世界一の姉』に握手を求めた筆者は、思わず涙ぐんだが、ひで子さんは笑っていた。」

証拠を捏造した警察、それを容認した検察、警察の捏造を否定した当初の弁護団、犯人視報道を続けたメディア、無罪と考えながら死刑判決を書かされた裁判官、実験もせずに有罪視の鑑定をした科学者、現場を再現し数々の実験を繰り返した市民――実に多くの人々がかかわった袴田事件。

五八年目の再審無罪判決が迫る中、著者は次のように述べる。

「袴田事件の再審とは、常識から故意に目をそらさせた捜査陣、それにおもねたマスコミの非を改めて問い、司法関係者たちによって死刑囚となった袴田巖さんの人権そして名誉とともに、『常識』を取り戻す闘いでもあったのだ。」

『判例時報 No.2566 臨時増刊』（二〇二三年）は「特集袴田事件」を組んだ。①木谷明「袴田事件訴訟をめぐる二つの重大な問題点と今後の課題」、②水谷規男「袴田事件第二次再審請求差戻抗告審決定について」、③市川寛「検察の特別抗告断念と再審公判での有罪立証方針にまつわる諸々の疑問」に加えて、資料として、確定審各判決、第一次再審請求審各決定、第二次再審請求審各決定が収録されている。

　袴田事件に関する著書は数多い。本欄で取り上げた著書は例えば次のようなものがある。

◦山本徹美『袴田事件』（悠思社、一九九三年）
◦袴田事件弁護団編『はけないズボンで死刑判決――検証・袴田事件』（現代人文社、二〇〇三年）
◦浜田寿美男『自白が無実を証明する――袴田事件、その自白の心理学的供述分析』（北大路書房、二〇〇六年）
◦山平重樹『裁かれるのは我なり――袴田事件主任裁判官三十九年目の真実』（双葉社、二〇一〇年）
◦尾形誠規『美談の男――冤罪袴田事件を裁いた元主任裁判官・熊本典道の秘密』（鉄人社、二〇一〇年）
◦矢澤曻治『袴田巖は無実だ』（花伝社、二〇一〇年）
◦小石勝朗『袴田事件――これでも死刑なのか』（現代人文社、二〇一八年）
◦いのまちこ・たたらなおき『デコちゃんが行く――袴田ひで子物語』（静岡新聞社、二〇二〇年）
◦浜田寿美男『袴田事件の謎――取調べ録音テープが語る事実』（岩波書店、二〇二〇年）

二……………冤罪と死刑

袴田事件に限らず、日本刑事裁判史は誤判冤罪の歴史である。フレームアップの歴史であり、不当逮捕と弾圧の歴史でもある。その根底には自由と人権の無視、人間の尊厳の否定、権力による民衆蔑視が渦巻いている。

　これに対して誤判冤罪との闘い、反弾圧の歴史も刻まれてきた。冤罪被害者とその家族、弁護士、救援会、ジャーナリスト、刑事法研究者による誤判冤罪研究及び刑事再審の実践と法理が積み上げられてきた。

　どの冤罪も悲劇であるが、日本刑事裁判は免田・松山・財田川・島田の死刑再審四事件を経験した。五番目の死刑再審開始を勝ち取った袴田事件が、死刑冤罪の恐怖と再審を勝ち取る苦難を再確認させた。袴田事件は捜査機関が間違えた事件ではなく、証拠を捏造した事件である。これまで捜査機関が間違えたとされてきた冤罪も、実は捜査機関が意図的に作り出した疑いを否定できなくなった。

　確定死刑囚たちは他にも数多く再審請求を試みたが、裁判所によって拒絶されてきた。再審請求を棄却されたまま獄中死した死刑囚が数多い。それどころか、再審請求のさなかに死刑執行されてしまった事件もある。その一つが飯塚事件である。

　木寺一孝『正義の行方』（講談社、二〇二四年）は、NHK　BS1スペシャル『正義の行方～飯塚事件三〇年後の迷宮』（二〇二二年四月二三日初回放送）及び映画『正義の行方』（二〇二四年四月公開）を書籍化したものである。木寺はテレビ版のディレクター、映画版の監督である。テレビ版BSスペシャル『正義の行方』は文化庁芸術祭大賞を受賞した。

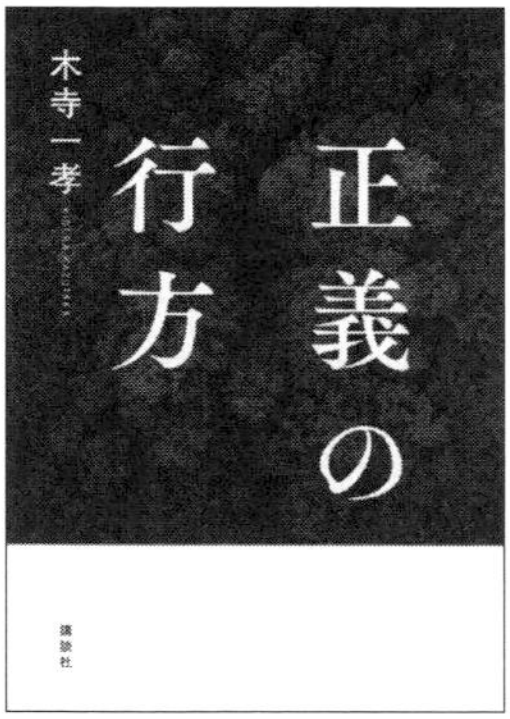

木寺一孝『正義の行方』
（講談社、24年4月

　飯塚事件は一九九二年二月、福岡県飯塚市で小学校一年の女子が二名行方不明となり、翌日遺体となって発見された事件である。九四年九月、久間三千年さんが逮捕された。一貫して犯行を否認し、無罪を主張したが、九九年九月二九日、福岡地裁は直接的な物証も自白もないにもかかわらず、DNA鑑定や情況証拠に基づいて死刑を言い渡した。二〇〇一年一〇月一〇日、福岡高裁は控訴を棄却した。二〇〇六年九月八日、最高裁の上告棄却により死刑が確定した。

　二〇〇八年、久間さんの死刑が執行された。死刑確定から僅か二年後に死刑執行という珍しい事例でもあるが、当時すでに足利事件の再審において、飯塚事件と同じ方法で実施されたDNA鑑定の誤りが明らかになっており、大きく報道されていた。このため飯塚事件の有罪認定には多大の疑問が集まっていた。そのことを知りながらの拙速死刑執行の疑いが強い。

「事件の捜査を担った警察官たち、被告人の妻と弁護士たち、そして事件報道に携わった新聞記者たち。三者それぞれには信じる『真実』があり、それぞれが拠って立つ『正義』があった。／いったい何が真実なのか、そして、誰の正義を信じればいいのだろうか——。」

　刑事訴訟法第一条は「この法律は、刑事事件につき、公共の福祉の維持と個人の基本的人権の保障とを全うしつつ、事案の真相を明らかにし、刑罰法令を適正且つ迅速に適用実現することを目的とする」と定める。実体的真実主義と手続的真実主義の双方が盛り込まれていると考えられるが、木寺は法的真実や法的正義にとどまらず、あえてそれぞれの「真実」と「正義」が織りなす人生模様を追跡する。

　しかも飯塚事件では、もう一つ、DN

A型鑑定をめぐる「科学と真実」という重要テーマが多大の影響を及ぼした。

二〇〇九年、再審請求したが、二〇一四年、請求は棄却された。即時抗告したが、二〇一八年二月六日、福岡高裁で即時抗告棄却となり、二〇二一年四月二一日、最高裁が特別抗告を棄却した。福岡高裁決定と最高裁決定はほとんど変わらない文面で、「最高裁として何らかの独自の判断をした形跡は見当たらなかった」という。

「読んだときの感想はですね、なんだこれはという。とても最高裁が出した裁判（決定）というふうに思えませんでした。／裁判したふりというか、やったふりの判決だったと思います。」（岩田務弁護士）

「最高裁の決定は、弁護団を納得させるにはほど遠い内容だった。／弁護団は第二次再審請求を申し立てることを決意する。」

二〇二一年七月、徳田靖之・岩田務弁護士ら弁護団は新たな目撃証言を新証拠として、第二次再審請求を提起した。被害女児二人を乗せた軽乗用車を目撃した男性、及び女児が連れ去られた「三差路」を通った女性の証言である。

本件については、**飯塚事件弁護団編『死刑執行された冤罪・飯塚事件』**（現代人文社、二〇一七年）がある。

西愛礼『冤罪学――冤罪に学ぶ原因と再発防止』（日本評論社、二〇二三年）は、裁判官（二〇一六～二一年）を経て弁護士となり、プレサンス元社長冤罪事件、スナック喧嘩犯人誤認事件などの弁護人を担当した西による、冤罪の原因、司法の構造的分析とその解決、救済を丹念に解析した〈冤罪〉構造を知るための研究書である。

西は「冤罪基礎論」として、冤罪の定義（罪がないのに疑われ、または罰せられること）、誤判の定義、冤罪の害悪（冤罪被害の重大性、法治国家としての不健全性、真犯人の不処罰）を確認し、刑事裁判における冤罪の位置づけ、冤罪防止と真犯人の不処罰防止を論じる。冤罪の類型として先行研究をもとに、①事実誤認型、②犯人誤認型、③犯罪性誤認型に分類する。

次に原因論として、①捜査機関による冤罪創出のメカニズム、②弁護人による弁護不奏功のメカニズム、③裁判所による誤判のメカニズム（裁判の限界、予断、偏見、誤った心象形成と危険な認定手法、評議の失敗）を詳細に論じ、④冤罪の構図、⑤四大冤罪証拠（虚偽自白、共犯者の虚偽供述、目撃供述の誤り、科学的証拠の誤り）について、死刑再審の免田・松山・財田川・島田事件や足利・東住吉・志布志・湖東記念病院事件をはじめとする数多く

西愛礼『冤罪学――冤罪に学ぶ原因と再発防止』
（日本評論社、23年9月）

の冤罪を素材に、具体的な分析が詳細に提示される。そして⑥社会構造による冤罪の再生産、⑦冤罪の構造に論を進める。西はさらに冤罪予防論と救済論を展開する。

予防論では、特にリスクマネジメント、クライシスマネジメントによる冤罪予防を掲げる。刑事司法の目的は適切な処罰による公正な社会の実現であるのに、冤罪はその根本的・中心的価値にとってリスクとなる。冤罪リスクの低減のための冤罪原因に関する検証が行われず、リスクマネジメントシステムの有効性評価が十分行われてこなかったと指摘する。危機発生後の活動としてクライシスマネジメントも重要である。リスクを完全に排除できない以上、クライシスの発生は必然である。

「冤罪の予防のためには、適切なリスクマネジメントとして、適切なクライシスマネジメントに沿った冤罪事件の検証が必要不可欠である」と主張する西は「冤罪原因究明第三者機関の設置」を提唱する。組織的・集団的な冤罪予防と、個人的・個別的な冤罪予防を区分し、双方を適切に実施するため西は多角的な分析を施している。虚偽自白に関する冤罪予防、共犯者の虚偽供述に関する冤罪予防、目撃供述の誤りに関する冤罪予防、科学的証拠の誤りに関する冤罪予防を周到に行うための調査・研究の深化が求められる。

リスクマネジメント論の結論は、「取調べ依存型捜査からの脱却、捜査規範の実効化とガイドライン作成等による捜査規範の醸成、厳格な証拠法の解釈・運用による司法的統制の実効化や注意則の徹底、法律家と科学者の相互理解の促進、各刑事関係組織のリスクマネジメント改善、各種再発防止策の有効性検証等の手段によって図ることができる」とまとめられる。

救済論では、冤罪の回復不可能性と回復可能性を論じたうえで、①弁護人による無罪弁護、②検察官による不起訴処分・無罪論告・公訴取消、③裁判所による無罪判決、④再審、⑤冤罪救済支援機関（日弁連人権擁護委員会、イノセンス・プロジェクト・ジャパン等）、⑥刑事補償・費用補償、⑦国家賠償請求訴訟、⑧その他の救済手段（名誉回復等）を挙げる。

意欲的な冤罪学が鮮やかに提示された。冤罪学の提案は非常に重要であり、本書を手掛かりに冤罪を減らすために次のステップを目指す必要がある。

ただ「一人で冤罪を防ぐことはできない」と言う西は、最後に「警察官・検察官は冤罪を防ぐ最前線に立っている」とし「裁判官は、冤罪を防ぐ最後の砦である」という結論にたどり着く。現実には冤罪創作機関である警察官・検察官、そして冤罪仕上げ機関である裁判官に冤罪防止を期待するのは不可解である。司法機関の誤りを防げば冤罪防止ができるというのは説得力があるだろうか。司法機関の意図的な冤罪づくりを防止する必要があるのではないか。

権力そのものについての考察も権力犯

罪論の視点もなく、権力の民主的統制についての論究も十分になされることがない。警備公安の弾圧組織体制を変えないことが前提となっているため、現実の腐敗した警察・検察組織や裁判所組織の中にいる個人としての「良心的」な警察官・検察官・裁判官に期待を寄せる結論になる。

数々の冤罪を生み出しながら、まともな冤罪防止策を拒否してきた警察・検察にとって、果たして冤罪はリスクなのだろうか。冤罪をリスクと捉えるのは、冤罪に巻き込まれる不安を利用する支配の現実とズレていないだろうか。冤罪はリスクであるとしても、日本刑事司法の「生理」ではないだろうか。「冤罪は日本刑事司法の目的でない」と誰が言い得るだろうか。そう言うためには、それなりの根拠(事実と論理)が必要ではないだろうか。数々の冤罪が発覚してきたのに、裁判官が責任を取ったことが一度でもあっただろうか。

三……再審制度

村山浩昭・葛野尋之編『再審制度ってなんだ?――袴田事件から学ぶ』（岩波ブックレット、二〇二四年）は、再審審理中の袴田事件を素材として現行の刑事司法制度と再審制度の問題点を洗い出し、冤罪防止と救済を図るために一般向けに書かれた。

第一部「袴田事件」と第二部「再審制度の何が問題か」の二部構成である。

第一部は「袴田事件を知っていますか?」（村山浩昭）である。村山は、二〇一四年に静岡地裁裁判長として袴田巖さんに再審開始を認めるとともに、死刑囚の釈放を命じる英断の決定で世間を驚かせた。二〇二一年一二月に大阪高裁部総括判事を退官し、現在は弁護士である。

村山は弁護士となって以後、袴田事件再審について繰り返し発言してきた。メディアの求めに応じてその都度、事件への思いや再審制度について言及してきた。司法界では「裁判官は弁明せず」という格言があるため、在職時も退官後も担当事件について語らないことが「慣例」であるかのように思われてきたが、自己の弁明のためではなく、真相解明と人権擁護のために努力することはむしろ職業倫理にかなっていると言えるのではないか。

袴田事件では、確定死刑判決を書いた熊本典道元判事が、数十年を経て、実は無罪心証であったにもかかわらず、合議の結果、死刑判決を書かなければならなかったことを証言し、世間を驚愕させた。無罪と確信しながら死刑判決を書くということは何を意味するのか。無罪主張の判事に死刑判決を起案させる裁判所はどうなっているのか。有罪判決に潜ませた「無罪心証」とは何だったのか。驚きの証言は再審請求にも影響を及ぼし、袴田巖さんと熊本元判事を主人公とする映画も制作された。

熊本元判事は無罪と確信しながら死刑

判決を書かなければならなかった。他方、村山元判事は丹念な審理の結果として無罪の心証を抱いて再審開始決定を書いた。その村山決定は一度は東京高裁で取り消される憂き目を見たが、後に再審開始が確定し、二〇二三年一〇月についに再審公判が始まった。この経過について、村山は「決定文をどう書けば取り消されなかったのか。いまも後悔が残っている」と心情を吐露したことがある。

その間に九年の歳月が流れたことについて、村山は「九年は長かった。長すぎたと思います。あえて言わせていただければ、無駄だったと思います。今回始まった再審公判で、検察官は再び有罪立証をしています。九年前の決定後すぐ再審公判に移っていたとしても、検察官は、いまと同じ立証ができたはず。だからこそ、無駄だったと思います。二〇二〇年、再審開始決定が高裁で取り消された時には非常に驚くと同時に、袴田さんとひで子さんに申し訳なく思いました。決定を出した裁判長として、高裁の裁判官を説得できなかった自分に悔しさを感じ続けてきました。しかし最終的に再審開始になるべき事案であることは、一度も疑ったことはありません」（SBSテレビLIVEしずおか、二〇二三年一一月）と述べた。

熊本元判事と村山元判事――袴田事件で果たした役割には大きな隔たりがあるが、期せずして冤罪に関わることになった裁判官の心情と生きざまをそれぞれの仕方で見せてくれた。死刑冤罪は被告人・死刑囚とその家族や関係者だけでなく、裁判官をも巻き込んで底なしの沼と化すのだろう。

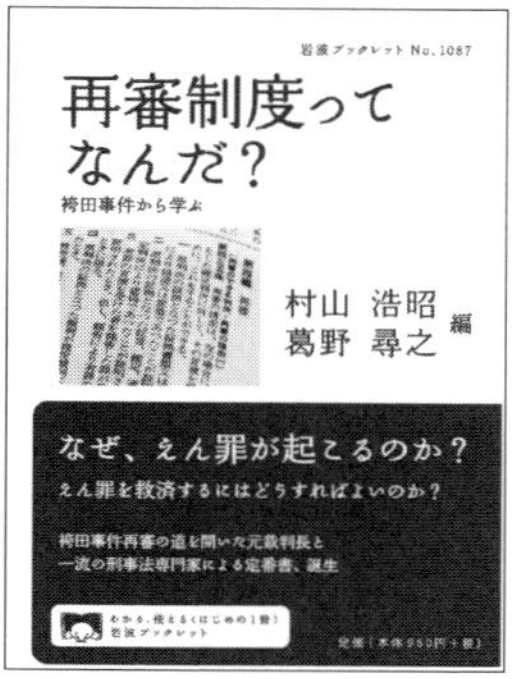

村山浩昭・葛野尋之編『再審制度ってなんだ？――袴田事件から学ぶ』（岩波ブックレット、24年1月）

本書第二部は序章「再審制度とは何か」に始まり、「再審請求に伴う困難」「証拠開示」「証拠のねつ造・隠ぺい」「裁判官・弁護士の、捜査機関に対する『過度な』信頼」「虚偽自白」「再審開始の要件」「検察官抗告」「再審手続規定の不備」「刑の執行停止」の九章が続く。執筆は四人の刑事法学者（葛野尋之、石田倫識、田淵浩二、豊崎七絵）と三人の弁護士（うち二人は元判事）である。

主に再審手続きが対象ではあるが、日本刑事司法の基本的問題点をカバーしている。これまでの冤罪事件、再審請求事件の経験をもとに、特に袴田事件を素材に、それぞれ現状を解説し、克服すべき課題を提示している。重要な指摘が続くが、必ずしも死刑に関連するのではなく、日本刑事裁判の基本問題であるので、ごく一部の紹介にとどめる。

第三章「証拠のねつ造・隠ぺい」では、「袴田事件では、再審を開始した静岡地裁決定も、これを是認した差戻後の東京高裁決定も、同事件の決定的証拠とされた現場近くの味噌工場の味噌タンク内から発見された被害者の血痕が付着しているとされるいわゆる五点の衣類は警察がねつ造した可能性が高いとの判断を示しました」と始まり、「証拠物がねつ造された疑いがある事件」として、六件の著名事件（弘前大学教授夫人殺し事件、財田川事件、白鳥事件、松山事件、鹿児島の夫婦殺し事件、新潟ひき逃げ事件）を紹介・検討している。財田川と松山は死刑事件である。さらに「ねつ造証拠を基に捜査が進められた事例」として二件（白紙調書事件、覚醒剤等持ち込み事件）、「証拠物が隠ぺいされた疑いがある事件」として三件（松川事件、松山事件、松橋事件）が検討されている。

　第四章「裁判官・弁護士の、捜査機関に対する『過度な』信頼」では、袴田事件再審開始決定において、味噌タンクから発見された五点の衣類について「捜査機関による隠匿の可能性が極めて高い」とされたことを踏まえ、これまで裁判所が捜査機関によるねつ造を認めてこなかった理由を問う。裁判官の中に「捜査機関がそんなことをするはずがないという神話」ないし「警察検察への過度な信頼」が存在するとすれば、そのような「神話」や「過度な信頼」はなぜなのかを明らかにする必要がある。先入観や思い込みによる認知バイアスの可能性があるので、バイアスが生じやすい場面と原因を探り、バイアスのメカニズムを解明し、「バイアスの影響を自覚的に遮断する努力」が肝要だと言う。

　ただ、「捜査機関がそんなことをするはずがない」というのは単なるバイアスではなく、根拠のない妄想である。具体的なねつ造の歴史があるにもかかわらず捜査の密行性が堂々と語られる現状では、「捜査機関以外がそんなことをするはずがない」と考えるのがまともな理性であろう。妄想に捕らわれた裁判官に理性的判断が可能だろうか。

安部祥太・鴨志田祐美・李怡修編著『見直そう！再審のルール――この国が冤罪と向き合うために』（現代人文社、二〇二三年）は、「警察がねつ造した証拠によって無実の人が死刑になっていたかもしれないという恐怖を、その圧倒的な理不尽を、読者の皆さんに少しでも身近なものとして感じてほしい」という問題意識に始まる。本書は「小説『えんざい』」、「Part1　冤罪はどうして起きるの?」「Part2　日本の再審はどうなっているの?」、「Part3　台湾と韓国に学ぼう」で構成される。

「Part1　冤罪はどうして起きるの?」では「小説『えんざい』」の事例（犯罪予告の脅迫メール事件に関する冤罪）に即して刑事手続きの問題点を洗い出す。多くの誤判原因研究によって提示されてきた①虚偽自白、②共犯者供述による引っ張り込み、③誤った目撃供述、④誤った科学的証拠・科学鑑定に加えて、⑤人間の先入観、⑥捜査機関の証拠隠し・ねつ造を論じる。

「Part2 日本の再審はどうなっているの？」では、再審制度を解説し、その問題点を指摘する。第一に規定の不備に基因する問題（再審規定の不備、裁判体の訴訟指揮の違いと「再審格差」、その具体的場面、検察官の姿勢）、第二に証拠開示（通常手続きと再審手続きにおける証拠開示、証拠の保存・保管）、第三に検察官抗告を列挙する。

さらに「実際に起こった問題」として、①二〇二三年二月二七日に大阪高裁が再審開始決定を出した日野町事件、②同年三月一三日に東京高裁が再審開始決定を出した袴田事件を取り上げたうえで、「再審における証拠開示のリアル」として、証拠開示に費やされる膨大な年月とエネルギー、証拠の一覧表と未送致証拠、「不見当」「不存在」の壁、再審請求前や公判段階での証拠開示、「抵抗勢力」への反論を論じる。実際の再審事件における数々の問題点が検討される。

続く「Part3 台湾と韓国に学ぼう」では、日本の影響を受けて刑事司法制度を作り、再審のルールもよく似ていた台湾と韓国で、間違った裁判や冤罪事件をきっかけに再審法が改正されたとし、それぞれの法改正の経過と内容を紹介し、台湾や韓国に学ぶことを提言する。

台湾で二〇〇九年に発生した強制性交罪事件で二〇一三年に懲役四年の有罪判決が確定した陳龍綺は、再審請求審において犯人の精液とされるDNA型と一致しないことが判明し、二〇一四年三月二六日、無罪判決を獲得した。本件をきっかけに二〇一六年、「確定判決後DNA鑑定法」が成立した。

台湾における関連法改正は、①二〇一五年刑訴法「再審編」改正（再審請求理由）、②二〇一六年の確定判決後DNA鑑定法、③二〇一九年刑訴法「再審編」大改正（請求権者の弁護士代理人選任権、再審段階の記録情報獲得権、原則的開廷と証拠調べ手続き、判決謄本交付請求等）と続いた。

さらに台湾政府は冤罪の救済に力を入れるため、二〇一七年、法務部有罪確定事件審査委員会を設置した。

とはいえ、残された課題もあるという。例えばDNA鑑定に供する証拠物の保管問題、新証拠の「確実性」の判断基準である。

韓国では、かつての軍事独裁政権下における民主化運動弾圧事件など「過去事清算」が進む中、数多くの刑事再審が実現した。

一九七五年に起きた人民革命党再建委員会事件、一九八〇年の光州民主化運動弾圧事件をはじめとする歴史的事件に光が当てられた。特別法による過去事清算

安部祥太・鴨志田祐美・李怡修編著『見直そう！再審のルール——この国が冤罪と向き合うために』（現代人文社、23年7月）

による再審、金大中政権時の「疑問視真相究明委員会」の調査による再審、盧武鉉政権時の真実和解委員会の調査による再審が続いた。

裁判所による再審事例としては、拷問によって、日本でスパイ活動をしたと「自白」させられ、無期懲役が確定した康熙哲事件について、二〇〇六年に再審無罪判決が言い渡された。さらに文在寅政権時の大検察庁真相調査団による調査など、検察改革が進展した。

二〇一九年には一連の女性連続殺人事件とされたうちの第八事件につきＤＮＡ型鑑定を通じて冤罪が発覚し、二〇二〇年、再審無罪判決が言い渡された。

その後、再審関連規定の改正に向けた運動が起き、政治問題としても再審制度に関心が集まっていると言う。

「冤罪の教訓から制度や運用の改革が実現した台湾や韓国と、いっこうに法制度の改革に到達しない日本との根本的な違いはどこにあるのでしょうか。ずばり一言で言えば、『国民の権力に対する不断の監視』という姿勢の有無だと考えます」という認識から、「大部分の日本人は、警察、検察、裁判所に漠然とした信頼感を寄せてはいないでしょうか」と問い直し、「根拠のない漠然とした信頼感」「刑事司法への無関心」に警鐘を鳴らす。

本書「Part1　冤罪はどうして起きるの？」及び「Part2　日本の再審はどうなっているの？」は、従来から指摘されてきたことの繰り返しで新規性はないが、一般向けの書物としては重要な内容であり、わかりやすい。

他方、「Part3 台湾と韓国に学ぼう」は、叙述は平明とはいえ、内容的にはむしろ専門的であり、読者層も専門家と言うべきだろう。また、全体として読みやすく説得力があるが、執筆者による具体的な再審法改正の提言がないことに、読者は肩透かしを食らうことになる。ただ、巻末に日弁連の再審法改正意見書（要約版）が資料として収録されている。

四……凶悪犯罪

小日向将人・山本浩輔『死刑囚になったヒットマン――『前橋スナック銃乱射事件』実行犯・獄中日記』（文藝春秋、二〇二四年）は、死刑囚・小日向の獄中日記と、元週刊文春記者の山本による解説から成る。

「二〇〇三年一月二五日、雪の残る群馬県前橋市。全国どこの住宅地にもあるような小さなスナックに突如、ヘルメットをかぶった小日向と山田健一郎死刑囚が乗り込んできて、拳銃を乱射した。土曜日の夜、気が置けない友人らと楽しく

小日向将人・山本浩輔『死刑囚になったヒットマン――『前橋スナック銃乱射事件』実行犯・獄中日記』（文藝春秋、24年1月）

酒を飲んでいた一般客の恐怖はいかほどだっただろうか。抗争とは何の関係もない無辜の一般人三人が殺害され、一人が重傷を負った。ターゲットと背格好が似ていた男性の一人は銃弾を五、六発受け即死した。／事件は大きく報道された。暴力団抗争の巻き添えで複数の一般人が死亡したのは初めてだったこともあり、世論は暴力団の暴挙に対して厳しい批判の声をあげた。」

暴力団（稲川会と住吉会）の抗争は二〇〇一年八月の四ッ木橋斎場事件、二〇〇二年二月の日医大ＩＣＵ事件、同年三月の稲川会総長宅襲撃、同年一〇月の白沢事件と続き、二〇〇三年の前橋スナック銃乱射事件につながった。関連事件で次々と逮捕者が出たが、指定暴力団住吉会の幸平一家矢野睦会に所属していた小日向、山田、矢野宏らも順次逮捕された。

裁判は、二〇〇四年五月三一日に始まり、二〇〇五年三月二八日、前橋地裁で小日向に死刑が言い渡された。二〇〇六年三月一六日、東京高裁で控訴棄却。二〇〇六年六月一九日、前橋地裁は井口に懲役一五年を言い渡した。

二〇〇七年一二月一〇日、東京地裁は矢野に死刑。二〇〇八年一月二一日、前橋地裁は山田に死刑。小日向、矢野、山田は最高裁に上告したが、二〇一四年三月に三人の死刑が確定した。

小日向は再審請求したが、二〇一八年一一月、請求棄却となった。二〇二〇年一月、矢野は東京拘置所で自殺。その頃から小日向は手記を執筆し、二〇二三年六月、プロテスタントのキリスト教教誨師より受洗した。

暴力団の抗争における銃乱射事件で、一般人を巻き込んだ凶悪犯罪だが、四人の被告らの関係や役割分担、そして犯行後の言動は大いに分岐することになる。一連の事件について追及された小日向は、当初は沈黙を守った。仲間を裏切ることはできないからだ。ところが、矢野が「俺は何も知らない。小日向らが勝手にやったことだ」などと自分に都合の良い供述を続けたことで、小日向は「使い勝手のよい部下」として利用されただけだと気づく。小日向は組織と縁を切り、被害者遺族への謝罪の道を歩む。法廷で真相を語り、自らの罪に向き合い始めた。犯行は矢野の指示によるものだと告白したのだ。やくざの世界でタブーとされる「親」を売る供述である。

獄中手記は、事件の背景となった暴力団抗争の詳細を明らかにし、銃乱射事件の実態、フィリピンへの逃走・潜伏、逮捕後の心境の変化を綴る。

最終章「謝罪」において、進藤龍也牧師との出会い、聖書の感動、受洗について述べ、次のように書いている。

「こうして晴れてクリスチャンになり、今は毎日事件で亡くなられた方々や、ご遺族のために祈らせてもらっています。私は、主イエス・キリストに拾われました。進藤牧師と知り合いだった私はとてもラッキーです。進藤牧師に感謝、感謝です。／今はクリスチャンになりました。そして亡くなられた方々のために毎日神様に祈らせてもらっています。亡くなられた被害者に、私のできることと言えば神様に祈ることくらいしかありません。ただただ、ご冥福を祈るばかりです。これしか言葉が見つかりません。／ご遺族の皆様、本当に申し訳ありませんでした。」

　型通りの反省と謝罪と見られるかもしれないが、本書編集の最後の段階で、小日向死刑囚は「あなたならどうしますか？」という文章を追加し、さらに妻と子どもたちへの「遺言状」を進藤牧師に託した。

「私はいったいどうすればよかったのだろうか？　愛する優しい妻やまだ小さい子供が三人もいて、幸せだったのに……。ある日突然命令されて、私の人生は決まってしまった。やりたくなかった。逃げ出したかった。でも逃げても追われて殺される。愛する家族も危険になる。やっても死刑、逃げても殺される。愛する家族も危険になる。いったいどうすればよかったのだろうか？　誰か教えてほしい。／今でも毎日考えている。でも答えは出ない。どちらにしても私には『死』しかなかったのか。二審の裁判官は『警察に保護を求めればよかった』と言った。一生守ってくれるのか。子どもが学校に行くときも、妻が買い物に行くときも、私が仕事に行くときも……ありえない。実際に警察に保護を求めた人もいたが殺されている。…（略）…／そして今は毎日『死』を待っている。今日か明日かと……。私の人生は何だったのだろう。毎日考える。でも答えはでない。あなたならどうしますか？」

五……現代史に向き合う

石川求『戦場のカント――加害の自覚と永遠平和』（筑摩書房、二〇二四年）は、撫順戦犯管理所に収容された日本兵たちの罪の自覚と反省の過程を素材に、「撫順の奇蹟」の内実に迫る。日本人戦犯と中国人管理所職員の見えざる内面を丹念に掘り起こし、著者が哲学研究として研究してきたカントの思想に照らし合わせて、「加害の自覚と永遠平和」がなぜ可能になったのかを問い直す。著者の視線は撫順だけでなく、アウシュヴィッツ収容所の帰還者やパレスチナ紛争の被害者にも及び、「人が人を赦すこと」を根源的に問う。

　本書第三章「死刑を超えて」において、カントにおいて法とは正義であり、「罪が罰せられずに許されることは正義に反する」ので「同害応報」が帰結されるが、死刑の執行には矛盾があり、「人間性を怪物にする」ことが意識される。

　カントにあっては、「人道」は現象的人格に、「人間性」は英知的人格に焦点を当てている。応報の法的正義を加害者当人も納得できる。というのも、裁かれる殺人者は、自身の英知人によって自身の現象人をみずから裁くことができるからである。「法を制定する英知人と法に従属する現象人は一個同一の人間においても異なる人格なのだから、たとえ自身にたいする死刑の判決でも、人は内心でそれを受容できる」。

現象人である被告を原理的に超越した英知人による判決を論じるカントの思考の重心は英知人の側にあるのではないかと、デリダは指摘した。だが、カントの本来の議論では、英知人と現象人は「密接な相関・相即概念」であり、「良心において二者は超越どころか緊密である」。

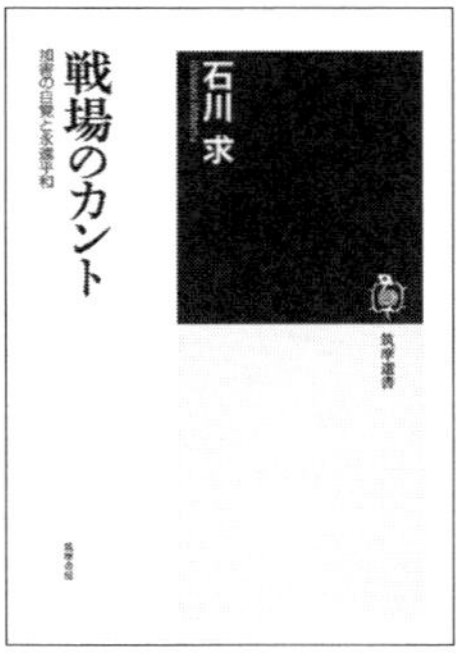

安部祥太・鴨志田祐美・李怡修編著『見直そう！再審のルール——この国が冤罪と向き合うために』（現代人文社、23年7月）

石川は次のように論じる。

「人間の内なる英知人をたんなる手段としてではなく目的として扱え——これはカント倫理学にとって最重要の原理すなわち定言命法であったはずである。これは一国内に限定された死刑の定言命法よりも普遍的であろう。じっさい徳論の別の箇所ではその原理を踏まえはっきりと他者も自己の目的とすることが自己の義務であると語られている。死刑囚にも当然のこと英知人は残っている。ならば、その英知人を生かすことも義務になるのではないか。」

ここで石川はカントに学びつつ、カントを超え、死刑を超える実践の場に身を置く。撫順戦犯管理所を潜り抜けた精神が、「報復」を乗り越えて、「更生」「再会」「再統一」へとたどり着くことが出来たのは、加害側の覚醒だけでなく、管理所職員の飛躍もまた条件となったからである。

「永遠平和の原点とはなにか。お互いに二度と戦争をしないという堅い約束、これ以外にはなかったはずである。撫順とそして中帰連の稀有な実績は、カントのその原点が、元祖本人をも堂々と超えて生きていることの証明だった。」

遠山幸子・江刺昭子編『連合赤軍　遺族への手紙』（インパクト出版会、二〇二四年）は、連合赤軍事件で、同志によるリンチで殺された遠山美枝子に関する書簡を中心にした資料と解説である。遠山美枝子の母親である遠山幸子が作成した私家版『供養文』、夫の高原浩之所蔵の資料（「高原資料」）等が収録されている。

連合赤軍事件は、一九六九年四月の沖縄返還闘争の「敗北」後、前衛党としての共産主義者同盟（ブント）が分裂

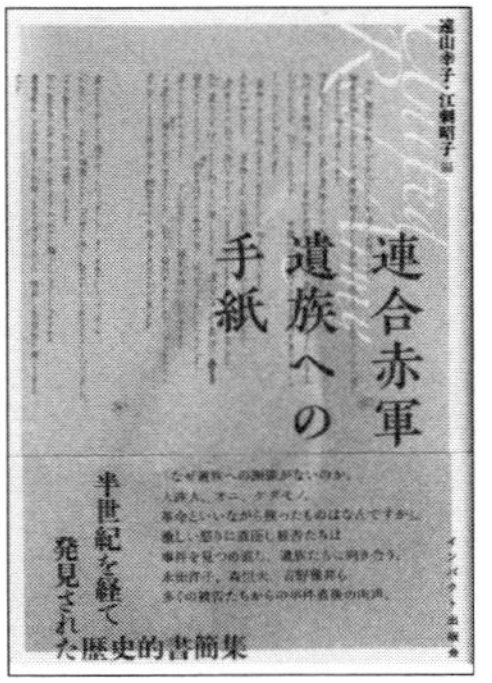

遠山幸子・江刺昭子編『連合赤軍　遺族への手紙』（インパクト出版会、24年9月）

し、ブントから除名された左派フラクが六九年八月に赤軍派結成総会を開き、活動を始めた。一一月には大菩薩峠事件（首相官邸襲撃のための訓練中に一斉逮捕）、一九七〇年三月、日航機よど号ハイジャック事件、重信房子らのパレスチナ解放闘争への参加（ベイルートへ出国）を経て、赤軍派メンバーは山梨県富士吉田市の山岳ベースに入った。

山岳ベースにおける訓練、教育の過程で「総括死」が発生する。遠山美枝子を含む数名が「総括」の犠牲となった。あさま山荘事件で逮捕されたメンバーの自白から、山岳ベース事件が明らかになり、一九七二年三月、一二人の遺体が発掘され、世間を震撼させた。

遠山美枝子は一九四六年八月一二日、母・幸子の金沢の実家で生まれ、東京都目黒や横浜市中区で育った。高校卒業後就職したが、一九六六年、明治大学二部法学部に進学した。日韓条約闘争、七〇年安保闘争、七二年沖縄返還闘争が続く政治の季節であり、遠山美枝子は明治大学学費値上げ反対闘争に加わり、バリケードの中で重信房子と出会い、意気投合したと言う。

本書には、「供養文」として、森恒夫、塩見孝也、重信房子、永田洋子、吉野雅邦、植垣康博らから遠山幸子への手紙が収められている。また、「『供養文』拾遺」として、高原浩之から遠山美枝子への手紙等も収められている。加えて、遠山美枝子から重信房子へ、及び高原浩之への手紙が続く。

巻末の解説は「母と娘の連合赤軍」（江刺昭子）である。怒涛の如く、本流の如く駆け抜け、時代に翻弄された母と娘の希望と革命と挫折と苦難を幾度も反芻しながら、読者は人間の可能性と不可能性の狭間で思案を続けるしかない。

遠山美枝子の生涯については**江刺昭子『私だったかもしれない――ある赤軍派女性兵士の25年』**（インパクト出版会、二〇二二年）参照。

なお、近年も関連の重要文献が相次いでいる。

○椎野礼仁『連合赤軍を読む年表』（ハモニカブックス、二〇二二年）
○重信房子『戦士たちの記録――パレスチナに生きる』（幻冬舎、二〇二二年）
○重信房子『はたちの時代――60年代と私』（太田出版、二〇二三年）
○重信房子『パレスチナ解放闘争史 1916-2024』（作品社、二〇二四年）

六……執行停止を求める

菊田幸一『かくして、死刑は執行停止される』（作品社、二〇二四年）は、半世紀にわたって死刑を研究し、死刑廃止や執行停止を求めて、理論的にも実践的にも死刑廃止論（運動）の先頭に立ってきた著者の「遺言書」である。

「本書は著者の、ある意味では身勝手な遺言書である。ただし個人としては、著者の生存中に死刑モラトリアムは実現すると信じているが、すでに卒寿を過ぎた老輩としては、仮に明日にもあの世に旅立っても不思議ではない。そこで一冊の本に遺言をまとめてみた次第である。」

著者は、国家が殺人者を法の名のもとに殺すことは絶対にあってはならないと、著書、論文、あるいは講演で訴えてきた。

表題は合田士郎『そして、死刑は執行された』を意識したもののようである。著者は『そして、死刑は廃止された』としたかったであろうし、死刑廃止を諦めるつもりはさらさらないが、本書では「執行停止される」としている。

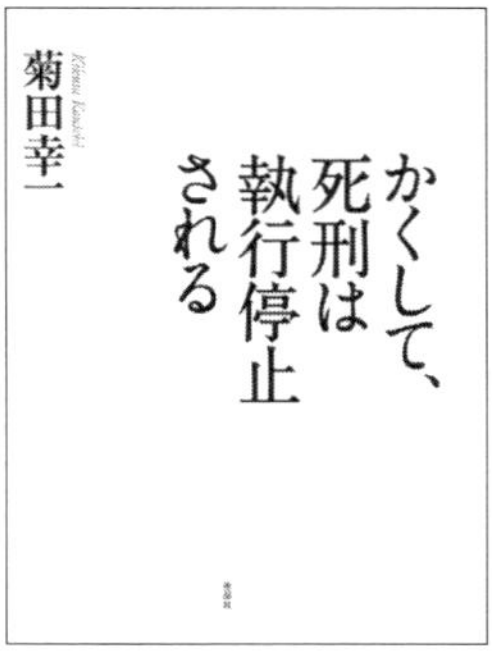

菊田幸一『かくして、死刑は執行停止される』（作品社、24年2月）

第一章「『新社会防衛論』を基軸とするモラトリアムの提唱」では、マルク・アンセルの『新社会防衛論』やアドルフ・プリンスの「社会防衛と刑法の変遷」から始める。研究者として出発して死刑問題に取り組んだが、日本では新社会防衛論は受け容れられなかったという。

第二章「死刑廃止論者の思想形成とその運動」では、犯罪学及び死刑廃止に出会うまでの状況、フランスにおける死刑廃止の実現の影響、民間死刑廃止グループの発足に奔走して死刑廃止が見えてきた頃を想起する。だが、三年四カ月ぶりの死刑執行によって目標が遠ざかった。

第三章「ふたたび国際的な視点から」では、第一回死刑廃止国際会議前後、第二回国際死刑廃止会議の提唱、第二回アジア死刑廃止会議などの取組みに加えて、韓国の死刑廃止法案を振り返る。

第四章「死刑廃止を政治日程に上げる」では、死刑廃止議員連盟の死刑廃止法案を踏まえて、廃止法案にどう向かい合うかを論じる。また、終身刑導入をめぐって、運動方針か理論闘争かを問い直す。死刑廃止のための終身刑導入が前進すると、なお期待された時期である。死刑廃止フォーラム・シンポジウムでの議論や、死刑廃止法案をめぐる動きも重要である。

第五章「行刑改革会議と死刑廃止議連」は死刑廃止が前進するはずが、現実には「停滞」する時期になった。著者は行刑改革会議に参加し、議連の死刑廃止法案国会提出を模索したが、なかなか期待通りに事は運ばなかった。

第六章「すべてが暗転した」は、森山真弓法相が死刑を執行し、二〇〇三年の総選挙で死刑廃止議員連盟の主要メンバーが落選し、死刑廃止運動が衝撃を受けた時期である。

第七章「弁護士として運動に参画する」では、弁護士登録し、韓国への視察旅行に出かける。江田五月氏が法相になったり、谷垣氏の法務大臣就任を迎えた。袴田巖さんの再審開始決定が出るなど前進も見られた。

第八章「福井大会『宣言』を検証する」

では、日弁連福井大会の「宣言」を実現した時期であり、死刑廃止とその代替案を論じる。終身刑をめぐる議論が一つの焦点となる。著者は「人は変わり得る」は死刑囚になじむのかを問い直し、国民世論は終身刑に反応していると見る一方、「終身刑は国際基準に違反する」という主張との対峙を迫られた。

第九章「日弁連死刑廃止委員会に期待できるか」では、モラトリアム（死刑執行停止）の実現を目指すべきだと主張するも、残念ながら日弁連の議論が停滞してしまう。死刑擁護派の弁護士の活躍が目立ち始めた時期である。

第十章「もっと国民的な議論を」では、研究者、政治家、弁護士だけではなく、幅広い議論の必要性を痛感し、「死刑をなくそう市民会議」を設立し、死刑廃止実現連絡協議会（仮称）を発足させた。死刑廃止運動はもともと市民運動として広がりを持っていたが、廃止法案を実現するために研究者や議員の議論に集中せざるを得ない面もある。双方の間を丁寧につないだ理論闘争と運動が不可欠である。著者はその両方を牽引してきたが、さらなる飛躍を求めて運動を再構築し始めた。

最後に「キング牧師のように」として著者は述べる。

「次回からは指名された人がいても『私も参加させてください。日当・交通費は自己負担で結構です。ただし、もし出していただけるなら頂きたい。その謝礼金は次の講演のために使わせていただくことを約束します』と言おう。目立ちたがり屋だと言われても、キング牧師の真似だ、と自分に開きなおればよい。」

「キング牧師の何分の一だろうと、残りの命を苛烈なる軌跡のためにささげよう。かくして、死刑が廃止される日が来るまで――。」

なお、著者は数多くの死刑研究を送り出してきた。本欄でも例えば次の諸著作を取り上げた。

◦菊田幸一『死刑』（三一書房、一九八八年）
◦菊田幸一編『死刑廃止・日本の証言』（三一書房、一九九三年）
◦菊田幸一編著『死刑と世論』（成文堂、一九九三年）
◦菊田幸一『死刑廃止を考える』（岩波書店、一九九三年改訂）
◦菊田幸一『いま、なぜ死刑廃止か』（丸善、一九九四年）
◦菊田幸一『死刑廃止に向けて――代替刑の提唱』（明石書店、二〇〇五年）
◦菊田幸一『Q&A日本と世界の死刑問題』（明石書店、二〇一六年）
◦菊田幸一『新版死刑廃止を考える』（岩波ブックレット、二〇二一年）
◦菊田幸一『死刑と日本人』（作品社、二〇二二年）
◦菊田幸一・辻本衣佐編『死刑問題に関する文献目録』（明月堂書店、二〇二二年）

七……死刑と文学

ダニヤ・クカプカ『死刑執行のノート』

（集英社文庫、二〇二三年）は、二〇二二年のエドガー賞（アメリカ探偵作家クラブ賞）最優秀長編賞受賞作である。著者は二〇一七年にデビュー作のスリラー『雪の中の少女』がベストセラーとなり、二作目が本書だと言う。

連続少女殺人を犯した死刑囚アンセル・パッカー、番号九九九六三一の死刑執行一二時間前から物語が始まる。死刑大国アメリカでは、執行直前に無実の証拠が発見されたり、真犯人が明らかになる。死刑囚や、その家族や弁護士たちが必死の調査を続け、再審や恩赦を求めて闘う――というのは、よくあるストーリーだが、本作品は異なる。

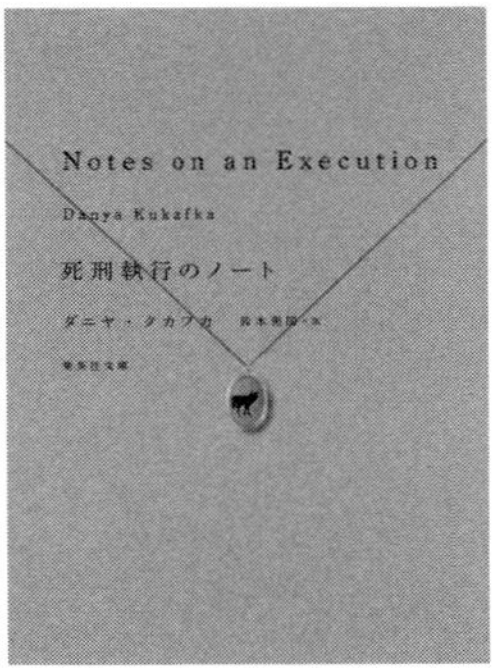

ダニヤ・クカフカ『死刑執行のノート』
（集英社文庫、23年11月）

アンセルの母親ラヴェンダー、元妻のジェニー・フィスクの双子の妹ヘイゼル・フィスク、そしてニューヨーク州警察捜査官のサフラン（サフィ）・シン。著者は、アンセルの人生と犯罪に遭遇して、自らの人生が大きく変容した三人の女性の内面を通して、アンセルの四六年の人生を描き出す。

一九七三年のラヴェンダーは一七歳。「海が浜辺を愛するみたいに」赤ん坊のアンセルを愛する母親だった。ジョニーとの出会い、アンセルの出産、母親になることの希望と困難の中、ラヴェンダーは世界の不条理に震えながら、アンセルの未来を案ずる。ヘイゼルやサフィにもそれぞれの家族があり、愛があり、夢があった。三人の女性の記憶と心象風景が物語を運ぶ。

一九七三年のラヴェンダーから一九九〇年のヘイゼルへ、一九九九年のサフィ、二〇〇二年のラヴェンダー、二〇一一年のヘイゼル、二〇一二年のサフィ、二〇一九年のラヴェンダー、そして現在のラヴェンダーとサフィとヘイゼルへと、女性たちの人生が連続殺人事件にからめとられながら進展する。

執行一二時間前から一〇時間前、七時間前、六時間前、四時間前、二時間前、一時間前、アンセルと刑務官、看守長らの時間と空間が圧縮され、緊迫する。そして一八分前、その時は静かにやって来る。驚愕も暗転も奇跡もなく、静かな衝撃が読者を包む。

「あなたは祈る。今度生まれ変わるなら、もっと優しいなにかになりたい――なにひとつ欠けたもののない存在になるために必要な、命あるものに本来備わっている思慕の念を解するなにかに。優美な生き物がいい。蜂鳥。鳩。」

死刑をめぐる状況 2023―2024

この10年で最多となった二〇二三年の死刑執行

死刑廃止に向けた国際的動向

中川英明（アムネスティ・インターナショナル日本 元事務局長）

1 はじめに

世界最大の人権NGOであるアムネスティ・インターナショナルは、世界人権宣言に謳われている基本的人権をすべての人が享受できる世界を実現するという理想を掲げて活動しています。そして、犯罪の種類や状況、犯罪の有無、個人の特質、死刑執行方法などを問わず、例外なく死刑に反対しています。死刑は人が生きる権利、最も基本的な人権である生存権を根本から否定する刑罰だからです。一九七七年に「死刑のためのストックホルム宣言」を採択し、国際法による死刑の違法化を求めて以来、死刑の全面的な廃止に向けて活動を続けてきたアムネスティ・インターナショナルは、世界各国における死刑制度、特に死刑判決と死刑執行数についての調査を続けており、世界の死刑制度の状況をまとめた報告書を毎年公表しています。

一九八〇年には死刑を国際法で違法化するための条約を検討・起草するための作業を国連が開始しました。これが死刑廃止へと向かう世界的な潮流の源泉となり、一九八九年の国連総会において自由権規約第二選択議定書（いわゆる死刑廃止国際条約）が採択されました（総会決議44/128）。まさにこの時、現実に死刑を違法化することが国際法で定められたのです。それ以来、国連は加盟国に対して死刑を廃止するよう求め続けています。

そして、死刑制度の廃止は、絵に描いた餅ではなく、徐々に具体化されてきています。

国連では死刑制度を世界からなくすための具体的な努力が今に至るまで続けられており、国連総会は二〇〇七年以来八回にわたり、死刑廃止を視野に入れた死刑の執行停止を死刑制度存置国に対して求める総会決議（所謂モラトリアム決議）を採択しています。九回目となる二〇二二年の決議に賛成したのは前回の二〇二〇年から二カ国増えて一二五カ国（日本を含む三七カ国が反対、二二カ国が棄権）にのぼりました。このように死刑制度廃止に向かう世界的な潮流は脈々と続いており、積極的に死刑を存置しようとする国は今や世界の圧倒的少数派となっています。

一九九〇年に死刑制度を廃止していたのはわずか四六カ国でしたが、それから三〇年あまり経った二〇二三年末の時点における死刑廃止国は一一二カ国にのぼります。通常犯罪に対してのみ廃止した九カ国と二三の「事実上の廃止国」（死刑制度を公式に廃止してはいないが、過去一〇年間に死刑執行がなく、死刑執行をしない政策や確立した慣例を持っていると考えられる国をアムネスティ・インターナショナルはこう呼んでいます）を含めると、世界の三分の二以上にあたる一四四カ国で法律上または事実上、死刑が廃止されているのが今日の世界の現実です。

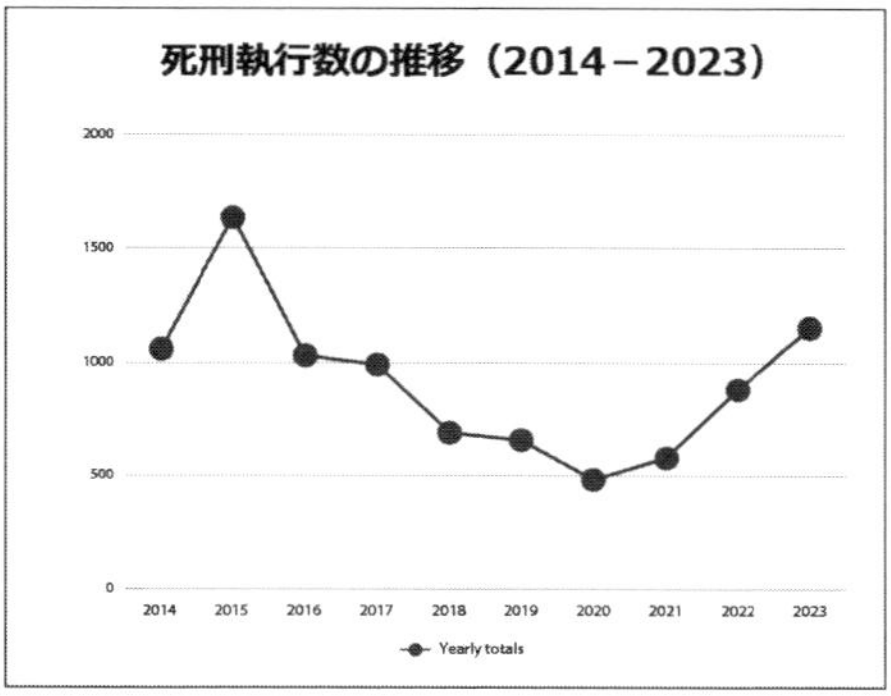

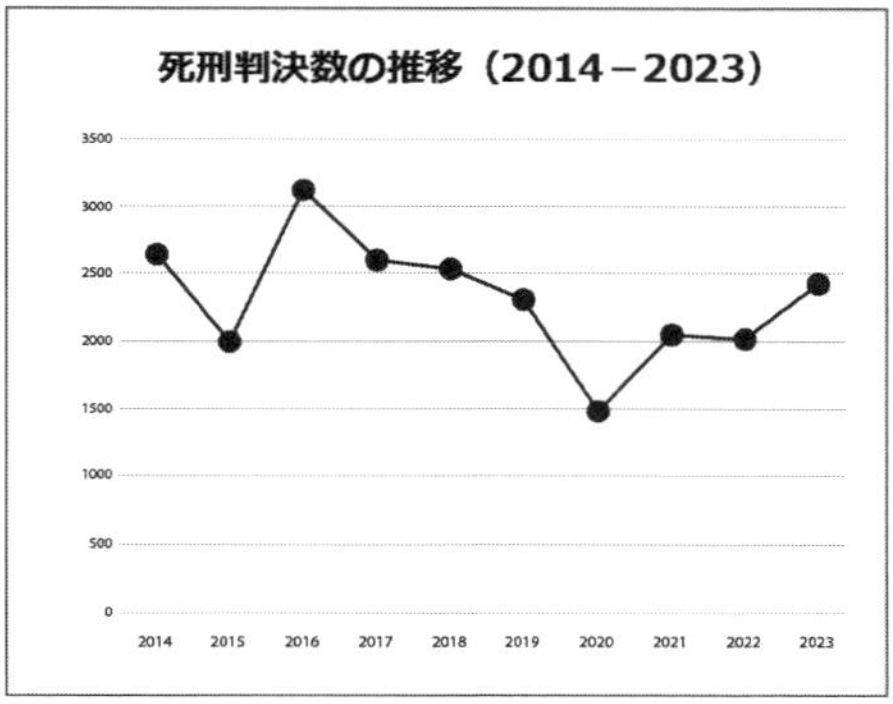

（出典・アムネスティ・インターナショナル日本）

アムネスティ・インターナショナルは、世界各国の死刑制度と死刑執行の状況を継続的に調査し、毎年その結果を報告書にまとめて公表しています。二〇二四年五月に発表した最新の報告書「二〇二三年の死刑判決と死刑執行」の概要を以下にご紹介します。

この報告書の原文であるAmnesty International Global Report: Death Sentences and Executions in 2023は、アムネスティ・インターナショナルの公式ウェブサイトで公開されています。また、アムネスティ・インターナショナル日本が作成した日本語抄訳が、アムネスティ・インターナショナル日本の公式ウェブサイトで公開されています。

Death Sentences and Executions 2023
https://www.amnesty.org/en/documents/act50/7952/2024/en/

死刑判決と死刑執行 2023

https://www.amnesty.or.jp/human-rights/topic/death_penalty/statistics.html

2 二〇二三年の死刑執行と死刑判決

・イランで死刑執行が急増し、二〇一五年以降で最多となりました。
・死刑廃止の傾向が近年進んでいたアメリカでも死刑執行数が増加しました。
・中国は数千人の死刑執行を続けており、犯罪者は死刑にすると国民を脅しています。
・その一方で、世界で死刑を執行する国の数は過去最少となり、死刑廃止の動きが前進していることが示されました。

アムネスティ・インターナショナルが二〇二三年に記録し得た世界の死刑執行件数は一一五三件ですが、この数字には数千件にのぼると思われる中国の死刑執行数は反映されていません。

二〇二三年の死刑執行件数は、一六三四人が処刑されたとされる二〇一五年以降で最多となりました。死刑執行件数は増加しましたが、死刑を執行した国の数は、アムネスティ・インターナショナルが調査を初めて以来最少となりました。

二〇二三年に世界中の死刑執行数が記録的に急増したのは、イランで死刑執行数が増加したことが主な理由です。人命を軽視するイラン政府当局の姿勢が浮き彫りになり、薬物関連の犯罪者の死刑執行数が増加しました。また、イラン社会で最も疎外されている貧困層のコミュニティに対して死刑制度が差別的な悪影響を与えていることが明らかになりました。

このように今年は、死刑廃止の潮流が後退しているかのような動きが、特に中東地域で見られましたが、その一方で、死刑を執行している国が国際社会の中でますます孤立を迫られていることも浮き彫りになりました。

二〇二三年に死刑執行数が最も多かったのは、中国、イラン、サウジアラビア、ソマリア、アメリカの五カ国でした。イランの処刑数は全世界の処刑数の七四%を占め、サウジアラビアの処刑数は一五%を占めました。また、二〇二三年にはソマリアとアメリカでも死刑執行数が増加しました。

二〇二三年に世界中で言い渡された死刑判決の件数は前年より二〇%増加し、総計二四二八件となりました。

(a) イランで急増する死刑執行

イランでは、当局が国民に恐怖を植え付け、権力支配を強化するための手段として死刑制度の利用が推し進められ、全国各地で多数の死刑執行が行われました。処刑された人の数は少なくとも八五三人に上り、二〇二二年の五七六人から四八%増加しました。イランの少数民族バルチ族の数はイラン全人口の約五%にすぎませんが、アムネスティが確認できた死刑執行件数の二〇%をバルチ族が占めています。また、少なくとも二四人の女性と犯行当時に未成年であった五人が処刑されました。

イランで記録された死刑執行のうち、少なくとも五四五件は、薬物関連犯罪、強盗、スパイ行為など、国際法上は死刑とすべきでない犯罪に対して執行されたものであり、国際法違反にあたります。二〇二三年には麻薬関連犯罪に対する死刑執行は急増し、記録された死刑執行の五六%を占めました。これは二〇二二年に記録された二五五人から八九%の増加です。

(b) アメリカ合衆国とサハラ以南のアフリカ諸国における後退

アメリカ合衆国では死刑廃止の潮流に逆らう動きが見られ、死刑執行件数は前年の一八件から二四件に増加しました。また、アイダホとテネシーの州議会に銃殺を死刑執行の手段とする法案が提出されたほか、モンタナ州議会では致死注射のために使用する薬物の種類を増やす措置が検討されました。さらに、サウスカロライナ州では、死刑執行の準備と実行に関与する人物や団体の身元を隠すことを合法とする新法が採択されました。

米国の一部の州は、死刑廃止へのコミットメントを放棄し、人命を奪うために税金を投入するという冷淡な選択を行いました。窒素で窒息させるという残酷な方法による死刑執行も新たに導入されました。この方法の実効性は検証されていなかったにも関わらず、ケネス・スミスの死刑執行に失敗したアラバマ州は、失敗のわずか一四カ月後に、この残酷な方法で彼を処刑しました。バイデン大統領選出時のアメリカ民主党の「連邦政府で死刑を廃止する」という公約の実現をこれ以上先延ばしにすることは許されることではありません。

二〇二三年には、サハラ以南のアフリカでも死刑判決や死刑執行が急増しました。この地域における死刑執行件数は前年の一一件から三八件へと三倍以上に増加しました。また、サハラ以南のアフリカ全体の死刑判決件数は前年の二九八件から四九四件へと六六%も急増しました。さらに、二〇二三年にはこの地域で死刑を廃止した国はありませんでした。

(c) 秘密主義の国々

世界有数の死刑執行国である中国は、死刑制度とその運用を国家機密としているため、数千人に上ると考えられる中国の死刑執行数は、アムネスティ・インターナショナルの統計には反映されていません。同様に今年も、数多くの死刑が執行されていると考えられる北朝鮮とベトナムにおける死刑執行数を報告することができませんでした。

しかし、わずかながら入手することができたこれらの国の公式報告書からは、犯罪行為や政府に反対する意見表明に対して死刑を適用するという明確なメッセージを政府が国民に送っていることが分かります。これらの国々においては、国家による統制を維持し反対意見を抑圧するための手段として死刑制度が用いられているのです。

中国では、麻薬密売や贈収賄などの犯

罪が厳罰に処され、犯人は死刑にするということを国民に思い知らせるために国営メディアの報道が使われています。北朝鮮が発布した新法では、朝鮮語を母国語としていない者への刑罰として死刑が適用されることとなりました。ミャンマーで政権を掌握している国軍は、非公開の軍事法廷における著しく不公正な手続きによって死刑判決を出し続けています。

(d)それでも進む死刑廃止の潮流

二〇二三年度末の時点で死刑を全面的に廃止した国は一一二カ国にのぼります。事実上の死刑廃止国を加えると、全世界の一四四カ国がすでに死刑を廃止しています。

二〇二三年の死刑執行国数は一六カ国であり、アムネスティ・インターナショナルが調査を始めて以来最も少ない数となりました。前年に死刑執行があったベラルーシ、日本、ミャンマー、南スーダンの四カ国では二〇二三年には死刑執行がありませんでした。

アジア地域では、パキスタンで麻薬関連犯罪に対する死刑が廃止され、マレーシアで強行規定としての死刑判決（殺人罪など重罪で有罪判決が出た場合の量刑は自動的に死刑となる制度）が廃止されました。死刑執行を再開する動きがあったスリランカでは、大統領が死刑執行令状に署名する意向がないことを政府当局が確認し、死刑執行の再開は遠のきました。

サハラ以南のアフリカで二〇二三年に死刑を廃止した国はありませんでしたが、ケニア、リベリア、ジンバブエでは死刑廃止法案が未決のままとなっています。ガーナでは、現行法から死刑を削除する二つの法案が議会で採択されましたが、その法案は二〇二三年末時点で法制化されていません。

死刑制度に内在する差別と恣意性は、刑事司法制度における人権侵害を悪化させる元凶となっています。死刑制度の維持に固執する少数派の国々は、時代の潮流に逆らうことをあきらめて、この残忍な刑罰を廃止するという最終的な選択をしなければなりません。

「今年の国連総会では、死刑制度が再びクローズアップされるでしょう。死刑の廃止を求める国連の呼びかけに賛同して人権を尊重するという重要なコミットメントを示すよう、アムネスティ・インターナショナルはすべての政府に要請します」とアムネスティ・インターナショナル国際事務局長のアニエス・カラマーは述べています。

3 死刑に関する二〇二三年の統計

【アムネスティ・インターナショナルが確認した死刑判決・執行の数について】

以下の文中や図表の中で数字の隣に「＋」がついている場合、例えば、マレーシア（三八＋）は、マレーシアで少なくとも三八件の死刑執行（あるいは死刑判決）があったことをアムネスティ・インターナショナルは確認しているが、実際の数は三八件より多いと考えていることを意味します。

国名の後に「＋」がついているが数字がない場合、例えば、オマーン（＋）は、その国で死刑執行（あるいは死刑判決）があったことをアムネスティ・インターナショナルは確認しているけれど、信頼に足る数値を示せるほどに十分な情報を得られていないことを意味します。

世界的および地域別の総計では、年間数千件の執行があると言われている中国と北朝鮮の場合も含め「＋」は二件としてカウントしています。また、文中の総数についても同様に、確認できた最小値が記されています。

二〇二三年に死刑執行があった国と執行件数

アフガニスタン（＋）、バングラデシュ（五）、中国（＋）、エジプト（八）、イラン（八五三＋）、イラク（一六＋）、クウェート（五）、北朝鮮（＋）、パレスチナ（国）（＋）、サウジアラビア（一七二）、シンガポール（五）、ソマリア（三八＋）、シリア（＋）、米国（二四）、ベトナム（＋）、イエメン（一五＋）

(a) 世界の死刑執行

アムネスティ・インターナショナルは、二〇二三年に一六カ国（二〇二二年の二〇カ国に対し四カ国減）で一一五三件の死刑執行があったことを確認しました。死刑執行数は二〇二二年に確認できた八八三件から三一％増加しています。また、この数字は、アムネスティ・インターナショナルの記録では、過去一〇年近く（一六三四人の死刑執行が確認された二〇一五年以来）の死刑執行件数の中で最多となりました。

中国は依然として世界有数の死刑執行国ですが、死刑に関する情報は国家機密とされており死刑執行の真偽やその数は不明です。そのため、アムネスティ・インターナショナルが確認した世界全体の数字には、中国で行われたと思われる数千件ならびにベトナムおよび北朝鮮における死刑執行件数は含まれていません。

死刑執行の多くは、中国（一〇〇〇人以上）、イラン（少なくとも八五三人）、サウジアラビア（一七二人）、ソマリア（少なくとも三八人）、アメリカ（二四人）で行われました。また、四カ国で女性が処刑されたことを確認しています：中国（＋）、イラン（二四）、サウジアラビア（六）、シンガポール（一）。

地域国際機関別にみる死刑執行国

- 米州機構：三五カ国中、死刑執行があったのは米国のみ
- 欧州安全保障協力機構：五七カ国中、米国のみ
- アフリカ連合：五五カ国中二カ国 エジプトとソマリア
- アラブ連盟：二二カ国中八カ国：エジプト、イラク、クウェート、パレスチナ（国）、サウジアラビア、シリア、ソマリア、イ

本地図の国境は一般的に使用されているものでアムネスティの考えを示すものではない。

説明のある12カ国は、過去5年間（2019～2023）死刑執行が続いた国。

数字右の「＋」は「少なくとも」を意味し、「14＋」なら「少なくとも14件の執行があった」ことを示す。数字なしの「＋」は、1件以上あったことは確かだが、具体的な数字を示すほど信頼できる情報を得られなかったことを意味する。

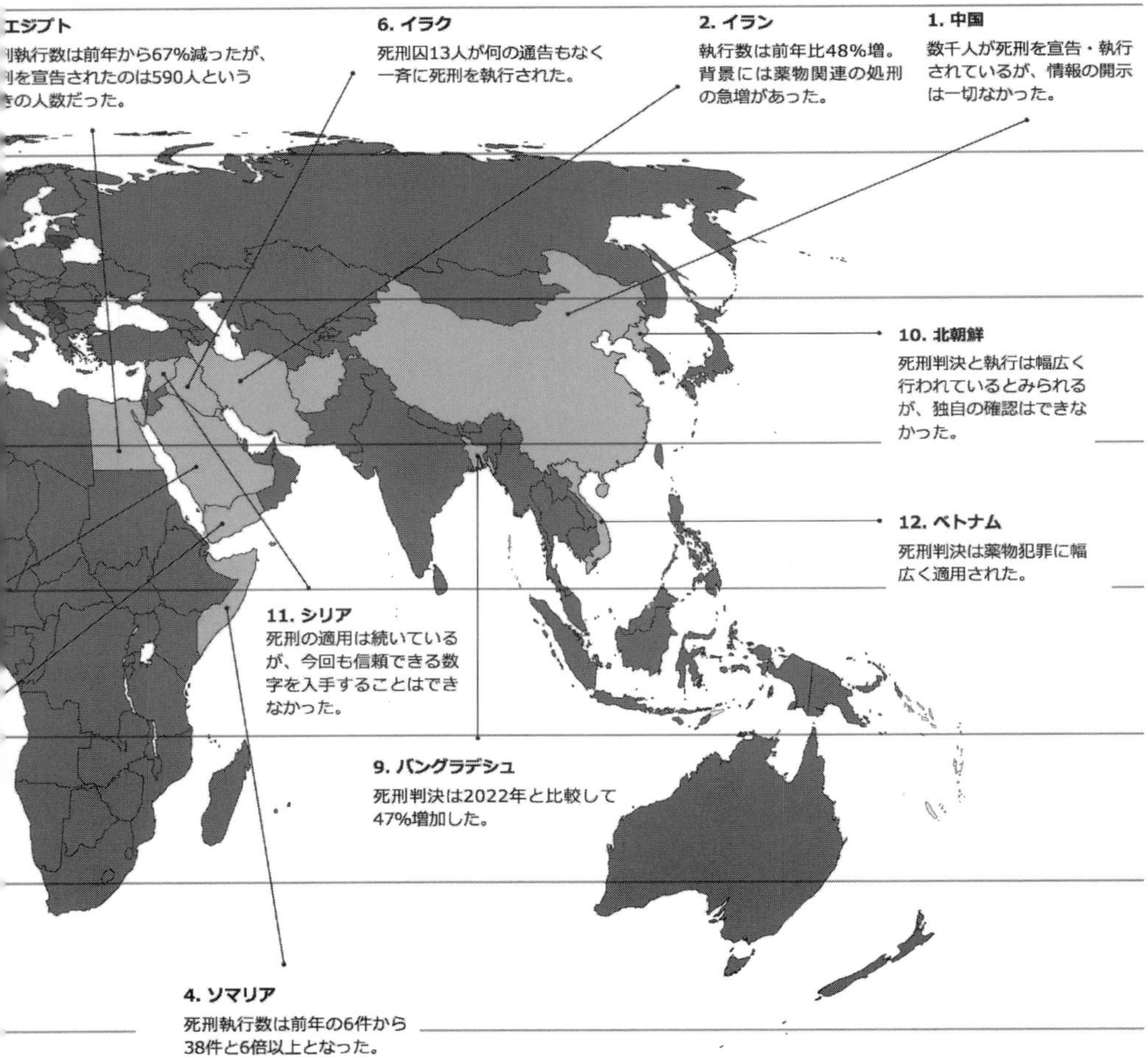

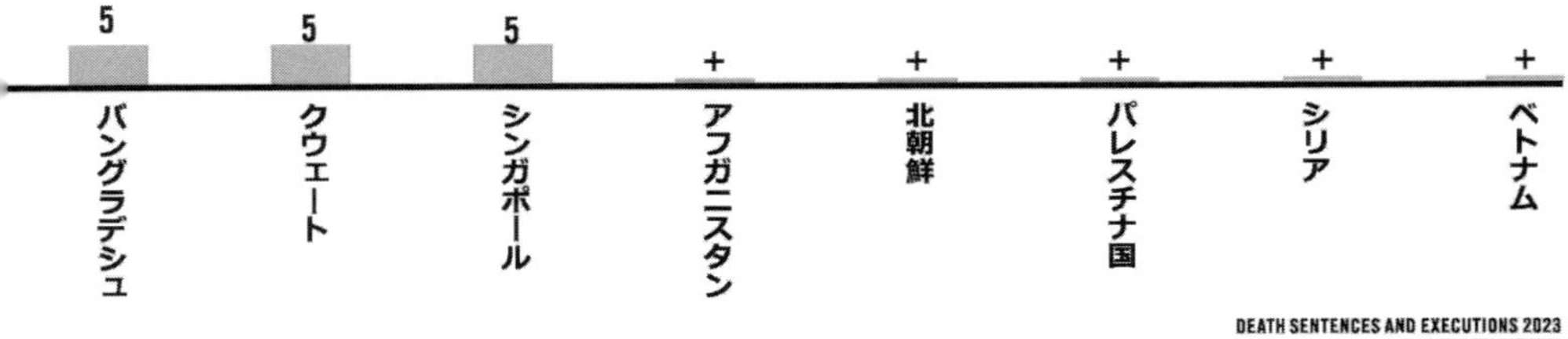

出典＝アムネスティ・インターナショナル日本

2023年死刑執行国

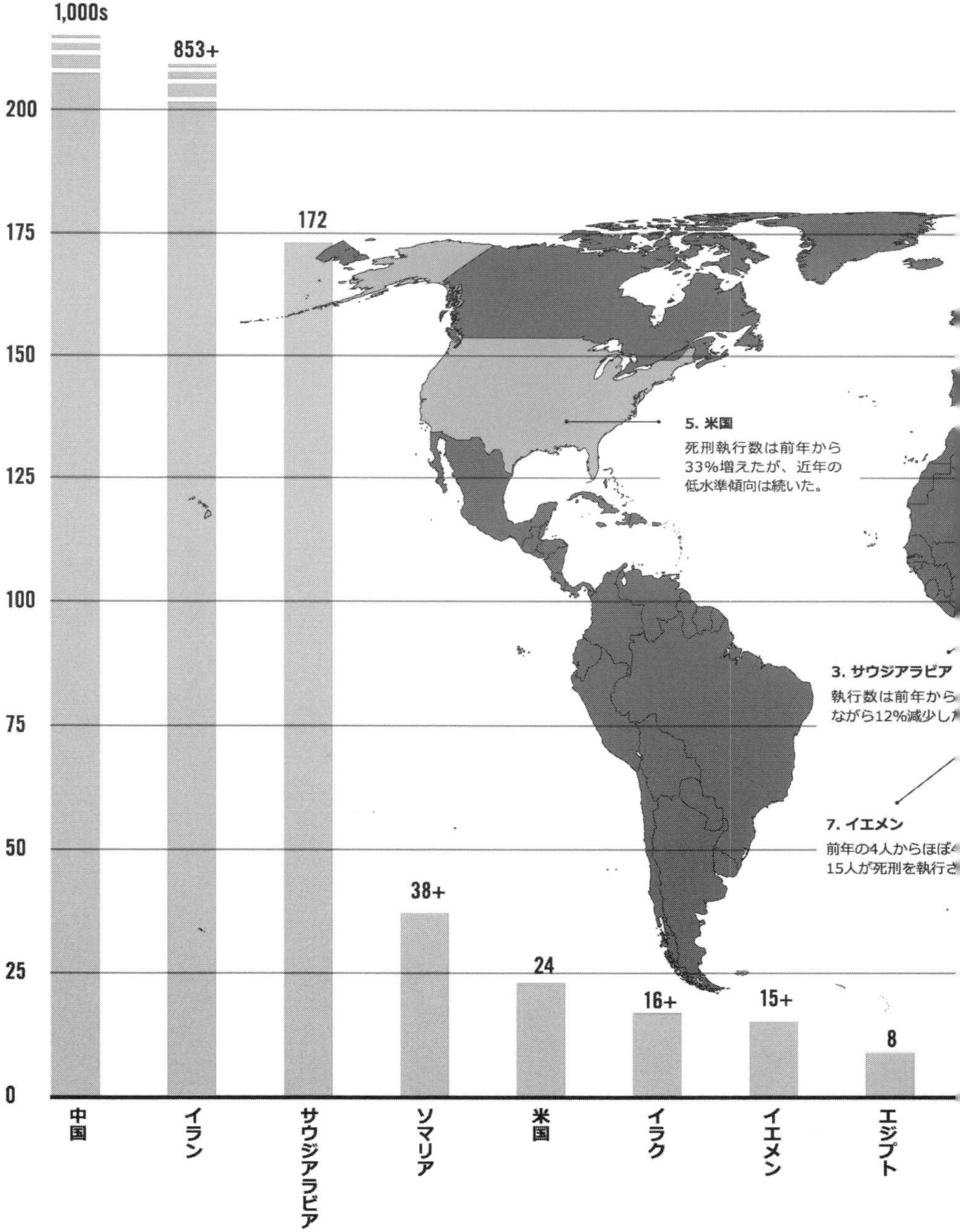
1,000s
853+
172
38+
24
16+
15+
8
200
175
150
125
100
75
50
25
0
中国
イラン
サウジアラビア
ソマリア
米国
イラク
イエメン
エジプト
5. 米国
死刑執行数は前年から
33%増えたが、近年の
低水準傾向は続いた。
3. サウジアラビア
執行数は前年から
ながら12%減少し
7. イエメン
前年の4人からほぼ
15人が死刑を執行さ

エメン
・東南アジア諸国連合（ASEAN）：一〇カ国中二カ国：シンガポールとベトナム
・英連邦：五六カ国中二カ国：バングラデシュとシンガポール
・フランコフォニー国際機関：五四カ国中二カ国：エジプトとベトナム
・国際連合：一九三加盟国の八％にあたる一五カ国：アフガニスタン、バングラデシュ、中国、エジプト、イラン、イラク、クウェート、北朝鮮、サウジアラビア、シンガポール、ソマリア、シリア、米国、ベトナム、イエメン

(b) 国際法違反の死刑執行

国際法の規定は、死刑の適用は「最も重要な犯罪」のみに制限するよう求めていますが、故殺以外の犯罪に対して死刑を適用する国があります。二〇二三年にも国際法や国際基準に反する以下のような死刑の適用がありました。

麻薬関連の犯罪で五〇八人（イラン四八一人、クウェート一人、サウジアラビア一九人、シンガポール五人、中国（＋*））が二〇二三年に処刑されたことが確認されました。計五〇八件の麻薬関連犯罪の死刑執行数は、二〇二三年の世界全体の死刑執行数の四四％を占めています。

アフガニスタン（一＋）とイラン（七）では、少なくとも八人の公開処刑が確認されました。

イランでは、少なくとも五人が犯行時一八歳未満だった犯罪のために処刑されました。

二〇二二年に死刑が執行された二〇カ国のうち、ベラルーシ、日本、ミャンマー、南スーダンの四カ国では、二〇二三年には死刑執行はありませんでした。

二〇二三年に行われた死刑執行で使われた方法は、斬首、絞首刑、致死注射、銃殺でした。

(c) 世界の死刑判決

二〇二二年には五二カ国で少なくとも二〇一六件の死刑判決が下されましたが、二〇二三年にも五二カ国で少なくとも二四二八件の新たな死刑判決が下されました。前年に死刑判決がなかったベラルーシ、カメルーン、日本、モロッコ／西サハラ、ジンバブエの五カ国では二〇二三年に死刑判決が言い渡されています。

二〇二三年に死刑判決を下した国と件数

アフガニスタン（＋）、アルジェリア（三八＋）、バングラデシュ（二四八＋）、ベラルーシ（一）、ボツワナ（二）、カメルーン（一＋）、中国（＋）、コンゴ民主共和国（三三＋）、エジプト（五九〇）、エチオピア（三＋）、ガンビア（五）、ガーナ（一〇）、ガイアナ（七）、インド（一二〇）、インドネシア（一一四＋）、イラン（＋）、イラク（一三八＋）、日本（一）、ヨルダン（三＋）、ケニア（一三一）、クウェート（九＋）、ラオス（四＋）、レバノン（一一＋）、リビア（二九＋）、マレーシア（三八＋）、モルディブ（一）、マリ（一三＋）、モーリタニア（五＋）、モロッコ／西サハラ（二＋）、ミャン

マー（一九＋）、ニジェール（八＋）、ナイジェリア（二四六＋）、北朝鮮（＋）、パキスタン（一〇二＋）、パレスチナ（国）（二七＋）、カタール（八）、サウジアラビア（三＋）、シンガポール（六＋）、ソマリア（三一＋）、韓国（一）、スリランカ（四〇＋）、シリア（＋）、台湾（三）、タンザニア（三＋）、タイ（一二三）、トリニダード・トバゴ（三）、チュニジア（三＋）、アラブ首長国連邦（四＋）、米国（二五）、ベトナム（一二二＋）、イエメン（八一＋）、ジンバブエ（三）

アムネスティ・インターナショナルは、二七カ国（バーレーン、バングラデシュ、バルバドス、ガンビア、インド、インドネシア、イラク、ヨルダン、ケニア、クウェート、マレーシア、マリ、モロッコ／西サハラ、ミャンマー、ニジェール、ナイジェリア、パキスタン、カタール、ソマリア、韓国、南スーダン、台湾、トリニダード・トバゴ、アラブ首長国連邦、米国、ベトナム、ザンビア）で死刑判決の減刑または恩赦があったことを確認しました。また、三カ国で九人の元死刑囚（ケニア：五人、米国：三人、ジンバブエ：一人）の冤罪が晴らされたことを確認しました。

二〇二三年末現在、世界全体では少なくとも二七六八七人の死刑囚がいますが、一一二カ国で死刑が全廃されています。事実上の廃止国を加えると一四四カ国で死刑制度が廃止されています。

4 地域別の動向

(a) アメリカ大陸

米国は一五年前から、この地域で死刑を執行している唯一の国となっています。米国の死刑執行件数は二〇二二年の一八件から三三%増加し、二〇二三年には二四件でした。

二〇一九年以来初となる死刑執行（六人）がフロリダ州で行われたほか、米国連邦当局は二〇一九年以来初となる死刑判決を下しました。

この地域で新たに死刑判決を下したのは、米国の他はガイアナとトリニダード・トバゴだけでした。

(b) アジア太平洋地域

アジア太平洋地域は、二〇二三年も引き続き、世界で最も死刑執行件数の多い地域となりました。

二〇二三年のアジア太平洋地域では、アフガニスタン、バングラデシュ、中国、北朝鮮、シンガポール、ベトナムの六カ国で死刑執行があったことが確認されています。二〇二二年の八カ国から減少しており、二〇二二年に死刑執行があった日本とミャンマーで死刑執行がなかったためです。

入手することができた確実な情報に基づくと、この地域では新たに合計九四八人に死刑判決が下されました。少なくとも八六一人が死刑判決を受けたとされる二〇二二年から一〇%の増加となりました。

マレーシアはすべての犯罪に対して強

制死刑制度を廃止し、死刑の適用範囲を縮小しました。パキスタンは麻薬関連犯罪に対する死刑を廃止し、スリランカ政府は死刑執行を再開しない方針を表明しました。

(c) 中東・北アフリカ地域

中東・北アフリカ地域で確認された死刑執行件数は、二〇二二年の八二五件から三〇%増加し、二〇二三年には一〇七三件となりました。二〇二二年には八二七件だった死刑判決も増加し、二〇二三年には九五〇件となりました。

二〇二三年に死刑執行数が多かった上位三カ国はイラン、サウジアラビア、イラクでした。イラン、サウジアラビア、イラクにおける死刑執行は、この地域で確認できた死刑執行数の九七%を占めています（イラン八〇%、サウジアラビア一六%、イラク一%）。

二〇二三年にこの地域で死刑を執行したのは、エジプト、イラン、イラク、クウェート、パレスチナ（国）、サウジアラビア、シリア、イエメンの計八カ国でした。

(d) サハラ以南のアフリカ

この地域で記録された死刑執行数は、二〇二二年の一一件から二〇二三年には三八件と三倍以上に増加しました。この三八件の死刑執行はすべてソマリア一カ国で行われました。

死刑判決は二〇二二年の一六カ国に対し、二〇二三年には一四カ国で確認されました。二〇二二年の二九八件から二〇二三年の四九四件へと六六%急増しました。

その一方で、ケニア、リベリア、ジンバブエ、ガーナの四カ国が、死刑廃止に向けて前向きな立法措置をとりました。

5 おわりに

国連をはじめとする国際機関を中心に死刑制度を廃止するための国際法の整備が進められてきました。死刑執行停止を求める国連決議の採択も繰り返し行われています。死刑廃止は今や抗うことができない国際社会の潮流となっています。

例えば、国連決議である「死刑に直面する者の権利の保護の保障に関する決議」（一九八四年五月二五日国連経済社会理事会決議）および「死刑に直面している者の権利の保護の保障の履行に関する国連決議」（一九八九年第四四回国連総会決議）は、死刑をまだ廃止できずにいる死刑存置国に対して、死刑執行を停止して死刑制度を廃止するまでの間に「死刑に直面する者」（死刑確定後執行に至るまでの死刑確定者だけでなく、死刑が規定されている罪で捜査の対象とされた被疑者、裁判の対象とされた被告人をも含む）の人権を保障するよう求めています。

日本政府は、死刑存置に固執するだけでなく、二〇二一年に死刑執行を再開して以来、再審請求中の死刑執行を行ってきました。刑事司法手続きのひとつである再審請求の手続きが完了していないのに死刑を執行してしまうことは、公正な刑事司法手続きを完了することを妨げ、手続きを完了させないままに人を殺してしまうことです。法治国家を標榜するのであれば、決して許されない所業だと言わざるを得ません。

日本は「死刑に直面している者の権利の保護の保障の履行に関する国連決議」の採択の際に賛成票を投じました。しかし、日本が賛成して採択された国連決議であるにも関わらず、この国連決議が求めている「死刑に直面している者の権利保障」を日本政府は制度化していません。そればかりか、この決議が遵守しなければならないと定めている多くの権利保障のひとつである「再審理を受ける権利」を日本政府は再審請求中に処刑を行うことにより積極的に奪うという暴挙を繰り返しています。

日本における死刑制度の運用は、国際法と国際基準に抵触しています。そのことを問う三件の裁判（二〇二〇年一二月に提訴された再審請求中の死刑執行は違法であるとする「死刑執行国家賠償請求事件」および、二〇二一年一一月に提訴された即時告知・即時執行は違法であるとする「死刑の執行告知と同日の死刑執行受忍不存在確認及び国家賠償請求事件」ならびに、二〇二二年一一月に提訴された絞首刑は残虐、非人道的であり品位を傷つける処刑方法であり日本国憲法と国際自由権規約に違反しているとする「絞首刑差止等請求事件」）が大阪地方裁判所において係争中です。

「市民的及び政治的権利に関する国際規約」（所謂「自由権規約」）6条は「この条のいかなる規定も、この規約の締約国により死刑の廃止を遅らせ又は妨げるために援用されてはならない」と定めています。また、日本政府は、世論の動向に関わらず死刑の廃止に向けた措置を講ずるよう、国連人権機関から再三にわたる勧告を受けています。しかし、日本政府はその勧告を無視し続けており、死刑廃止に向けた措置を講じようともしていません。

世界の潮流に逆らって死刑制度を維持することに固執し、国際社会で孤立を深める道を敢えて進む日本政府は、死刑制度という手段によって何を目指しているのでしょうか。死刑制度だけに限ったことではありませんが、日本政府が人権保障を遵守する政府となるためには、国際法や国際基準に則って国内法や刑事司法手続きの規定を整備し、運用していくことが必要です。これからも、このことを多くの人々に知っていただくための努力と、国会議員や為政者に対する効果的なはたらきかけを、粘り強く続けていきたいと考えています。

図表はアムネスティ・インターナショナル日本からの提供によるものです。

この論稿は筆者個人の意見を記したものであり、アムネスティ・インターナショナルの方針やポリシーを必ずしも代弁するものではありません。

死刑をめぐる状況 2023—2024

死刑判決・無期懲役判決（死刑求刑）一覧

菊池さよ子
救援連絡センター

□は死刑判決
▽は無期懲役判決（死刑求刑）
△は有期刑判決（死刑求刑）
◇はその他の判決

▽二月一六日仙台高裁（深沢茂之裁判長）

福島三春町二人ひき逃げ殺人事件で一審死刑判決破棄・無期懲役判決

福島県三春町で男女二人をトラックでわざとはねて殺害した罪に問われ、一審福島地裁郡山支部で死刑判決を受け、控訴していた盛藤吉高さん（五三歳）に対し、死刑判決を破棄し無期懲役を言い渡した。

二〇二〇年五月、福島県三春町の国道で盗んだトラックを無免許で運転し、清掃ボランティアをしていた五五歳の男性と五二歳の女性をわざとはねて殺害したとして、殺人やひき逃げなどの罪に問われた事件で、二一年六月二四日一審の福島地方裁判所郡山支部は「残虐な行為を選択し、強固な意志に基づいて実行された」として死刑を言い渡し、被告は控訴していた。

判決は、「被害者二人に対する殺人を含む事件で刑事責任は誠に重い」とし、

判決日	裁判所	裁判長	被告	現在
3月2日	名古屋地裁	森島聡	山田広志	控訴審中病死
4月21日	東京高裁	伊藤雅人	小松博文	最高裁
6月5日	最高裁第1小法廷	安浪亮介	岩間俊彦	死刑確定後病死
7月3日	最高裁第2小法廷	尾島明	上村隆	死刑確定
12月8日	最高裁第3小法廷	長嶺安政	中田充	死刑確定

一方、「綿密な計画で殺害を確実に遂げようとした犯行とはいえず、生命への軽視が甚だしく顕著だったとまではいえない。死刑を選択することが真にやむをえないとまでは言い難い」として、無期懲役を言い渡した。この判決を不服として検事は上告した。

その後、二〇二四年五月二九日に最高裁判所第一小法廷（堺徹裁判長）は、検事上告を棄却し、無期懲役刑が確定した。

□三月二日名古屋地裁

（森島聡裁判長）

夫婦強殺事件の差し戻し審で死刑判決

名古屋市南区で二〇一七年、近くに住む八〇代夫婦を殺害し財布を奪ったとして、強盗殺人罪に問われた山田（旧姓松井）広志さん（四八歳）に対するの差し戻し裁判員裁判で、金銭目的の身勝手で生命軽視の態度が認められるとして求刑通り死刑を言い渡した。被告・弁護側は即日控訴した。

強盗殺人罪が成立するかどうかが主な争点だった。弁護側は、被告には軽度の知的障害があり、直前の被害者の言動に怒りを覚えて衝動的に事件を起こしたとして、殺人罪と窃盗罪にあたると主張していた。

判決は、被告が知人らに借金をし、生活保護費で返済するなど困窮していたと指摘。殺害直後に夫婦宅を物色し飲食店につけの一部を支払った点を重視し、「殺害時点で強盗目的があった」として強盗殺人罪を適用した。

「刃物を自宅に持ち帰って洗うなど違法性を認識した行動も取った。軽度知的障害の影響があるとしても限定的」として完全責任能力を認めた。

「落ち度のない二人の生命が奪われた結果は極めて重大。生活保護費の大半をパチンコに費消するなど自業自得で酌むべき事情はない」。二二年に診断された末期の膵臓がんについても「刑を減軽する事情にならない」「死刑選択はやむを得ない」とした。

差し戻し前の一審では死刑求刑に対し、名古屋地裁は一九年に殺害後に金品を盗むことを思い立った可能性を否定できないとして殺人と窃盗罪を適用、無期懲役とした。

二審名古屋高裁は、借金支払いを気にしていたことなどを考慮すれば強盗目的を推認できるとして一審判決を破棄、審理を差し戻した。弁護側はこの判決を不服として上告したが、最高裁はこれを棄却し、審理を地裁に差し戻した二審判決が確定した。

判決によると、一七年三月一日、被害者夫婦（当時八三歳と八〇歳）の首を刃物で突き刺して殺害、現金約一二〇〇円などが入った財布を奪ったとされる。

山田（松井）広志さんは「余命が幾ばくもないと診断されている自分は末期の膵臓がんで死ぬだろう。死刑判決には意味がない」と訴えていた。

二四年一月一八日には名古屋高裁で判

決が予定されていたが、二三年一二月一三日に松井さんは名古屋刑務所の病舎で死亡した。被告人の死亡により、名古屋高裁が公訴を棄却した。

□四月二一日東京高裁

（伊藤雅人裁判長）

日立妻子六人殺人事件で控訴棄却・死刑判決

二〇一七年に茨城県日立市の自宅で妻子六人を殺害し、火をつけたとして殺人・非現住建造物放火などの罪に問われた小松博文さん（三八歳）に対し、一審水戸地裁の死刑判決を支持し、弁護側の控訴を棄却した。

被告は公判前整理手続き中の一八年一一月、心不全で倒れ危篤状態になった。その後遺症で事件の記憶を失い、十分な訴訟行為ができないとして弁護側は公訴棄却などを求めていた。

判決は「事件の記憶は失っているものの、危篤状態からの回復後は、訴訟手続きなどを理解し、意思疎通を図ることが十分可能だった」として、心神喪失とは認められないとした。そのうえで、妻と懇意にしている男性に家族を取られたくないとの動機について「被害者らの人格を全く無視した身勝手かつ自己中心的な考え方」との一審判断を踏襲した。

判決によると一七年一〇月六日未明、自宅アパートで当時三歳から一一歳の子五人と妻（当時三三歳）を包丁で複数回刺した上で、玄関付近にガソリンをまいて放火し、殺害したとされる。

現在、上告中。

□六月五日最高裁第一小法廷

（安浪亮介裁判長）

マニラ連続保険金殺人事件で上告棄却・死刑確定

フィリピンの首都マニラで知人男性二人を保険金目的で殺害したとして、殺人などの罪に問われ、一、二審で死刑判決を受けた岩間俊彦さん（四九歳）に対し、「刑事責任は極めて重大」として、被告の上告を棄却。死刑が確定した。

判決によると、被告は共犯の男（すでに無期懲役確定）らと共謀し、現地で実行役を雇って〇九年四月、山梨県韮崎市の整骨院経営者（当時三二歳）を拳銃で殺害。一一年二月に同県笛吹市の会社役員（当時四二歳）も拳銃で殺害したとされる。

殺害された二人には、被告が実質的に支配していた会社を受取人とした死亡保険が掛けられており、公判では、被告が首謀者だったとする共犯の男の証言などが争点となった。

一七年八月二五日、一審甲府地裁の裁判員裁判判決は、共犯の男の証言や客観証拠などから被告を首謀者と認め、求刑通り死刑を言い渡し、一九年一二月一七日の二審東京高裁判決も死刑判決を支持した。

判決は、被告が「犯行を発案し、終始主導的に関与した首謀者」と指摘。「犯

最近の死刑判決と執行数

年	地裁判決数	高裁判決数	最高裁判決数	新確定数	執行数	病死等	確定者総数
1992	1	4	4	5	0	0	56
1993	4	1	5	7	7	0	56
1994	8	4	2	3	2	0	57
1995	11	4	3	3	6	0	54
1996	1	3	4	3	6	0	51
1997	3	2	4	4	4	0	51
1998	7	7	5	7	6	0	52
1999	8	4	4	4	5	1	50
2000	14	6	3	6	3	0	53
2001	10	16	4	5	2	0	56
2002	18	4	2	3	2	0	57
2003	13	17	0	2	1	2	56
2004	14	15	13	15	2	1	68
2005	13	15	10	11	1	0	78
2006	13	15	16	20	4	0	94
2007	14	14	18	23	9	1	107
2008	5	14	8	10	15	2	100
2009	9	9	16	18	7	4	107
2010	4	3	7	8	2	2	111
2011	9	2	22	24	0	3	132
2012	3	4	9	10	7	0	135
2013	4	3	6	7	8	3	131
2014	2	8	6	6	3	5	129
2015	4	1	3	3	3	1	128
2016	3	4	6	6	3	2	129
2017	3	0	3	3	4	4	124
2018	4	2	2	2	15	0	111
2019	2	3	3	3	3	0	111
2020	3	0	1	3	0	4	110
2021	3	2	2	4	3	3	108
2022	0	1	0	0	1	0	107
2023	1	1	3	2	0	3	106

12月末現在。確定者数は確定判決時。上訴取下げの場合は取下げ時。執行停止中を含む。

行態様は極めて冷酷。遺族らは厳しい処罰感情を示している」とし、死刑はやむを得ないとした。

なお岩間俊彦さんは死刑確定後の八月二四日に東京拘置所で病死した。

□ 七月三日最高裁第二小法廷（尾島明裁判長）
姫路連続監禁殺人事件で上告棄却・死刑確定

元暴力団組員ら男性三人の死亡に実行役で関与したとして二件の殺人と、逮捕監禁致死などの罪に問われ、一審神戸地裁姫路支部の裁判員裁判、二審大阪高裁で死刑判決を受けた上村隆さん(五六歳)の上告を棄却し、死刑が確定した。

事件では、指示役だった男の無期懲役が確定しており、被告は「指示された立場なのに、死刑は重すぎて不当」などと主張していた。

二審判決によると、二〇一〇年四月、兵庫県姫路市で無職男性（当時五七歳）を監禁し、その後窒息死させた。同六月には同県内または周辺で、広告会社の男性社長（当時五〇歳）を射殺。一一年二月、姫路市内で元組員の男性（当時三七歳）の首を絞めて窒息死させたとされる。

一九年の一審判決は「実行役の中核的存在で重要な役割を果たした。三人の命が次々と奪われるなど結果は重大」として死刑を言い渡した。二一年の二審判決も支持した。

しかし、三件の殺人事件のうち二人の死体は発見されていない。主犯とされた指示役の男性は会社社長射殺事件については無罪とされ、二二年一〇月には無期懲役刑が確定している。

結果として「指示役は無期懲役刑、実行犯は死刑」という異例な判決が確定した。

□ 一二月八日最高裁第三小法廷（長嶺安政裁判長）
妻子三人殺害事件で上告棄却・死刑確定

福岡県小郡市の住宅で二〇一七年に妻子三人を殺害したとして殺人罪に問われ、一、二審判決で死刑とされた元県警警察官中田充さん（四五歳）の上告審判決で、最高裁第三小法廷は被告側の上告を棄却した。死刑が確定する。被告側は、第三者による犯行の可能性があるなどとして無罪を主張していた。

五人の裁判官全員一致の結論。判決は「三人の命を奪った結果は重大。確定的で強固な殺意に基づき、生命を軽視する態度が甚だしい」と指摘。被告について「自身の罪と向き合う姿勢を示さず、反省悔悟の情をうかがうことはできない。死刑はやむを得ない」と述べた。

一、二審判決によると、一七年六月五日深夜から六日朝、自宅で妻（当時三八歳）と、小学四年の長男（当時九歳）、小学一年の長女（当時六歳）の首を絞めるなどし、いずれも窒息死させたとされる。

裁判員裁判で審理された一審福岡地裁

判決は直接証拠がない中、三人の死亡時間帯に外部からの侵入形跡がない点や、妻の爪や首から被告のものと考えて矛盾しないDNA型が検出されたことなどを指摘。「従前からの鬱憤が爆発し、被告が妻を殺害したと合理的に推測できる」とした。

子ども二人については「妻を殺害後、冷静さを欠いた心理状態で衝動的に殺害したと想定できる」として第三者による犯行の可能性を否定し、検察側の求刑通り死刑とし、二審福岡高裁もこれを支持した。

被告側は判決訂正申立をしたが、最高裁は二四年一月九日に棄却したため、死刑が確定した。

▽一二月二〇日最高裁第一小法廷（安浪亮介裁判長）

新潟女児殺害事件で被告の上告棄却、無期確定

新潟市で二〇一八年、下校途中だった小学二年の女児（当時七歳）を殺害し、遺体を線路に置いて列車にひかせたとして殺人や死体損壊などの罪に問われた小林遼さん（二九歳）側の上告を棄却。無期懲役とした一、二審判決が確定した。

検察側は一、二審で死刑を求刑したのに対し、いずれの判決も犯行に計画性がない点などを考慮して無期懲役とした。東京高検は一七年三月、「適法な上告理由が見いだせなかった」として上告を断念し、被告側だけが上告していた。

二審東京高裁判決によると、一八年五月七日、新潟市内の路上で女児に背後から車をぶつけて連れ去り、わいせつな行為をした後、首を絞めて殺害。遺体をJR越後線の線路に放置し、列車にひかせて損壊するなどしたとされる。

被告側は殺意を否定したが、裁判員裁判で審理された一審新潟地裁判決は「死ぬかもしれないと認識しながら首を圧迫した」と殺意を認定。「まれに見る凄惨な事件。被害者の苦痛、恐怖は想像を絶し、結果は重大だ」とした。

一方で「殺害の計画性がないことは死刑の選択を否定的にさせる大きな事情だ」として無期懲役を言い渡した。二審判決は検察側と被告側双方の控訴を棄却した。

第一小法廷の裁判官五人のうち、決定に関与した四人の全員一致による結論。高裁での審理当時に東京高検検事長だった堺徹裁判官は審理に加わっていない。

●二〇二三年の判決をふりかえって

二〇二三年は地裁での死刑判決は一件だったが、高裁審理中に被告が死亡したことで、高裁で公訴棄却の決定がされた。高裁での死刑判決は一件で現在上告中。

最高裁での上告棄却・死刑判決は三件だったが、うち一人が死亡したこと、一件は一二月の上告棄却判決を受けて被告・弁護側から判決訂正申立が出され、その申立が翌年になって却下されたことから、最高裁判決による二〇二三年の確定者は一人である。そのうえで高裁で死刑判決を受けて上告中だった一人が五月一一日に上告を取り下げて死刑が確定したために二〇二三年の新死刑確定者は二人となった。

二〇二二年に続いて死刑判決は減少している。死刑求刑事件も減っている。

このまま死刑判決が減少し、死刑求刑や死刑判決がなくなることに期待したい。

なお少ない死刑判決に対しても疑問点は多い。

末期がんの人に死刑判決を言い渡したり、公判中に病気で倒れ、危篤状態になったことから事件当時の記憶を失った人に対し死刑を言い渡すなど死刑判決にどのような意味があるのかを考えざるをえないケースもあった。また複数の共犯者による事件で指示役とされる人が死刑求刑で無期懲役判決が確定し、実行犯とされた人が死刑判決が確定するなど、個々の裁判の量刑についての疑問もある。またはじめから否認している事件で状況証拠のみで死刑を言い渡されるなど、誤判の可能性のある判決もあった。

袴田巌さんの再審判決が九月二六日に予定されている。無実の人を死刑にすることは、いかなる殺人事件よりも罪が重い。冤罪による死刑執行は過去にもあった。

天皇制に批判的だった社会主義者や無政府主義者ら一二人を大量死刑執行した大逆事件。ハンセン病患者が正式の法廷で審理されることもなく（二〇二〇年に熊本地裁はこの施設内法廷が憲法違反だったと認めた）、差別的な取り調べと裁判の結果、無実を訴えながら処刑された菊池事件。一貫して無実を叫びながら死刑を執行された飯塚事件の久間三千年さん。そのほかにも無実の人が処刑された事件はあると思う。

死刑判決には誤りがありえる。死刑が執行された場合は取り戻すことはできない。また袴田巌さんのように死刑の脅威に四八年もさらされることは重大な人権侵害である。

冤罪による死刑は国家による殺人であり、個人による殺人以上に重罪である。

しかし無実の人を死刑にした警察官や検察官・裁判官は誰も責任を取らないし、謝罪もしない。国家権力を背景にした公務員の殺人を絶対に許してはならない。

◆このまま死刑執行をゼロに

死刑執行はゼロだった。二二年七月の死刑執行を最後に現時点（二四年八月）まで二年一か月間死刑執行はない。死刑執行ゼロ期間をさらに更新させよう。

死刑を執行させないように国会や法務大臣・法務省への働きかけなど、あらゆる場で死刑を執行するなと訴えよう。

▼獄中医療の改善を

死刑確定者の死亡者は三人もいた。

一月一五日、上田美由紀さんが食べ物を喉に詰まらせて窒息死したとされる。

（広島拘置所・四九歳）

八月二四日、岩間俊彦さんが糖尿病に罹り、腎不全で死亡したとされる。（東京拘置所・四九歳）

九月二三日、窪田勇次さんが誤嚥性肺炎で死亡したとされる。（札幌拘置所・七八歳）

死刑確定者ではないが、控訴審の途中で膵臓がんで死亡した松井広志さんもいる。

さらには無期刑で受刑中の和光晴生さんが大阪医療刑務所で死亡したり、府中刑務所で受刑中の城崎勉さんが獄死するなど、獄中医療の問題点が明らかになっている。死刑廃止の課題とともに獄中医療を根本的に変えなければならない。

本来、医療は厚労省管轄であるべきだ。しかし今の日本では監獄の医療を行う医師や医療従事者は法務省の職員として採用される。患者である獄中者の健康より、監獄側の都合を優先させられる。必要な薬が使えない。病状を訴える獄中者の症状を聞こうとしても立ち合い看守が介入して制限する。外部の病院に移送して入院・治療が必要な場合も、看守が付き添うためになかなか移送を認めず、移送しても早めに監獄に戻そうとするなど不当な介入が目立つ。

大川原化工機事件では被告のひとりが胃がんに罹っても事件を否認し続けたために一一か月も保釈が認められず、勾留の執行停止でようやく病院に入院できたが、すでに手遅れで死亡した。事件自体がでっち上げであり、死亡後に起訴が取り消されたという、国家権力が無実の市民を殺したという許しがたい事件である。

獄中医療が監獄支配の道具になっている現実を変えねばならない。

命と健康を守ることは人権の基本である。

法務省・法務大臣・国会議員をはじめ、多くの人々に死刑廃止を訴えていこう。

死刑執行ゼロをさらに更新していけるようあらゆる場で働きかけていこう。

一日も早く死刑廃止を実現しよう。

戦争と死刑は国家による殺人だ。

戦争も死刑もない社会を実現しよう。

死刑廃止運動にアクセスする

廃止運動団体・フォーラム・ネットワークなど

新たに寄せられた自己紹介文を掲載しています。
団体の自己紹介のないものに関しては前号あるいは前々号を参照して下さい。
今後も全国各地の情報をお寄せ下さいますようにお願いします。

救援連絡センター

機関紙➡『救援』月刊。年間購読料＝開封四五〇〇円、密封五〇〇〇円。協力会費＝月一口一〇〇〇円（一口以上）
住所➡〒105-0004 東京都港区新橋二―八―一六 石田ビル五階（ＪＲ新橋駅日比谷口ＳＬ広場から徒歩三分）
TEL➡03-3591-1301 FAX➡03-3591-3583
E-mail ➡kyuen2013@gmail.com
HP➡http://kyuen.jp/
郵便振替➡00100-3-105440

アムネスティ・インターナショナル日本 死刑廃止ネットワーク東京

アムネスティ・インターナショナル（ＡＩ）は、一九六一年に発足した国際人権ＮＧＯで、世界のすべての人が世界人権宣言や国際人権規約で規定された人権を享受できるよう啓発活動をしています。現在、世界二〇〇ヵ国で一〇〇〇万人以上がアムネスティの運動（人権問題の調査と発表、人権侵害の糾弾、人権教育、キャンペーン、政策提言等）に取り組んでいます。

アムネスティ日本は、一九七〇年に設立され、世界中の様々な人権侵害事案の日本国内での啓発と署名活動、日本の人権問題の糾弾と世界への発信などに携わっています。具体的には、政治的意見や信念、人種、宗教などを理由に逮捕・拘禁されている人々の釈放、あらゆる差別の廃止、死刑廃止、難民・移民の保護、表現・結社・平和的集会の自由、紛争下の人権侵害、拷問撲滅など多岐に渡ります。

ＡＩは一九七七年に、死刑に対して全面的かつ無条件に反対することを宣言し、毎年死刑に関する世界統計を発表しています。日本の死刑制度の廃止は、アムネスティ日本にとって最も重要なテーマです。死刑廃止ネットワーク東京では、「死刑廃止を考える」入門セミナー、死刑執行時の抗議活動、死刑廃止啓発イベントを実施しています。

死刑廃止入門セミナーは、事務所会議

室やオンライン等で五回実施しました。新企画として、一般の方の参加を求めフリートークをする「みんなで話そう、死刑のことを」と題して二回実施しました。いのちのギャラリー主催のプリズン・アカデミーでの講演、一〇月の死刑廃止デー記念のフォーラム90主催の集会後、国会前で死刑廃止スタンディング行動をしました。一一月のアムネスティ日本の全国研修会に於いて、死刑制度の現状や廃止活動の課題について考えるセッションを開きました。死刑廃止ネットワークとアムネスティ事務局が、死刑廃止啓発ビデオの制作活動を創価学会と共に行っています。

連絡先⬇公益社団法人アムネスティ・インターナショナル日本　東京事務所
住所⬇〒101-0052　東京都千代田区神田小川町二―一二―一四　晴花ビル七階
TEL⬇03-3518-6777 FAX⬇03-3518-6778
死刑廃止ネットワーク東京チーム email: adp-team@amnesty.or.jp

死刑廃止国際条約の批准を求めるフォーラム90（フォーラム90）

一九九〇年春、前年国連で「死刑廃止国際条約」が採択されたのを機に、アムネスティ・インターナショナル、死刑執行停止連絡会議、ＪＣＣＤの三団体が、条約批准を求める運動を通して全国の廃止論者を顕在化させるフォーラム運動を呼びかけた。賛同人は全国で約五〇〇〇人。

◎二〇二三年は以下の行動を行った。

二月一一～一七日、第12回死刑映画週間（ユーロスペース）。

五月二一日　死刑囚のリアル　大野鉄平　文京区男女平等センター

六月二六日　法務省交渉

一〇月九日　響かせあおう死刑廃止の声２０２３「袴田再審から死刑廃止へ」小川秀世・金平茂紀、福島泰樹短歌絶叫コンサート、死刑囚の作品展示と講評　星陵会館

一〇月　ネット上の署名運動「死刑のボタンを押しているのはあなたです」開始

一一月三日～五日　死刑囚表現展２０２３　松本治一郎記念会館

一一月二五、二六日　第30回死刑廃止全国合宿in浜松　アクトシティ浜松研修交流センター　袴田巖さん、ひで子さん、小川秀世弁護士

一二月七日　狭山事件60年！　小泉龍司法務大臣の地元で冤罪と死刑制度を考える集い　熊谷市商工会館　石川一雄さん・早智子さん、小野寺一規部落解放同盟埼玉県連書記長、瀬戸一哉弁護士、加藤英典弁護士

一二月一五日　法務省との意見交換会　衆議院第一議員会館、鎌田さゆり（衆）、石川大我（参）、福島みずほ（参）

◎協力したものとして

三月九日～一七日　死刑囚の絵展　広島カフェテアトロアビエルト

◎フォーラム90のニュースレターはほぼ

隔月で毎号三五〇〇部発行、一九〇号から全ページカラー印刷に。二〇二四年九月末で一九二号。年間五、六号刊行している。PDF版も二〇〇部配信。

ホームページ内にある死刑廃止チャンネルには集会、映画週間のトークショーなどの動画を掲載。また二〇二〇年七月以降の集会はネットで同時配信をしている。可能な方はリアルな参加を。

住所➡〒107-0052 東京都港区赤坂二―一四―一三―五階 港合同法律事務所気付
TEL➡03-3585-2331 FAX➡03-3585-2330
HP➡http://www.jca.apc.org/stop-shikei/index.html
死刑廃止チャンネル➡http://forum90.net/
郵便振替➡00190-1-80456 フォーラム90

ユニテ

死刑囚による死刑廃止団体。
一、今後の方針
死刑確定者の生命を救えないようでは、「ユニテ」の存在価値はなく、そこで「ユニテ」では、せめて執行まで「死刑囚の自由拡大を!」を基本理念とし、今後の活動に邁進していく所存である。

郵便振替➡00190-0-77306 ユニテ

被拘禁者更生支援ネットワーク 麦の会

住所➡〒359-0023 埼玉県所沢市東所沢和田一―二六―三一 聖ペトロ・パウロ労働宣教会内 麦の会事務局
TEL・FAX➡04-2945-0510
E-mail➡wakainet@gmail.com

監獄人権センター(CPR)

刑事施設などの人権状況を国際水準に合致するよう改善していくこと、死刑制度の廃止などを目的に一九九五年に設立。

中心的事業である被収容者からの手紙相談は、二〇二三年中、約一二〇〇件が寄せられ、ボランティアが随時対応しています。

三月一七日に「留置施設においても被留置者に十分な医療が提供されること、医療体制が欠如している留置施設を被勾留者の拘禁施設として使用する代用監獄制度の廃止を求める声明」を発表しました。

元受刑者や受刑者家族、支援者らがパーソナリティを務めるラジオ番組「刑務所ラジオ」の放送を、府中市の東京府中FMで放送中です(毎月第二月曜日夜一〇時から放送、無料アプリで全国から聴取可能)。

年四回発行の機関誌「CPRニュースレター」は、死刑確定者から要望があれば、親族、代理人等を通じて毎号送付してい

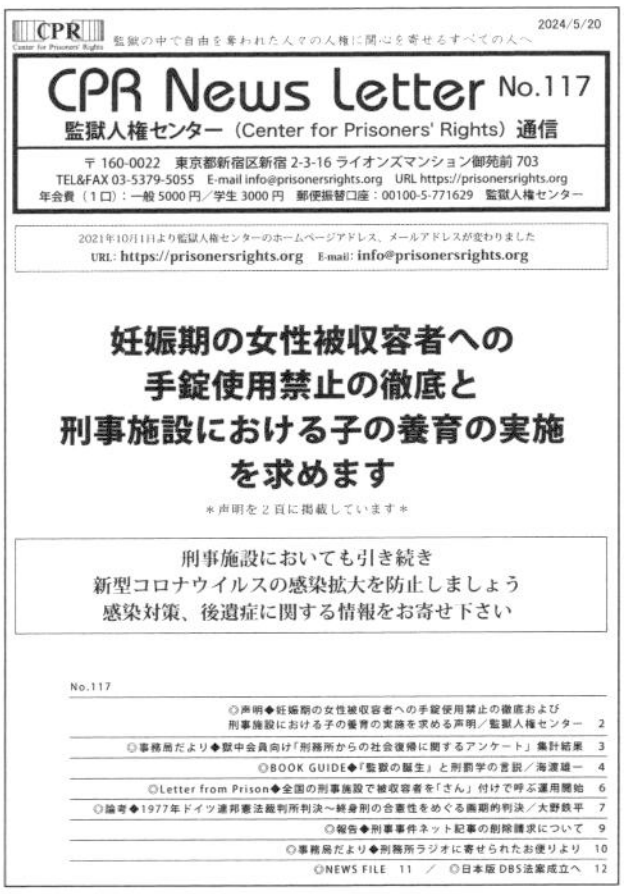
CPR Center for Prisoners' Rights
2024/5/20
監獄の中で自由を奪われた人々の人権に関心を寄せるすべての人へ
CPR News Letter No.117
監獄人権センター(Center for Prisoners' Rights)通信
〒160-0022 東京都新宿区新宿2-3-16 ライオンズマンション御苑前703
TEL&FAX 03-5379-5055 E-mail info@prisonersrights.org URL https://prisonersrights.org
年会費(1口):一般5000円/学生3000円 郵便振替口座:00100-5-771629 監獄人権センター
2021年10月1日より監獄人権センターのホームページアドレス、メールアドレスが変わりました
URL: https://prisonersrights.org E-mail: info@prisonersrights.org

妊娠期の女性被収容者への
手錠使用禁止の徹底と
刑事施設における子の養育の実施
を求めます
声明を2頁に掲載しています

刑事施設においても引き続き
新型コロナウイルスの感染拡大を防止しましょう
感染対策、後遺症に関する情報をお寄せ下さい

No.117
◎声明◆妊娠期の女性被収容者への手錠使用禁止の徹底および刑事施設における子の養育の実施を求める声明/監獄人権センター 2
◎事務局だより◆獄中会員向け「刑務所からの社会復帰に関するアンケート」集計結果 3
◎BOOK GUIDE◆『監獄の誕生』と刑罰学の言説/海渡雄一 4
◎Letter from Prison◆全国の刑事施設で被収容者を「さん」付けで呼ぶ運用開始 6
◎論考◆1977年ドイツ連邦憲法裁判所判決～終身刑の合憲性をめぐる画期的判決/大野鉄平 7
◎報告◆刑事事件ネット記事の削除請求について 9
◎事務局だより◆刑務所ラジオに寄せられたお便りより 10
◎NEWS FILE 11 / ◎日本版DBS法案成立へ 12

ます。

郵便送付先➡〒160-0022　東京都新宿区新宿二ー三ー一六ライオンズマンション御苑前七〇三
TEL・FAX➡03-5379-5055
HP➡prisonersrights.org

◐東京拘置所のそばで死刑について考える会（そばの会）

「そばの会」の一年間で最も大きな痛手は、この会の生みの親の一人である永井迅くん（じんじん）を病気で失ったことでした。じんじんは獄中者組合獄外事務局からフォーラム90、監獄人権センターなどの活動に関わる中で獄中処遇、とりわけ一般市民にはなかなか理解されにくい死刑の問題を一緒に考え、廃止に持っていきたいという思いを込めて、一九九七年五月に獄中の人権問題に関心を持つ仲間と共に「そばの会」を立ち上げました。以来、毎月綾瀬駅前で配ってきた三〇〇〇枚近いビラのほとんどは、じんじんの手になるもので、それは彼自身が「もう無理だ」と言って降りた二〇二二年五月まで続きました。

法務大臣地元行動で駅頭で語るじんじん

「永井さんにだけビラを任せるのはおかしい」という声もありましたが、深田卓さんが本誌昨年度版の「追悼・永井清（迅）さん」で語っておられるように「そばの会でも、彼は一枚のビラを一ケ月かけて作っていた」というくらい、力を込めていたのです。それは綾瀬駅前で受け取って読んでくれる人たちに、わかってもらえるビラを心がけていたからだと思います。

毎月のビラまきに参加する仲間たちは、じんじんが作ったビラを当然のように道行く人に配っていましたが、じんじんがビラ作りの役目を降りてからは皆が交代でビラを作ることになりました。他者にわかってもらうビラを書くというのは簡単なようでなかなか難しいものです。出来上がった原案を皆で検討して意見を出し合い、ビラを完成させていくというプロセスは、書いた当人にとっては勉強にも刺激にもなる一方で反発を呼ぶこともありました。

こうして皆が交代で担ってきたビラ作りはじんじんが亡くなった昨年八月二二日を境に二年三ケ月の間、積み重ねられて現在に至っています。じんじんもそれを見て「なかなかよくなっているじゃないか」とニコニコしているのではないかと思います。

以下に挙げるのは、皆がじんじんから学びつつ作ってきた一年分のビラのタイトルです。これからも綾瀬駅前を通る人たちが「そばの会」のビラを手に取って読み、一人でも二人でも死刑の問題に関心を持ってくださることを願ってやみません。

【二三年九月〜二四年八月】23年9月「死刑は必要なのか？ 明治時代から叫ばれた『死刑廃止』」、10月「この日本で『死刑はやむを得ない』ですか?・」、11月「死刑制度！本当に必要でしょうか?・」、12月「届かぬ手紙を書き続けて」、24年1月「何も言えない死刑囚に代わって、何も言わない『生命』から死刑を考える」、2月「立場の違いを越えて理解する」、3月「少年の言葉を求めたい」、4月「ある死刑囚のこと」、5月「抹消か、再生の道か…」、6月「死刑制度は『世論』が決める?・」、7月「なぜ飯塚事件の再審請求は棄却なのか」、8月「命とは何だろうか?…死刑とは何だろうか?・」

住所➡〒116-0003 東京都荒川区南千住一―五九―六―三〇二

HP➡http://http://sobanokai.hanamizake.com/

X（旧ツイッター）➡https://twitter.com/AyaseSobanokai

死刑をなくそう市民会議

「死刑をなくそう市民会議」は、「国の内外を問わずあらゆる分野の市民が死刑廃止の意味と目的についての理解を深め、すべての人間の生命権を重視する死刑のない民主主義社会の即時実現に向けて」（設立趣意書）、二〇一九年六月一日に設立し、二〇二四年で設立五年をむかえました。

活動としましては、月に一回運営委員会を開催（オンラインとの併用）。その運営委員会の下に各種の小委員会を設置しています。二〇二三年八月からの主な活動としては、「市民会議ニュースの発行」等を実施してきました。その他、ホームページ、SNS等を活用し、死刑に関する状況など死刑問題に関する各種の情報も発信しています。

今後もみなさまと一緒に活動を広げていきたいと思っております。

★二〇二三年八月からの主な活動

・毎月一回運営会議

・二〇二三年九月 市民会議ニュース10号発行

住所➡〒101-0052 東京都千代田区神田小川町三―二八―一三―八〇七

Email➡siminkaigi@ccacp.jp

ホームページ➡http://ccacp.jp/

X（旧Twitter）➡https://twitter.com/ccacp_japan

振替口座➡00250-0-89868 死刑をなくそう市民会議

日本カトリック正義と平和協議会「死刑廃止を求める部会」

日本カトリック正義と平和協議会（正平協）は、キリストの教えにもとづいて社会問題に取り組むカトリック教会の組織です。その一部会として「死刑廃止を求める部会」は、死刑廃止運動にかかわる方々をつなぐネットワークをめざし、死刑廃止運動を促進する活動（祈りの集い・講演会・小冊子の作成・ニュースレターの発行）をしています。現代のカトリック教会は福音の光のもとに、死刑は許容できない刑罰であるということをはっきりと教えています。

主催イベントとしては、二〇二三年八月二一日に、『叩けよ、さらば開かれん』（マタイ7・7）～死刑再審への長き道を共に歩んで～」と題して、死刑と冤罪・再審についてのオンラインシンポジウムを開催しました。また、一二月二日には、「受刑者とともに捧げるミサ」を麹町聖イグナチオ教会で執り行いました。ニュースレターは、八月六日に第20号を発行しました。日本政府に対しては、一〇月一〇日の世界死刑廃止デーおよび一二月一〇日の世界人権デー（世界人権宣言七五周年）に際し、死刑執行停止を求める要請文を発出しました。

当部会への参加を希望される方は、正義と平和協議会までご連絡ください。会費等は不要、カトリック信者でない方の参加も歓迎です。

住所➡135-8585 東京都江東区潮見二―一〇―一〇
Tel➡03-5632-4444　Fax➡03-5632-7920
HP➡https://www.jccjp.org/
E-mail➡jccjp@cbcj.catholic.jp
郵便振替➡00190-8-100347
カトリック正義と平和協議会

朗読劇「DEAD END」終了後挨拶する原作者の日方ヒロコさん

❍死刑廃止フォーラムinなごや

二〇二三年八月から二四年八月まで

1．例会開催　二〇二三年八月四日、九月一日、一〇月六日、一一月一〇日、一二月八日、二〇二四年一月五日、二月二日、三月一日、四月五日、五月三日、六月七日、七月五日、八月二日、毎月第一金曜日を中心に開催。情報交換やイベント企画の検討。今後の活動について議論していた。毎回五名から一〇名ほどが出席していた。

2．死刑廃止デー企画講演会「袴田事件の問題点」開催　二〇二三年一〇月八日、袴田ひで子さん、小川秀世弁護士をお招きして、袴田事件の問題点についてお話しいただいた。参加者数三六名、証拠の捏造ではないか、冤罪事件ではないかとの疑問を強く抱いたようだ。

3．朗読劇「DEAD END」開催　二四年六月一五日　死刑廃止フォーラムinなごや初期のころの中心メンバー日方ヒロコさんの小説を原作として、劇作家北村想さんの脚本による朗読劇「DEAD END」開催、日方さんの呼びかけがあり約一〇〇名が参加した。朗読劇という今までにないイベント内容だったが、プロの役者の演技に観客の皆さん魅入っていた様だった。日方さんとの旧交を温めていた方が多くいた。

同時に開催した、半田保険金殺人事件の死刑囚だった長谷川俊彦さんの絵画展は、感銘を受けた方が多くいたようだ。半田保険金殺人事件の被害者遺族原田正治さんも来られた。

4．サマーセミナー愛知に参加　二四年七月一三日（土）今年は東海高校中学校およびその周辺の会場で開催。毎年夏休みが始まる頃に主に高校生向けに開催されるサマーセミナーに三名が講師として参加。「死刑廃止を考える」というテーマで講座を開催した。高校生を中心に一般の方にも死刑制度の問題点をお話しした。熱心に聞いていただき死刑制度について考えるきっかけになることを期待したい。四四名が参加。講義の結果死刑存置八名↓〇名、死刑廃止一二名↓多数、どちらでもない一四名↓一五名に、死刑制度の問題を知ることによって、死刑廃止の意見になる方が一定数増えたと思います。

住所➡〒461-0023　名古屋市東区徳川町一三一〇　稲垣法律事務所

◉「死刑を止めよう」宗教者ネットワーク

発足の経緯

イタリアの聖エジディオ共同体が主催した死刑廃止セミナー『生命のために連帯を』（二〇〇三年五月、東京・四谷）に参加した宗教者が、「死刑の執行を停止させ、死刑についての議論を広く行い、命について考える機会をできるだけ多く設けよう」という目的のもと、①情報交換や共同行動を行う、②一年に数回集会を行うことを目指して、二〇〇三年六月、超教派のネットワークを発足しました。

私たちの考え

私たちは各宗教に共通する「命を大切にする価値観」に基づき、死刑に関わるさまざまな方々（死刑囚、被害者遺族、刑務官、教誨師など）のお話から学んで、死刑について次のように考えています。

◇

▲どんな人の命も人の手で奪うことは許されない。

▲どんな罪を犯した人であっても、悔い改める可能性があり、その機会を奪うことはできない。

▲被害者の癒しは応報的な刑罰によってではなく、被害者への心理的・社会的支援に向けた努力によってなされるべきである。

▲犯罪は、力によって押さえ込むのではなく、罪を犯した背景を考え、更生を社会全体で支えていくことによってこそ、

抑止できる。

◇

【私たちの主な活動】

1 月に一度の定例会を設ける。

2 死刑制度について考える「死刑廃止セミナー」を開催する。

3 死刑を執行された人とその家族、被害者や遺族、執行を待つ死刑囚、えん罪と闘う死刑囚、死刑執行にあたる刑務官、弁護士、教誨師など、死刑に関わるすべての人に想いをはせて祈りをささげる「死刑執行停止を求める諸宗教による祈りの集い」を開催する。

4 公式Facebookページを通じて、死刑等に関する情報をこまめに発信・共有する。

【二〇二三年の活動】

毎月の定例会議は、主にZoomを使用して行いました。

創立二〇周年記念イベントとして、例年別の日に行っている「死刑廃止セミナー」と「死刑執行停止を求める諸宗教による祈りの集い」を二〇二三年には同日（「世界死刑廃止デー」にあたる一〇月一〇日）に行いました。カトリック河原町教会（京都カテドラル）で行われたその日の「死刑廃止セミナー」（第三三回）は、雨宮処凛さんを講師に招き、「死刑がある社会で生きるということ」という演題で開催しました。

住所➡〒102-0083 東京都千代田区麹町六―五―一―四Fイエズス会社会司牧センター気付
Facebook ➡https://www.facebook.com/shikei.tomeyou
E-mail ➡ shikei.tomeyou@gmail.com
郵便振替➡00130-1-408377「死刑を止めよう」宗教者ネットワーク

◎キリスト者死刑廃止ネットワーク

二〇二〇年一〇月に、キリスト教界内へ向けて死刑制度の情報を共有し、話し合い、考えるためのネットワークを開設し、歩みを進めています。十字架という処刑具を救いのしるしと掲げているキリスト者として、「死刑執行」されたイエスを救い主と言い表す信仰者として、誠実に歩むことを目指し、活動しています。

主な活動は、メーリングリストを基本とした死刑制度関連の情報共有と、二〇二一年四月からはZoomミーティングを用いて、地域を越えた月一回の話し合い（交流会）を持っています。そこでは毎回さまざまなテーマで、深く、熱を帯びた話し合いがなされ、情報交換とつながりを強くしています。それぞれの場で活動されている方々（支援活動の方々や関係諸団体の皆さま）の想いを受け、刺激されながら、なおキリスト教界内にも〝いのちと回復のムーヴメント〟の掘り起こしを目指しています。

参加登録は、メールに「氏名」「ご所属」「お名前公表の可否」を記していただいてお申込みを。

HP➡https://tinyurl.com/awtk2ujc
E-mail➡tyanagawa@jesuitsocialcenter-tokyo.com（代表世話人：柳川朋毅）

日本キリスト教団 京都教区「教会と社会」特設委員会「死刑廃止を求める小委員会」

二〇一六年に組織され、年一回の京都教区社会セミナーとして死刑廃止関連のセミナーを実施しています。一九八二年、日本基督教団総会の決議「日本基督教団は、日本国家による死刑執行の中止を求め、死刑制度の廃止を訴え、裁判所は死刑判決を下すことのないよう求める」の再びの実質化のために活動しています。

昨年度は、残念ながら、大きな活動・催しはできておりません。石川一雄さんの狭山事件の集会などにおいて、袴田巖さんの訴えに連帯するチャンスを与えられました。

カトリック教会はもちろん、「死刑を止めよう」宗教者ネットワーク、キリスト者死刑廃止ネットワーク、アムネスティ、京都弁護士会、京都にんじんの会など様々なつながりを得て、地の底からの盛り上がりの一助となりたいと望んでいます。

住所➡〒602-0917 京都市上京区東日野殿町三九四−二 日本基督教団京都教区事務所（委員長：鳥井新平）
Tel➡075-451-3556
E-mail➡info@uccj-kyoto.com

かたつむりの会

かたつむりの会は一九七九年、「死刑廃止関西連絡センター」を前身として発足。一九八九年芝居仕立ての集会「絞められて殺されて」、一九九一年「寒中死刑大会」、一九九二年からの連続講座が『殺すこと殺されること』『死刑の文化を問いなおす』（インパクト出版会）から書籍化。二〇〇八年「死刑廃止！殺すな！一〇五人デモ」等、その他学習会への参加など。大阪拘置所で死刑が執行された日の夜には門前に集まって、形に囚われない各自思い思いの抗議、死刑囚への激励を行っています。

毎年四月には大阪拘置所前、大川沿いの桜のある公園で死刑廃止の横断幕を広げ皆で恒例のお花見&夜回り。一〇月の世界死刑廃止デーの頃にも梅田にて死刑廃止を訴えてビラ配り、拘置所前夜回りを行っています。兵庫県宝塚市の清荒神にある死刑囚の墓参りも。向井孝さん、水田ふうさん、さらには泉水博さんも墓友となりました。会誌としては年四回「死刑と人権」という冊子を編集・発行しており、全国の刑事収容施設に収監されている死刑囚や不当な処遇を受けている当事者からの訴え、その他の方々の寄稿か

ら広く人権問題や学習会などの活動記録も掲載しています。

今年も大阪拘置所前の大川沿いの公園で死刑廃止のお花見が行われました。持ち寄りのつまみと大量の酒、ギターの演奏や飛び入り参加の子ども達の太鼓で賑やかになりました。

さらに今年は三重県からYさんが参加してくれ、草木の種子を大量に持参してくれました。子供達に少しずつ配っているとあたしもちょーだい、僕もちょーだいと。嬉しくなった子供達は種を公園の色々な場所に埋め出して中々素晴らしい光景となりました。色々な仲間が集まってほんの一瞬でもミラクルな一時が味わえるというのは非暴力直接行動の醍醐味と言っても過言ではないでしょう。

老子の思想を受けたブルース・リーが言った「考えるな、感じろ」が身に染みます。『殺すな。そして、殺されるな。』

「死刑と人権」購読料➡年間三千円（年四回発行）
郵便振替➡00900-3-315753
連絡先➡日本郵便（株）大阪北郵便局　私書箱室一九三号
E-mail➡saitoon@sea.plala.or.jp（齋藤）

死刑廃止フォーラムinおおさか

二〇二三年も年のはじめは感染症で月に一回の会議が出来ない状況が続き、夏のはじまりに中道武美弁護士が他界され、定例会の場所や連絡先を私たちは失いました。

定例会は駅チカの喫茶店で細々とやっています。とはいえ秋にはアムネスティと合同連続学習会をしました。

大阪拘置所の死刑囚の方々に個人カンパで月に一回のハガキの送付。

夏のギフトに、越年カンパと、大阪拘置所の死刑囚の方々にアクセスしています。

大阪拘置所の所長との接見を実現出来るように要望書を詰めていってます。

大阪拘置所前の花見、世界死刑廃止デーの大阪行動も、継続しておこなっています。所長との接見もやっていきたいです。

二〇二三年

四月七日 大阪拘置所前花見

六月七日 大阪拘置所の死刑囚の方々に夏のギフトの発送（タオル、ハガキ）

一〇月一五日世界死刑廃止デー大阪行動（午後一時から梅田の陸橋にて世界死刑廃止デーのアピールとビラまき、その後に大阪拘置所正門前にて死刑囚に激励行動）

一〇月二八日アムネスティとの合同連続学習会第一回講師：亀石倫子弁護士

一一月二三日アムネスティとの合同連続学習会第二回講師：金子武嗣弁護士

一二月五日大阪拘置所の死刑囚の方々に越年カンパ（千円、ハガキ、靴下など）

●公益社団法人アムネスティ・インターナショナル日本・死刑廃止ネットワークセンター大阪

アムネスティ大阪事務所を拠点にして、日本と世界の死刑廃止を目指して活動しているチームです。月に一回定例会を持ち、チーム内で死刑に関することを中心に情報を交換し、勉強会も行っています。日本での死刑制度の存廃を考えるとき、一番の問題点は、その是非についての議論が活発化していないことです。多くの人々が死刑問題について無関心であるというのが現状です。私たちは、まず死刑制度に関心をもっていただき、その問題点を一緒に考え、死刑廃止につながっていくように活動しています。その目標に向かっての主な活動は三つです。一つ目は、「死刑廃止を考える入門セミナー」の実施です。毎月二回（現在は月に一回）大阪の事務所で開催しています。最近は高校生や大学生の参加者も増え、探求活動や卒論のテーマに死刑問題を取り上げる学生も増えてきました。二つ目は毎年二回、「死刑廃止NEWSスペシャル」の発行です。日本や世界の最新の死刑状況や関連ニュース、死刑廃止活動の報告や、死刑に関する映画や本の紹介を行っています。東京チームのメンバーや死刑問題に関心のある方々からの寄稿文も掲載しています。三つ目は、死刑問題を考え、死刑廃止を啓発する講演会の実施です。昨年は卓志雄司祭による被害者遺族のお立場からの講演会、死刑廃止フォーラムin大阪とコラボして再審法や死刑国賠に関する連続学習会を実施しました。OCEANが主催の被害者家族と加害者家族が対話するイベントには後援として参加しました。その他、他団体の講演会等にも積極的に参加しています。

日本は二〇二二年七月以来、死刑の執行が止まっています。このまま執行停止の状態が続き、廃止へと向かうことを願ってやみません。日本および世界の存置国の死刑執行停止のため、そして死刑廃止のために一体私たちになにができるのかと常に模索しています。死刑問題に関心のある方、ぜひ一度ご連絡ください。

連絡先➡公益社団法人 アムネスティ・イン

ターナショナル日本　大阪事務所・死刑廃止ネットワークセンター大阪

住所➡〒541-0045　大阪市中央区道修町三―三―一〇　日宝道修町ビル三〇二

TEL➡06-6227-8991　FAX➡06-6227-8992

E-mail➡shihaiamnesty@yahoo.co.jp

◉死刑廃止・タンポポの会

二〇二三年の「死刑廃止デー」の取り組みは、一〇月二一日に『非行少年の「被害」から死刑制度を考える』と題して、熊本大学大学院教授の岡田行雄さんにお話をしていただきました。岡田さんは、刑法や刑事施策の専門家ですが、実際に「非行少年」と言われる人たちと関わる実践活動をされてきています。

非行少年に積み重ねられた「被害」とは何か、「被害」からの救済や少年への支援はどうあるべきかなど、わかりやすく話していただきました。少年の「被害」が埋め合わされないうちに、大人になって重大な事件を起こすことになります。どうすれば、事件を起こさずにすんだのか。被害が埋め合わされることなく、加害者だけに責任があるのか、国の不作為とは。

「金川さんとともにあゆむ会」、「宮崎家族三人殺害事件から学び奥本章寛さんと共に生きる会」からアピールもいただきながら、質疑も濃い内容になり、とてもよい集会にすることができました（もっと多くの参加者を集めたかった）。

二〇二四年の企画は、まだ決まっていませんが、何らかの活動をしたいと思っています。年末には餅代として、福岡拘置所に在監している死刑囚の方全員に、現金差し入れをする予定です。

住所➡〒812-0024　福岡市博多区綱場町九―二八―七〇三　山崎方

TEL➡070-5488-1765

◉個人救援会は除いています。今後も各地の情報をお寄せください。

◉いわゆる市民運動団体ではありませんが、日本弁護士連合会は死刑廃止へ向けての積極的な活動を続けています。

また特定非営利活動法人CrimeInfoの運営するホームページCrimeInfoは、日本の死刑に関する統計資料、刑事司法の諸問題に取り組んだ論文・エッセイ集、死刑をめぐる映像ドキュメンタリーなどの情報提供を行っています。獄中者が閲覧できないのが残念です。

追悼・赤堀政夫さん

二〇二四年二月二二日、赤堀政夫さんが九四歳で逝去された。二六日に火葬され、四月二日に長年赤堀さんを支え共に生活してきた大野萌子さん（二〇一三年没）が眠るお墓に納骨される。五月一八日には「島田事件対策協議会」主催で「赤堀政夫さんを偲ぶ会」が開催された。

赤堀さんは、一九五四年に静岡県島田市で起きた幼女誘拐殺害事件「島田事件」で死刑判決を受け、一九六〇年に死刑が確定、四次にわたる再審請求の末、一九八九年に再審無罪となった。

赤堀さんに対する死刑判決は、「かような行為はおそらく通常の人間にはよくなし得ない、悪逆非道、鬼畜にも等しいもの」「被告人は……知能程度が低く、軽度の精神薄弱であり……殆ど通常の社会生活に適応できない」と、事件の異常性を精神障害に結びつけた。差別に満ちた「精神鑑定」を根拠として、殴る蹴る・首をしめる等の拷問によって強制された自白に存在する重大な矛盾を無視したものだった。

死刑確定後の過酷な日々を、長年にわたり粘り強く取り組まれた冤罪救援運動の方々、精神障害者に対する差別・排除の問題として救援に取り組まれた「精神病」者・障害者解放運動の方々に支えられて生き抜き、赤堀さんは死刑台からの生還を果たした。そして、解放後の赤堀さんは、生涯にわたり袴田巖さんをはじめ冤罪事件の支援、死刑廃止運動、障害者差別との闘いを続けてこられた。

「死刑は絶対に無くさなきゃいけない」

赤堀さんは、最晩年にも死刑囚として収監されていた当時の恐怖について繰り返し語っておられた。殊に死刑執行の対象者と間違えられたときのこと。「ダッダッダッと刑務官の足音が僕の部屋の前で止まって、カチャカチャ鍵を開ける音がしてドアが開いた。『赤堀、お迎えだ』って。僕はびっくりして腰が抜けちゃった。その時、保安課長が急いで来て、みんなで慌てて部屋から出て行った。部屋を間違えたんだ」。その後、鏡を見たら頭の真っ白な知らないおじいさんが映っていた、刑務官から「お前だ」と教えられ、恐怖で髪の毛が真っ白になってしまったのがわかったのだと。思い返しても「震えちゃう」と話されていた。そして、「死刑囚はね、みんな可哀想なんだよ」「死刑は絶対に無くさなきゃいけない」と。私などの想像の及ばない極限の体験から、赤堀さんの死刑廃止の訴えは、全身全霊を込めての思いが伝わってくるものだった。

赤堀さんは「死刑を無くすために、仲間に入れてもらって一緒にやっていきたい」と「死刑廃止のための大道寺幸子基金」に資金提供し、二〇一五年から基金に赤堀さんの名前が加わった。これに先立ち、京都で開催されていた真宗大谷派主催の死刑囚絵画展を赤堀さんに観ていただいた。赤堀さんは「みんな頑張って描いていてすごいね」としきりに感心しておられた。その際、死刑囚の絵画という点から仙台で一緒だった帝銀事件の冤罪死刑囚・平沢貞通さんのことを思い出し、「いつも絵を描いていたね。とても上手だった」と話されていた。獄中生活での定期転房で平沢さんの使った房に移ると、絵の具の跡などで「掃除が本当に大変だったんだよ」と、几帳面な赤堀さんらしいエピソードも。

一九八九年に赤堀さんが再審無罪判決を勝ち取った静岡地裁では、現在、袴田巖さんの再審公判が開かれている。九月には再審無罪判決が出されるであろう状況にある。これまで赤堀さんたち四人の死刑囚が再審無罪となり、死刑が言い渡される重大事件であろうと誤判は起きることが明らかになっても、再審に関する法の整備がなされることも死刑という刑罰が見直されることもなかった。袴田さんの無罪判決を機に、再審法改正と共に死刑廃止の流れへと繋げていくことが、何よりも赤堀さんたちの苦難に報いることになると思う。

〝赤堀さん〟といえば、パッと周りを照らすようなあの明るい笑顔が思い浮かぶ。肺炎で入院中の時などご自身が大変な時でも、いつも「気をつけて帰ってね」「体を大切にね」と優しい気遣いをしてくださる方だった。

赤堀さん、長い間のお付き合いをどうもありがとうございました。どうぞゆっくり安らかにお眠りください。

（深瀬暢子）

（初出『FORUM90』190号、2024年4月）

赤堀政夫

（1929年～2024年、享年94歳）

1954. 3.10	事件発生
5.28	別件逮捕
1958. 5.23	静岡地裁死刑判決
1960.12.15	上告棄却、死刑確定
1987. 4. 1	再審開始決定
1989. 1.31	静岡地裁で無罪判決
2023. 2.22	死去

追悼・中道武美弁護士

大阪の中道武美弁護士が七月三一日に亡くなりました。一九八〇年の弁護士登録以来、釜ヶ崎の事件に関わり、また池田小事件の宅間氏の執行後の遺体の引き取りや、死刑執行が危ぶまれる時期には大阪拘置所の死刑確定者へのアドバイスなど、様々な活動をされていました。ただ、ここ二年は闘病中でしたが、そろそろ復帰しようかなと言われていた直後に病気が発見され、入院に至らないまま急死されました。

以下は、死刑廃止フォーラムin大阪からの追悼文です。（関西救援連絡センター）

＊　＊　＊

ずっと、死刑廃止フォーラムinおおさかを大きく見守り支えてもらい、いつもいつも同志であった中道弁護士。

かれこれ一五年位前の正月に、死刑廃止フォーラムinおおさかで新春対談と称して安田好弘弁護士と中道武美弁護士に出てもらった事があった。『東の安田、西の中道』といわれる二人の「ズバリ死刑廃止とは」。

二〇年位前には、大阪拘置所前の花見にも来て、コッフェルで鍋を炊いて食べてもらったのですが、いつも忙しくその時も三〇分も居てなかったと記憶してます。

その頃は『困った時には中道さん』と、何かにつけて中道さんにアドバイスをもらってました。

死刑が執行がされそうな時には、自分たちでも出来る事として大阪拘置所で『夜廻り』をしていました。これは故水田ふうさんからの伝来のもので、拍子木でチョンチョン。「死刑の用心死の用心、サンマ焼いても家焼くな、死刑の用心死の用心チョンチョン」

大阪拘置所に近い地下鉄都島駅の出口で手製のビラを持ち寄り、ビラまきをしてから、拍子木に合わせ大阪拘置所の廻りを練り歩き、看守の官舎前と、正門前では『嫌な仕事は断りましょう、大阪拘置所、死刑をするな！』などと言ったりし、十人ほどでやっていた時もありました。

中道さんにも、『弁護士なんだから、この人とこの人に死刑執行されないように、なんでもいいから、再審請求なり、人身保護請求なりなんせ殺されないように、なんかしといてください』と、めっちゃくちゃ大阪のおばちゃんのノリで話していました。中道さんも、『無茶言うね』と言いつつも、キチンと話を聞いてくれてました。

中道法律事務所が大阪の地に存在していたので、私たちはのびのびと活動出来てました。ほんとうにありがたかった。

中道さん自身が中道法律事務所を閉じようと近年はされていて、大量の本も整理されてたのも、自分の死期を知りつつの行動であったかのようです。

最後まで、弁護士であり続けた方でした。こころからのご冥福と共に死刑廃止に光あれ！

（初出「FORUM90」１８８号、２０２３年10月）

死刑廃止国際条約の批准を求める
FORUM90
地球が決めた死刑廃止

〒107-0052 東京都港区赤坂 2-14-13 港合同法律事務所気付
TEL：03-3585-2331　FAX：03-3585-2330
振替口座：郵便振替 00180-1-80456
加入者名：フォーラム 90

死刑廃止国際条約の批准を求める
FORUM90
地球が決めた死刑廃止
VOL.192
9月26日は静岡地裁へ
世紀を超えた死刑冤罪　袴田事件袴田巖さんに判決が下される
山崎俊樹
響かせあおう死刑廃止の声 2024
10月13日（日）
星陵会館

192号（2024.9.10）
9月26日は静岡地裁へ　山崎俊樹
死刑執行停止2年1ヶ月！　法務省赤煉瓦前死刑廃止スタンディング・アクション　大島みどり
日弁連、死刑再審弁護活動援助制度を開始　小林修
死刑執行の無法を問う裁判傍聴記　永井美由紀／死刑日録
2024年秋の死刑廃止行動へ
死刑廃止全国交流合宿 2024 福岡
インフォメーション
追悼・日方ヒロコさん

191号（2024.7.5）
吹き出す死刑制度の矛盾
法務省との意見交換会
死刑執行の無法を問う裁判　即日告知即日執行違憲国賠　不当な門前払い判決　永井美由紀
裁判員経験者による死刑行停止の要請行動
死刑日録／ブックレビュー
「死刑囚の作品展　命みつめて2」小野田豊
インフォメーション

190号（2024.4.10）
死刑執行停止600日　停止期間のさらなる継続を！
死刑執行の無法を問う裁判　永井美由紀
法務省との意見交換会
追悼・赤堀政夫さん　深瀬暢子
「正義の行方」木寺一孝監督に聞く　可知亮
「死刑囚の絵展」／死刑日録
第13回死刑映画週間を終えて／アンケートから
インフォメーション

189号（2023.12.25）
「勝って勝つ、どこまでも勝っていく」袴田巖・ひで子さんのスピーチから
第30回死刑廃止全国合宿、浜松で開催
熊谷で法相地元集会　石川一雄さん、早智子さんとともに
オンライン署名活動中間報告と法務省との意見交換会
19回死刑囚表現展アンケートから
死刑日録
執行の無法を問う3つの死刑関連訴訟傍聴記
インフォメーション

188号（2023.10.30）
響かせあおう死刑廃止の声 2023
不透明な「裁量権」が支配する東京拘置所の視察報告　石川顕
袴田再審から死刑廃止へ　小川秀世　金平茂紀
19回目を迎えた死刑囚表現展　小田原のどか／香山リカ／北川フラム／栗原康／大田昌国
10.9集会での国会議員のご挨拶とメッセージ
死刑のボタンを押しているのはあなたです！
追悼・中道武美／合宿への招待
インフォメーション

187号（2023.9.10）
響かせあおう死刑廃止の声 2023
法務省交渉報告
死執行の無法を問う3つの死刑関連訴訟傍聴記　関西救援連絡センター・永井美由紀
死刑廃止全国合宿案内
追悼・永井清（迅）さん
ブックレビュー／死刑日録／インフォメーション

＊＊＊＊＊＊＊＊＊＊＊＊＊

本誌のお申し込みはホームページからどうぞ。ご希望の方にはメール配信も行なっております。QRコードもご利用ください。

93年3月26日以降の死刑確定囚（アミは被執行者及び獄死者）（作成・フォーラム90）

氏名　拘置先 判決日	事件名（事件発生日） 生年月日	備　考
尾田　信夫　福岡 70.11.12 最高裁 70. 3.20 福岡高裁 68.12.24 福岡地裁	川端町事件 (66.12.5) 1946年9月19日生まれ	死因の一つとされる放火を否認して再審請求中。98年10月29日最高裁は再審請求棄却に対する特別抗告を棄却、その中で「一部無罪」も再審請求は可能と判断。
奥西　勝（享年89歳） 15.10. 4 八王子医療刑務所で病死 72. 6.15 最高裁 69. 9.10 名古屋高裁　死刑 64.12.23 津地裁　無罪	名張毒ぶどう酒事件 (61.3.28) 1926年1月1日生まれ	一審無罪、高裁で逆転死刑に。05年4月、7次再審が認められたが、検察の異議申立で06年12月再審開始取消決定。10年4月最高裁、名古屋高裁へ差戻決定。12年5月名古屋高裁、再審開始取消決定。13年10月最高裁特別抗告棄却。15年第9次再審請求中に病死。同年11月6日、妹が第10次再審請求。
冨山　常喜（享年86歳） 03. 9. 3 東京拘置所で病死 76. 4. 1 最高裁（藤林益三） 73. 7. 6 東京高裁（堀義次） 71.12.24 水戸地裁土浦支部 （田上輝彦）	波崎事件 (63.8.26) 1917年4月26日生まれ	物証も自白も一切なし。 再審請求中に病死。
大濱　松三　東京 77. 4.16 控訴取下げ 75.10.20 横浜地裁小田原支部	ピアノ殺人事件 (74.8.28) 1928年6月4日生まれ	精神鑑定次第で減刑もありえた。本人控訴取下げで死刑確定。
近藤　清吉（享年55歳） 93. 3.26 仙台拘置支所にて執行 80. 4.25 最高裁（栗木一夫） 77. 6.28 仙台高裁 74. 3.29 福島地裁白河支部	山林売買強殺事件等 (70.7/71.5)	1件を否認、4回にわたって自力で再審請求。
袴田　巖　釈放 24. 9.26 静岡地裁（國井恒志） **再審無罪判決** 80.11.19 最高裁（宮崎梧一） 76. 5.18 東京高裁（横川敏雄） 68. 9.11 静岡地裁（石見勝四）	袴田事件 (66.6.30) 1936年3月10日生まれ	一審以来無実を主張。14年3月27日静岡地裁（村山浩昭）再審開始決定。同日釈放。18年6月11日、東京高裁、再審開始決定取り消し。20年12月22日、最高裁、高裁へ差し戻す決定。23年3月13日東京高裁（大善文男）検察の即時抗告棄却・再審開始決定。24年9月26日、無罪判決。ニュースとして「さいしん」「無罪」「袴田ネット通信」など。
小島　忠夫（享年61歳） 93.11.26 札幌拘置支所にて執行 81. 3.19 最高裁（藤崎万里） 77. 8.23 札幌高裁 75. 9.　釧路地裁	釧路一家殺人事件 (74.8.7)	責任能力の認定等で再審請求、棄却。

小野　照男（享年 62 歳） 99.12.17 福岡拘置所にて執行 81. 6.16 最高裁（環昌一） 79. 9.　福岡高裁 78. 9.　長崎地裁	長崎雨宿り殺人事件 (77.9.24)	最高裁から無実を主張、自力で 18 年にわたり再審請求。初めて弁護人がつき、再審請求を申し立てた 4 日後に執行。
立川修二郎（享年 62 歳） 93. 3.26 大阪拘置所にて執行 81. 6.26 最高裁（木下忠良） 79.12.18 高松高裁 76. 2.18 松山地裁	保険金目当実母殺人事件等 (71.1/72.7)	一部無実を主張。
関　　幸生（享年 47 歳） 93.11.26 東京拘置所にて執行 82. 9.　東京高裁（内藤丈夫） 79. 5.17 東京地裁（金隆史）	世田谷老女強殺事件 (77.12.3)	上告せず確定。
藤岡　英次（享年 40 歳） 95. 5.26 大阪拘置所にて執行 83. 4.14 徳島地裁（山田真也）	徳島老人殺人事件等 (78.11/12.16)	控訴せず確定。
出口　秀夫（享年 70 歳） 93.11.26 大阪拘置所にて執行 84. 4.27 最高裁（牧圭次） 80.11.28 大阪高裁 78. 2.23 大阪地裁（浅野芳朗）	大阪電解事件 (74.7.10/10.3)	
坂口　　徹（享年 56 歳） 93.11.26 大阪拘置所にて執行 84. 4.27 最高裁（牧圭次） 80.11.18 大阪高裁 78. 2.23 大阪地裁（浅野芳朗）	大阪電解事件 (74.7.10/10.3)	
川中　鉄夫（享年 48 歳） 93. 3.26 大阪拘置所にて執行 84. 9.13 最高裁（矢口洪一） 82. 5.26 大阪高裁（八木直道） 80. 9.13 神戸地裁（高橋通延）	広域連続殺人事件 (75.4.3 ～)	精神病の疑いがあるにもかかわらず執行。
安島　幸雄（享年 44 歳） 94.12. 1 東京拘置所にて執行 85. 4.26 最高裁（牧圭次） 80. 2.20 東京高裁（岡村治信） 78. 3. 8 前橋地裁（浅野達男）	群馬 3 女性殺人事件 (77.4.16)	養父母との接見交通禁止に対しての国賠訴訟中の処刑。
佐々木和三（享年 65 歳） 94.12. 1 仙台拘置支所にて執行 85. 6.17 青森地裁	青森旅館主人他殺人事件 (84.9.9)	弁護人控訴の翌日、本人取下げで確定。
須田　房雄（享年 64 歳） 95. 5.26 東京拘置所にて執行 87. 1　控訴取下げ確定 86.12.22 東京地裁（高島英世）	裕士ちゃん誘拐殺人事件 (86.5.9)	本人の控訴取下げで確定。
大道寺将司（享年 68 歳） 17. 5.24 東京拘置所にて病死 87. 3.24 最高裁（伊藤正己） 82.10.29 東京高裁（内藤丈夫） 79.11.12 東京地裁（簑原茂広）	連続企業爆破事件 (71.12 ～ 75.5) 1948 年 6 月 5 日生まれ	「共犯」は「超法規的措置」により国外へ。交流誌「キタコブシ」が出ていた。著書『死刑確定中』、句集『鴉の目』『棺一基』『残の月』などがある。
益永　利明　　　東京 87. 3.24 最高裁（伊藤正己） 82.10.29 東京高裁（内藤丈夫） 79.11.12 東京地裁（簑原茂広）	連続企業爆破事件 (71.12 ～ 75.5) 1948 年 6 月 1 日生まれ	旧姓片岡。「共犯」は「超法規的措置」により国外へ。国賠多数提訴。交流誌「ごましお通信」が出ていた。著書『爆弾世代の証言』がある。

井田　正道（享年 56 歳） 98.11.19 名古屋拘置所にて執行 87. 4.15 上告せず確定 87. 3.31 名古屋高裁（山本卓） 85.12. 5 名古屋地裁 （鈴木雄八郎）	名古屋保険金殺人事件 （79.11 ～ 83.12） 1942 年 6 月 27 日生まれ	上告せず確定。「共犯」の長谷川は 93 年に確定。
木村　修治（享年 45 歳） 95.12.21 名古屋拘置所にて執行 87. 7. 9 最高裁（大内恒夫） 83. 1.26 名古屋高裁（村上悦夫） 82. 3.23 名古屋地裁（塩見秀則）	女子大生誘拐殺人事件 （80.12.2） 1950 年 2 月 5 日生まれ	恩赦出願したが、その決定が代理人に通知されないままの処刑。著書に『本当の自分を生きたい』がある。
秋山　芳光（享年 77 歳） 06.12.25 東京拘置所にて執行 87. 7.17 最高裁（香川保一） 80. 3.27 東京高裁（千葉和郎） 76.12.16 東京地裁	秋山兄弟事件 （75.8.25）	殺人未遂等を否認して再審請求。棄却。
田中　重穂（享年 69 歳） 95. 5.26 東京拘置所にて執行 87.10.23 最高裁（香川保一） 81. 7. 7 東京高裁（市川郁雄） 77.11.18 東京地裁八王子支部	東村山署警察官殺人事件 （76.10.18） 1929 年 7 月 13 日生まれ	旧姓・小宅。
平田　直人（享年 63 歳） 95.12.21 福岡拘置所にて執行 87.12.18 最高裁（牧圭次） 82. 4.27 福岡高裁（平田勝雅） 80.10. 2 熊本地裁（辻原吉勝）	女子中学生誘拐殺人事件 （79.3.28） 1932 年 1 月 1 日生まれ	事実誤認があるとして再審請求、棄却。
浜田　武重（享年 90 歳） 17. 6.26 福岡拘置所にて病死 88. 3. 8 最高裁（伊藤正己） 84. 6.19 福岡高裁（山本茂） 82. 3.29 福岡地裁（秋吉重臣）	3 連続保険金殺人事件 （78.3 ～ 79.5） 1927 年 3 月 10 日生まれ	3 件中 2 件については無実を主張。
杉本　嘉昭（享年 45 歳） 96. 7.11 福岡拘置所にて執行 88. 4.15 最高裁（香川保一） 84. 3.14 福岡高裁（緒方誠哉） 82. 3.16 福岡地裁小倉支部 （佐野精孝）	福岡病院長殺人事件 （79.11.4）	被害者 1 人で 2 名に死刑判決。自力で再審請求をしていたらしいが、詳細は不明。
横山　一美（享年 59 歳） 96. 7.11 福岡拘置所にて執行 88. 4.15 最高裁（香川保一） 84. 3.14 福岡高裁（緒方誠哉） 82. 3.16 福岡地裁小倉支部 （佐野精孝）	福岡病院長殺人事件 （79.11.4）	被害者 1 人で 2 名に死刑判決。再審請求を準備していた。
綿引　　誠（享年 74 歳） 13. 6.23 東京拘置所にて病死 88. 4.28 最高裁（角田礼次郎） 83. 3.15 東京高裁（菅野英男） 80. 2. 8 水戸地裁（大関隆夫）	日立女子中学生誘拐殺人事件 （78.10.16） 1939 年 3 月 25 日生まれ	再審請求中に病死。
篠原徳次郎（享年 68 歳） 95.12.21 東京拘置所にて執行 88. 6.20 最高裁（奥野久之） 85. 1.17 東京高裁（小野慶二） 83.12.26 前橋地裁（小林宣雄）	群馬 2 女性殺人事件 （81.10、82.7）	無期刑の仮釈放中の事件。

渡辺　清　大阪 88. 6. 2 最高裁（高島益郎） 78. 5.30 大阪高裁　死刑（西村哲夫） 75. 8.29 大阪地裁　無期（大政正一）	4 件殺人事件 （67.4.24 ～ 73.3） 1948 年 3 月 17 日生まれ	一審は無期懲役判決。4 件中 2 件は無実と主張。
石田三樹男（享年 48 歳） 96. 7.11 東京拘置所にて執行 88. 7. 1 最高裁（奥野久之） 84. 3.15 東京高裁（寺沢栄） 82.12. 7 東京地裁（大関規雄）	神田ビル放火殺人事件 （81.7.6）	起訴から高裁判決まで 1 年半というスピード裁判。
日高　安政（享年 54 歳） 97. 8. 1 札幌拘置支所にて執行 88.10.11 控訴取下げ 87. 3. 9 札幌地裁（鈴木勝利）	保険金目当て放火殺人事件 （84.5.5） 1944 年生まれ	恩赦を期待して控訴を取り下げた。放火は認めているが、殺意は否認。
日高　信子（享年 51 歳） 97. 8. 1 札幌拘置支所にて執行 88.10.11 控訴取下げ 87. 3. 9 札幌地裁（鈴木勝利）	保険金目当て放火殺人事件 （84.5.5） 1947 年生まれ	恩赦を期待して控訴を取り下げた。放火は認めているが、殺意は否認。
平田　光成（享年 60 歳） 96.12.20 東京拘置所にて執行 88.10.22 上告取下げ 82. 1.21 東京高裁（市川郁雄） 80. 1.18 東京地裁（小野幹雄）	銀座ママ殺人事件他 （78.5.21/6.10）	恩赦を期待して上告を取下げ、死刑確定。「共犯」の野口は 90 年 2 月死刑確定。
今井　義人（享年 55 歳） 96.12.20 東京拘置所にて執行 88.10.22 上告取下げ 85.11.29 東京高裁（内藤丈夫） 84. 6. 5 東京地裁（佐藤文哉）	元昭石重役一家殺人事件 （83.1.29）	事件から二審判決まで 2 年。恩赦を期待してか上告取下げ、死刑確定。
西尾　立昭（享年 61 歳） 98.11.19 名古屋拘置所にて執行 89. 3.28 最高裁（安岡満彦） 81. 9.10 名古屋高裁 80. 7. 8 名古屋地裁	日建土木事件 （77.1.7） 1936 年 12 月 18 日生まれ	「共犯」とされる山根は無実を主張したが、最高裁で異例の無期懲役に減刑判決。
石田　富蔵（享年 92 歳） 14. 4.19 東京拘置所にて病死 89. 6.13 最高裁（坂上寿夫） 82.12.23 東京高裁（菅間英男） 80. 1.30 浦和地裁（杉山英巳）	2 女性殺人事件 （73.8.4/74.9.13） 1921 年 11 月 13 日生まれ	1 件の強盗殺人事件の取り調べ中に他の傷害致死事件を自ら告白、これが殺人とされた。前者の強殺事件は冤罪を主張。再審請求中に病死。
藤井　政安　東京 89.10.13 最高裁（貞家克己） 82. 7. 1 東京高裁（船田三雄） 77. 3.31 東京地裁（林修）	関口事件 （70.10 ～ 73.4） 1942 年 2 月 23 日生まれ	旧姓関口。
神田　英樹（享年 43 歳） 97. 8. 1 東京拘置所にて執行 89.11.20 最高裁（香川保一） 86.12.22 東京高裁（萩原太郎） 86. 5.20 浦和地裁（杉山忠雄）	父親等 3 人殺人事件 （85.3.8）	控訴から二審判決まで半年、上告後 3 年で死刑確定。
宇治川　正（享年 62 歳） 13.11.15 東京拘置所にて病死 89.12. 8 最高裁（島谷六郎） 83.11.17 東京高裁（山本茂） 79. 3.15 前橋地裁（浅野達男）	2 女子中学生殺人事件等 （76.4.1） 1951 年 6 月 29 日生まれ	旧姓田村。覚醒剤の影響下での事件。再審請求中に病死。交流誌「ひよどり通信」が出ていた。

野口　悟（享年50歳） 96.12.20 東京拘置所にて執行 90. 2. 1 最高裁（四ツ谷巖） 82. 1.21 東京高裁（市川郁雄） 80. 1.18 東京地裁（小野幹雄）	銀座ママ殺人事件他 (78.5.21/6.10)	「共犯」の平田光成は上告取下げで88年に確定。
金川　一　福岡 90. 4. 3 最高裁（安岡満彦） 83. 3.17 福岡高裁 死刑（緒方誠哉） 82. 6.14 熊本地裁八代支部 無期（河上元康）	主婦殺人事件 (79.9.11) 1950年7月7日生まれ	一審途中から無実を主張、一審は無期懲役判決。客観的証拠なし。
永山　則夫（享年48歳） 97. 8. 1 東京拘置所にて執行 90. 4.17 最高裁（安岡満彦） 87. 3.18 東京高裁　死刑 （石田穣一） 83. 7. 8 最高裁　無期破棄差戻 （大橋進） 81. 8.21 東京高裁　無期 （船田三雄） 79. 7.10 東京地裁　死刑	連続射殺事件 (68.10.11 ～ 11.5) 1949年6月27日生まれ	犯行時19歳。『無知の涙』『人民をわすれたカナリアたち』『愛か無か』『動揺記』『反—寺山修司論』『木橋』『ソオ連の旅芸人』『捨て子ごっこ』『死刑の涙』『なぜか、海』『異水』『日本』『華』など多数の著作がある。没後永山子ども基金設立。ペルーの貧しい子どもたちに支援をつづける。
村竹　正博（享年54歳） 98. 6.25 福岡拘置所にて執行 90. 4.27 最高裁（藤島昭） 85.10.18 福岡高裁　死刑 （桑原宗朝） 83. 3.30 長崎地裁佐世保支部 無期（亀井義朗）	長崎3人殺人事件等 (78.3.21) 1944年3月30日生まれ	一審の情状をくんだ無期判決が高裁で逆転、死刑判決に。
晴山　広元（享年70歳） 04. 6. 4 札幌刑務所で病死 90. 9.13 最高裁（角田礼次郎） 79. 4.12 札幌高裁　死刑 76. 6.24 札幌地裁岩見沢支部 無期	空知2女性殺人事件等 (72.5 ～ 74.5) 1934年5月8日生まれ	自白のみで物証もなく、違法捜査による自白として無実を主張。一審は無期懲役判決。再審請求中に病死。
荒井　政男（享年82歳） 09. 9. 3 東京拘置所にて病死 90.10.16 最高裁（坂上寿夫） 84.12.18 東京高裁（小野慶二） 76. 9.25 横浜地裁横須賀支部 （秦不二雄）	三崎事件 (71.12.21) 1927年2月4日生まれ	一審以来無実を主張。再審請求中に病死。家族が再審を引きつぐ。救援会の機関誌「潮風」。
武安　幸久（享年66歳） 98. 6.25 福岡拘置所にて執行 90.12.14 最高裁（中島敏次郎） 86.12. 2 福岡高裁 （永井登志彦）	直方強盗女性殺人事件 (80.4.23) 1932年6月20日生まれ	無期刑の仮釈放中の事件。
諸橋　昭江（享年75歳） 07. 7.17 東京拘置所にて病死 91. 1.31 最高裁（四ツ谷巖） 86. 6. 5 東京高裁（寺沢栄） 80. 5. 6 東京地裁（小林充）	夫殺人事件他 (74.8.8/78.4.24) 1932年3月10日生まれ	夫殺しは無実を主張。再審請求中に病死。
島津　新治（享年66歳） 98. 6.25 東京拘置所にて執行 91. 2. 5 最高裁（可部恒雄） 85. 7. 8 東京高裁（柳瀬隆治） 84. 1.23 東京地裁（田尾勇）	パチンコ景品商殺人事件 (83.1.16) 1931年12月28日生まれ	無期刑の仮釈放中の事件。

津田　　暎（享年 59 歳） 98.11.19 広島拘置所にて執行 91. 6.11 最高裁（園部逸夫） 86.10.21 広島高裁（久安弘一） 85. 7.17 広島地裁福山支部 （雑賀飛龍）	学童誘拐殺人事件 （84.2.13） 1939 年 8 月 15 日生まれ	刑確定後、俳句の投稿を禁止された。
佐川　和男（享年 48 歳） 99.12.17 東京拘置所にて執行 91.11.29 最高裁（藤島昭） 87. 6.23 東京高裁（小野慶二） 82. 3.30 浦和地裁（米沢敏雄）	大宮母子殺人事件 （81.4.4） 1951 年 3 月 21 日生まれ	「共犯」者は逃亡中に病死。
佐々木哲也　　　東京 92. 1.31 最高裁（大堀誠一） 86. 8.29 東京高裁（石丸俊彦） 84. 3.15 千葉地裁（太田浩）	両親殺人事件 （74.10.30） 1952 年 9 月 14 日生まれ	無実を主張。
佐藤　真志（享年 62 歳） 99. 9.10 東京拘置所にて執行 92. 2.18 最高裁（可部恒雄） 85. 9.17 東京高裁（寺沢栄） 81. 3.16 東京地裁（松本時夫）	幼女殺人事件 （79.7.28） 1937 年 3 月 12 日生まれ	無期刑の仮釈放中の事件。
高田　勝利（享年 61 歳） 99. 9.10 仙台拘置支所にて執行 92. 7　　控訴せず確定 92. 6.18 福島地裁郡山支部 （慶田康男）	飲食店女性経営者殺人事件 （90.5.2） 1938 年 4 月 27 日生まれ	無期刑の仮釈放中の事件。控訴せず確定。
森川　哲行（享年 69 歳） 99. 9.10 福岡拘置所にて執行 92. 9.24 最高裁（大堀誠一） 87. 6.22 福岡高裁（浅野芳朗） 86. 8. 5 熊本地裁（荒木勝己）	熊本母娘殺人事件 （85.7.24） 1930 年 4 月 10 日生まれ	無期刑の仮釈放中の事件。
名田　幸作（享年 56 歳） 07. 4.27 大阪拘置所にて執行 92. 9.29 最高裁（貞家克己） 87. 1.23 大阪高裁（家村繁治） 84. 7.10 神戸地裁姫路支部（藤原寛）	赤穂同僚妻子殺人事件 （83.1.19） 1950 年 6 月 17 日生まれ	
坂口　　弘　　　東京 93. 2.19 最高裁（坂上寿夫） 86. 9.26 東京高裁（山本茂） 82. 6.18 東京地裁（中野武男）	連合赤軍事件 （71 ～ 72.2） 1946 年 11 月 12 日生まれ	「共犯」は「超法規的措置」により国外へ。著書『坂口弘歌稿』『あさま山荘 1972』、歌集『常しへの道』『暗黒世紀』など。
永田　洋子（享年 65 歳） 11. 2. 6 東京拘置所にて病死 93. 2.19 最高裁（坂上寿夫） 86. 9.26 東京高裁（山本茂） 82. 6.18 東京地裁（中野武男）	連合赤軍事件 （71 ～ 72.2） 1945 年 2 月 8 日生まれ	「共犯」は「超法規的措置」により国外へ。著書『十六の墓標』『私生きてます』など多数。再審請求中に病死。
澤地　和夫（享年 69 歳） 08.12.16 東京拘置所にて病死 93. 7　　上告取下げ 89. 3.31 東京高裁（内藤丈夫） 87.10.30 東京地裁（中山善房）	山中湖連続殺人事件 （84.10） 1939 年 4 月 15 日生まれ	上告を取下げて、確定。再審請求中に病死。『殺意の時』『東京拘置所　死刑囚物語』『なぜ死刑なのですか』など著書多数。「共犯」の猪熊は 95 年 7 月確定。
藤波　芳夫（享年 75 歳） 06.12.25 東京拘置所にて執行 93. 9. 9 最高裁（味村治） 87.11.11 東京高裁（岡田満了） 82. 2.19 宇都宮地裁（竹田央）	覚醒剤殺人事件 （81.3.29） 1931 年 5 月 15 日生まれ	覚醒剤と飲酒の影響下で、元妻の家族を殺害。

長谷川敏彦（享年 51 歳） 01.12.27 名古屋拘置所にて執行 93. 9.21 最高裁（園部逸夫） 87. 3.31 名古屋高裁（山本卓） 85.12. 5 名古屋地裁 （鈴木雄八郎）	名古屋保険金殺人事件 （79.11 ～ 83.12）	旧姓竹内。「共犯」の井田は上告せず 87 年確定。最高裁判決で大野正男裁判官の補足意見が出る。事件の被害者遺族が死刑執行をしないでと上申書を提出して恩赦出願したが、98 年に不相当。
牧野　　正（享年 58 歳） 09. 1.29 福岡拘置所にて執行 93.11.16 控訴取下げ 93.10.27 福岡地裁小倉支部 （森田富人）	北九州母娘殺人事件 （90.3） 1950 年 3 月 18 日生まれ	無期刑の仮釈放中の事件。一審弁護人控訴を本人が取下げ、確定。二審弁護人不在のまま本人が取り下げたことが問題。公判再開請求が最高裁で棄却。
太田　勝憲（享年 55 歳） 99.11. 8 札幌拘置支所で自殺 93.12.10 最高裁（大野正男） 87. 5.19 札幌高裁（水谷富茂人） 84. 3.23 札幌地裁（安藤正博）	平取猟銃一家殺人事件 （79.7.18）	自殺。
藤原　清孝（享年 52 歳） 00.11.30 名古屋拘置所にて執行 94. 1.17 最高裁（小野幹雄） 88. 5.19 名古屋高裁 （吉田誠吾） 86. 3.24 名古屋地裁（橋本享典）	連続殺人 113 号事件 （72.9 ～ 82.10） 1948 年 8 月 29 日生まれ	旧姓勝田。著書に『冥晦に潜みし日々』がある。
宮脇　　喬（享年 57 歳） 00.11.30 名古屋拘置所にて執行 94. 3.18 上告取下げ 90. 7.16 名古屋高裁 （吉田誠吾） 89.12.14 岐阜地裁（橋本達彦）	先妻家族 3 人殺人事件 （89.2.14） 1943 年 7 月 26 日生まれ	事件から二審判決まで 1 年 4 か月というスピード判決。3 人のうち 2 人は傷害致死を主張。上告を取下げ確定。
大森　勝久　　　　札幌 94. 7.15 最高裁（大西勝也） 88. 1.21 札幌高裁 （水谷富茂人） 83. 3.29 札幌地裁（生島三則）	北海道庁爆破事件 （76.3.2） 1949 年 9 月 7 日生まれ	一貫して無実を主張。
大石　国勝（享年 55 歳） 00.11.30 福岡拘置所にて執行 95. 4.21 最高裁（中島敏次郎） 89.10.24 福岡高裁（丸山明） 87. 3.12 佐賀地裁（早船嘉一）	隣家親子 3 人殺人事件 （82.5.16） 1945 年 1 月 10 日生まれ	事件当時「精神障害」だったとして責任能力について争ったが認められず。
藤島　光雄（享年 55 歳） 13.12.12 東京拘置所にて執行 95. 6. 8 最高裁（高橋久子） 88.12.15 東京高裁（石丸俊彦） 87. 7. 6 甲府地裁（古口満）	2 連続殺人事件 （86.3.6/3.11） 1958 年 4 月 22 日生まれ	事件から 1 年数か月で一審判決という拙速裁判。
猪熊　武夫　　　　東京 95. 7. 3 最高裁（大西勝也） 89. 3.31 東京高裁（内藤丈夫） 87.10.30 東京地裁（中山善房）	山中湖連続殺人事件 （84.10） 1949 年 7 月 2 日生まれ	「共犯」澤地は上告取下げで、93年7月に死刑確定、08年病死。
池本　　登（享年 75 歳） 07.12.07 大阪拘置所にて執行 96. 3. 4 最高裁（河合伸一） 89.11.28 高松高裁　死刑 （村田晃） 88.3.22 徳島地裁　無期 （山田真也）	猟銃近隣 3 人殺人事件 （86.6.3） 1932 年 12 月 22 日生まれ	一審は無期懲役判決、高裁で死刑判決。

山野静二郎　　　　　大阪 96.10.25 最高裁（福田博） 89.10.11 大阪高裁（西村清治） 85. 7.22 大阪地裁（池田良兼）	不動産会社連続殺人事件 （82.3） 1938 年 7 月 31 日生まれ	重大な事実誤認を主張。著書『死刑囚の祈り』『死刑囚の叫び』。支援会誌「オリーブ通信」。
朝倉幸治郎（享年 66 歳） 01.12.27 東京拘置所にて執行 96.11.14 最高裁（高橋久子） 90. 1.23 東京高裁（高木典雄） 85.12.20 東京地裁（柴田孝夫）	練馬一家 5 人殺人事件 （83.6.28）	
向井　伸二（享年 42 歳） 03. 9.12 大阪拘置所にて執行 96.12.17 最高裁（尾崎行信） 90.10. 3 大阪高裁（池田良兼） 88. 2.26 神戸地裁（加藤光康）	母子等 3 人殺人事件 （85.11.29/12.3） 1961 年 8 月 17 日生まれ	
中元　勝義（享年 64 歳） 08. 4.10 大阪拘置所にて執行 97. 1.28 最高裁（可部恒雄） 91.10.27 大阪高裁（池田良兼） 85. 5.16 大阪地裁堺支部 （重富純和）	宝石商殺人事件 （82.5.20） 1943 年 12 月 24 日生まれ	殺人については無実を主張。再審請求、棄却。
松原　正彦（享年 63 歳） 08. 2. 1 大阪拘置所にて執行 97. 3. 7 最高裁（根岸重治） 92. 1.23 高松高裁（村田晃） 90. 5.22 徳島地裁（虎井寧夫）	2 主婦連続強盗殺人事件 （88.4.18/88.6.1） 1944 年 3 月 19 日生まれ	
大城　英明　　　　　福岡 97. 9.11 最高裁（藤井正雄） 91.12. 9 福岡高裁（雑賀飛龍） 85. 5.31 福岡地裁飯塚支部 （松信尚章）	内妻一家 4 人殺人事件 （76.6.13） 1942 年 3 月 10 日生まれ	旧姓秋好。4 人のうち 3 人殺害は内妻の犯行と主張。島田荘司著『秋好事件』『秋好英明事件』。HP は「WS 刊島田荘司」上にある。
神宮　雅晴　　　　　大阪 97.12.19 最高裁（園部逸夫） 93. 4.30 大阪高裁 （村上保之助） 88.10.25 大阪地裁（青木暢茂）	警察庁指定 115 号事件 （84.9.4 他） 1943 年 1 月 5 日生まれ	旧姓廣田。無実を主張。
春田　竜也（享年 36 歳） 02. 9.18 福岡拘置所にて執行 98. 4.23 最高裁（遠藤光男） 91. 3.26 福岡高裁（前田一昭） 88. 3.30 熊本地裁（荒木勝己）	大学生誘拐殺人事件 （87.9.14 ～ 9.25） 1966 年 4 月 18 日生まれ	旧姓田本。一審は異例のスピード審理。
浜田　美輝（享年 43 歳） 02. 9.18 名古屋拘置所にて執行 98. 6. 3 控訴取下げ 98. 5.15 岐阜地裁（沢田経夫）	一家 3 人殺人事件 （94.6.3）	本人控訴取下げで、死刑確定。
宮崎　知子　　　　　名古屋 98. 9. 4 最高裁（河合伸一） 92. 3.31 名古屋高裁金沢支部 （浜田武律） 88. 2. 9 富山地裁（大山貞雄）	富山・長野 2 女性殺人事件 （80.2.23 ～ 3.6）	真犯人は別人と主張。
柴嵜　正一　　　　　東京 98. 9.17 最高裁（井嶋一友） 94. 2.24 東京高裁（小林充） 91. 5.27 東京地裁（中山善房）	中村橋派出所 2 警官殺人事件 （89.5.16） 1969 年 1 月 1 日生まれ	

村松誠一郎　　　　東京 98.10. 8 最高裁（小野幹雄） 92. 6.29 東京高裁（新谷一信） 85. 9.26 浦和地裁（林修）	宮代事件等 （80.3.21） 1956 年 5 月 17 日生まれ	宮代事件は無実を主張。
松本美佐雄　　　　東京 98.12. 1 最高裁（元原利文） 94. 9.29 東京高裁（小林充） 93. 8.24 前橋地裁高崎支部 （佐野精孝）	2 人殺人 1 人傷害致死、死体遺棄事件 （90.12/91.7） 1965 年 2 月 20 日生まれ	1 件の殺人について否認。他の 1 件については共犯者の存在を主張。
高田和三郎（享年 88 歳） 20.10.17 東京拘置所にて病死 99. 2.25 最高裁（小野幹雄） 94. 9.14 東京高裁（小泉祐康） 86. 3.28 浦和地裁（杉山忠雄）	友人 3 人殺人事件 （72.2 ～ 74.2） 1932 年 8 月 17 日生まれ	真犯人は別人と主張。
嶋崎　末男（享年 59 歳） 04. 9.14 福岡拘置所にて執行 99. 3. 9 最高裁（千種秀夫） 95. 3.16 福岡高裁　死刑 （池田憲義） 92. 11.30 熊本地裁　無期	熊本保険金殺人事件	一審は無期懲役判決。高裁で死刑判決。
福岡　道雄（享年 64 歳） 06.12.25 大阪拘置所にて執行 99. 6.25 最高裁（福田博） 94. 3. 8 高松高裁（米田俊昭） 88. 3. 9 高知地裁（田村秀作）	3 件殺人事件 （78.12/80.4/81.1） 1942 年 7 月 13 日生まれ	無実を主張。
松井喜代司（享年 69 歳） 17.12.19 東京拘置所にて執行 99. 9.13 最高裁（大出峻郎） 95.10. 6 東京高裁（小泉祐康） 94.11. 9 前橋地裁高崎支部 （佐野精孝）	安中親子 3 人殺人事件 （94.2.13） 1948 年 1 月 23 日生まれ	再審請求中に執行。
北川　　晋（享年 58 歳） 05. 9.16 大阪拘置所にて執行 00. 2. 4 最高裁（北川弘治） 95. 3.30 高松高裁（米田俊昭） 94. 2.23 高知地裁（隅田景一）	高知・千葉殺人事件 （83.8.16/86.2.6） 1947 年 5 月 21 日生まれ	
日高　広明（享年 44 歳） 06.12.25 広島拘置所にて執行 00. 2. 9 広島地裁（戸倉三郎）	4 女性強盗殺人事件 （96）	控訴せず確定。
小田　義勝（享年 59 歳） 07. 4.27 福岡拘置所にて執行 00. 3.15 福岡地裁（陶山博生）	2 件保険金殺人事件	弁護人の控訴を 00 年 3 月 30 日に本人が取下げ確定。
松本　健次　　　　大阪 00. 4. 4 最高裁（奥田昌道） 96. 2.21 大阪高裁（朝岡智幸） 93. 9.17 大津地裁（土井仁臣）	2 件強盗殺人事件 （90.9/91.9） 1951 年 2 月 3 日生まれ	「主犯」の兄は事件後自殺。
田中　政弘（享年 42 歳） 07. 4.27 東京拘置所にて執行 00. 9. 8 最高裁（河合伸一） 95.12.20 東京高裁（佐藤文哉） 94. 1.27 横浜地裁（上田誠治）	4 人殺人事件 （84.11/88.3/89.6/91.3） 1964 年 9 月 12 日生まれ	旧姓宮下。4 人のうち 2 人の殺人を否認。再審請求が棄却され恩赦出願を準備中に執行。

竹澤一二三（享年69歳） 07. 8.23 東京拘置所にて執行 00.12. 11 東京高裁（高橋省吾） 98. 3.24 宇都宮地裁 （山田公一）	栃木県3人殺人事件 （90.9.13/93.7.28）	嫉妬妄想による犯行と弁護側主張。上告せず死刑が確定。
瀬川　光三（享年60歳） 07. 8.23 名古屋拘置所にて執行 01. 1.30 最高裁（元原利文） 97. 3.11 名古屋高裁金沢支部 （高木實） 93. 7.15 富山地裁（下山保男）	富山夫婦射殺事件 （91.5.7）	
岩本　義雄（享年63歳） 07. 8.23 東京拘置所にて執行 01. 2. 1 東京地裁（木村烈）	2件強盗殺人事件 （96.6/97.7）	弁護人が控訴したが、本人が控訴を取下げ、死刑確定。
上田　　大（享年33歳） 03. 2.28 名古屋拘置所で病死 01. 9.20 最高裁（藤井正雄） 96. 7. 2 名古屋高裁 （松本光雄） 94. 5.25 名古屋地裁一宮支部 （伊藤邦晴）	愛知2件殺人事件 （93.2.16/3.3）	
S・T（享年44歳） 17.12.19 東京拘置所にて執行 01.12. 3 最高裁（亀山継夫） 96. 7. 2 東京高裁（神田忠治） 94. 8. 8 千葉地裁（神作良二）	市川一家4人殺人事件 （92.3.5） 1973年1月30日生まれ	犯行時19歳の少年。再審請求中に執行。
萬谷　義幸（享年68歳） 08. 9.11 大阪拘置所にて執行 01.12. 6 最高裁（深沢武久） 97. 4.10 大阪高裁（内匠和彦） 91. 2. 7 大阪地裁（米田俊昭）	地下鉄駅短大生殺人事件 （88.1.15） 1940年1月24日生まれ	無期刑の仮釈放中の事件。
陳　代　偉　　　　東京 02. 6.11 最高裁（金谷利広） 98. 1.29 東京高裁（米沢敏雄） 95.12.15 東京地裁八王子支部 （豊田建）	パチンコ店強盗殺人事件 （92.5.30） 1961年2月13日生まれ	中国国籍。定住以外の外国人の死刑確定は戦後初めて。主犯格国外逃亡中。取調べ時拷問を受け、自白を強要された。強盗殺人の共謀と殺意の不在を主張。通訳の不備が問題となる。
何　　　力　　　　東京 02. 6.11 最高裁（金谷利広） 98. 1.29 東京高裁（米沢敏雄） 95.12.15 東京地裁八王子支部 （豊田建）	パチンコ店強盗殺人事件 （92.5.30） 1964年10月3日生まれ	同上。
横田　謙二　　　　東京 02.10. 5 上告取下げ 02. 9.30 東京高裁　死刑 （高橋省吾） 01. 6.28 さいたま地裁　無期	知人女性殺人事件 （99.1） 1949年5月23日生まれ	無期刑の仮釈放中の事件。一審は無期懲役判決。弁護人の上告を本人が取下げ。
府川　博樹（享年42歳） 07.12. 7 東京拘置所にて執行 03. 1. 5 上告取下げ 01.12.19 東京高裁（高橋省吾） 01. 3.21 東京地裁（木村烈）	江戸川老母子強盗殺人事件 （99.4） 1965年6月6日生まれ	異例のスピード裁判。上告を取下げ死刑確定。

宅間　　守（享年40歳） 04. 9.14 大阪拘置所にて執行 03. 9.26 控訴取下げ 03. 8.28 大阪地裁（川合昌幸）	池田小児童殺傷事件 (01.6.8)	一審弁護人の控訴を本人が取下げて、死刑確定。確定から執行までわずか1年。
黄　奕　善　　　東京 04. 4.19 最高裁（島田仁郎） 98. 3.26 東京高裁（松本時夫） 96. 7.19 東京地裁（阿部文洋）	警視庁指定121号事件 (93.10.27 ～ 12.20) 1968年12月14日生まれ	中国系のマレーシア国籍。「共犯」の松沢は05年9月確定。強盗殺人の共謀と殺意の不存在を主張。
石橋　栄治（享年72歳） 09.10.27 東京拘置所にて病死 04. 4.27 最高裁（藤田宙靖） 99. 4.28 東京高裁　死刑 （佐藤文哉） 96. 3. 8 横浜地裁小田原支部 無期　（萩原孟）	神奈川2件強盗殺人事件 (88.12.28/89.1.1) 1937年10月25日生まれ	一審では、2件のうち1件を無罪として無期懲役判決。再審請求中に病死。
藤間　静波（享年47歳） 07.12. 7 東京拘置所にて執行 04. 6.15 最高裁（浜田邦夫） 00. 1.24 東京高裁（荒木友雄） 88. 3.10 横浜地裁（和田保）	母娘他5人殺人事件 (81.5/82.5/82.6) 1960年8月21日生まれ	本人が控訴を取下げたが弁護人が異議申立。特別抗告が認められ「控訴取下は無効」とされ、控訴審が再開された。
岡﨑　茂男（享年60歳） 14. 6.24 東京拘置所にて病死 04. 6.25 最高裁（北川弘治） 98. 3.17 仙台高裁（泉山禎治） 95. 1.27 福島地裁 （井野場明子）	警察庁指定118号事件 (86.7/89.7/91.5) 1953年6月30日生まれ	殺人の被害者2人で3人に死刑判決。再審請求中に病死。
迫　　康裕（享年73歳） 13. 8.15 仙台拘置支所にて病死 04. 6.25 最高裁（北川弘治） 98. 3.17 仙台高裁（泉山禎治） 95. 1.27 福島地裁 （井野場明子）	警察庁指定118号事件 (86.7/89.7/91.5) 1940年7月25日生まれ	殺人の被害者2人で3人に死刑判決。殺人に関しては無罪主張。再審請求中に病死。
熊谷　昭孝（享年67歳） 11. 1.29 入院先の病院で病死 04. 6.25 最高裁（北川弘治） 98. 3.17 仙台高裁（泉山禎治） 95. 1.27 福島地裁 （井野場明子）	警察庁指定118号事件 (86.7/89.7/91.5) 1943年2月10日生まれ	殺人の被害者2人で3人に死刑判決。再審請求中に病死。
名古　圭志（享年37歳） 08. 2. 1 福岡拘置所にて執行 04. 8.26 控訴取下げ 04. 6.18 鹿児島地裁(大原英雄)	伊仙母子殺傷事件 (02.8.16) 1970年5月7日生まれ	本人控訴取下げで死刑確定。
中村　正春（享年61歳） 08. 4.10 大阪拘置所にて執行 04. 9. 9 最高裁（島田仁郎） 99.12.22 大阪高裁（河上元康） 95. 5.19 大津地裁（中川隆司）	元同僚ら2人殺人事件 (89.10.10/12.26) 1947年3月11日生まれ	
岡本　啓三　（享年60歳） 18. 12.27 大阪拘置所にて執行 04. 9.13 最高裁（福田博） 99. 3. 5 大阪高裁（西田元彦） 95. 3.23 大阪地裁（谷村充祐）	コスモ・リサーチ殺人事件 (88.1.29) 1958年9月3日生まれ	旧姓河村。著書に『こんな僕でも生きてていいの』『生きる』『落伍者』がある。再審請求中の執行。

末森　博也（享年 67 歳） 18. 12.27 大阪拘置所にて執行 04. 9.13 最高裁（福田博） 99. 3. 5 大阪高裁（西田元彦） 95. 3.23 大阪地裁（谷村充祐）	コスモ・リサーチ殺人事件 (88.1.29) 1951 年 9 月 16 日生まれ	
持田　孝（享年 65 歳） 08. 2. 1 東京拘置所にて執行 04.10.13 最高裁（滝井繁男） 00. 2.28 東京高裁　死刑 （仁田陸郎） 99. 5.27 東京地裁　無期 （山室恵）	前刑出所後、被害届を出した女性への逆恨み殺人事件 (97.4) 1942 年 5 月 15 日生まれ	一審は無期懲役判決。
坂本　正人（享年 41 歳） 08. 4.10 東京拘置所にて執行 04.11.13 上告せず確定 04.10.29 東京高裁 死刑（白木勇） 03.10.09 前橋地裁　無期 （久我泰博）	群馬女子高生誘拐殺人事件 (02.7.19) 1966 年 5 月 19 日生まれ	一審は無期懲役判決。上告せず、死刑確定。被害者は 1 名。
坂本　春野（享年 83 歳） 11. 1.27 大阪医療刑務所にて病死 04.11.19 最高裁（津野修） 00. 9.28 高松高裁（島敏男） 98. 7.29 高知地裁（竹田隆）	2 件保険金殺人事件 (87.1.17/92.8.19) 1927 年 6 月 21 日生まれ	確定判決時 77 歳。無実を主張。病死。
倉吉　政隆　　　　福岡 04.12. 2 最高裁（泉徳治） 00. 6.29 福岡高裁（小出錞一） 99. 3.25 福岡地裁（仲家暢彦）	福岡・大牟田男女 2 人殺人事件他 (95.4) 1951 年 7 月 2 日生まれ	
森本　信之　　　　名古屋 04.12.14 最高裁（金谷利広） 01. 5.14 名古屋高裁 （堀内信明） 00. 3. 1 津地裁（柴田秀樹）	フィリピン人 2 女性殺人事件 (98.12)	2 人の共犯のうち、1 人は公判途中で死亡。もう 1 人は二審で無期懲役に減刑。
山崎　義雄（享年 73 歳） 08. 6.17 大阪拘置所にて執行 05. 1.25 最高裁（上田豊三） 00.10.26 高松高裁死刑（島敏男） 97. 2.18 高松地裁　無期 （重古孝郎）	保険金殺人事件（仙台・高松） (85.11/90.3) 1935 年 6 月 10 日生まれ	一審は無期懲役判決。
間中　博巳　　　　東京 05. 1.27 最高裁（才口千晴） 01. 5. 1 東京高裁（河辺義正） 94. 7. 6 水戸地裁下妻支部 （小田部米彦）	同級生 2 人殺人事件 (89.8/9.13) 1967 年 12 月 6 日生まれ	
秋永　　香（享年 61 歳） 08. 4.10 東京拘置所にて執行 05. 3. 3 最高裁（泉徳治） 01. 5.17 東京高裁　死刑 （吉本徹也） 99. 3.11 東京地裁　無期 （山崎学）	資産家老女ら 2 人殺人事件 (89.10) 1946 年 12 月 14 日生まれ	旧姓岡下。一審は無期懲役判決。1 件については否認。歌集に『終わりの始まり』がある。
宮前　一明（享年 57 歳） 18. 7.26 名古屋拘置所にて執行 05. 4. 7 最高裁（島田仁郎） 01.12.13 東京高裁（河辺義正） 98.10.23 東京地裁（山室恵）	坂本弁護士一家殺人事件等 (89.11.4 他) 1960 年 10 月 8 日生まれ	旧姓佐伯→岡崎。自首は認めたが減刑せず。2018 年 3 月、名古屋へ移送。

西川　正勝（享年 61 歳） 17. 7.13 大阪拘置所にて執行 05. 6. 7 最高裁（浜田邦夫） 01. 6.20 大阪高裁（河上元康） 95. 9.12 大阪地裁（松本芳希）	警察庁指定 119 号事件 (91.11.13 ～ 92.1.5) 1956 年 1 月 14 日生まれ	強盗殺人は否認、強盗殺人未遂は殺意を否認。再審請求中の執行。
鎌田　安利（享年 75 歳） 16. 3.25 大阪拘置所にて執行 05. 7. 8 最高裁（福田博） 01. 3.27 大阪高裁（福島裕） 99. 3.24 大阪地裁（横田伸之）	警察庁指定 122 号事件 5 人女性殺人 (85 ～ 94) 1940 年 7 月 10 日生まれ	2 件に分けてそれぞれに死刑判決。一部無実を主張。
高根沢智明（享年 44 歳） 21. 12.21 東京拘置所にて執行 05. 7.13 控訴取下げ 04. 3.26 さいたま地裁 （川上拓一）	パチンコ店員連続殺人事件 (03.2.23/4.1)	「共犯」の小野川は 09 年 6 月確定。本人の控訴取下げに弁護人が異議申立。05 年 11 月 30 日に確定。
松沢　信一　　　東京 05. 9.16 最高裁（中川了滋） 01. 5.30 東京高裁（龍岡資晃） 98. 5.26 東京地裁（阿部文洋）	警視庁指定 121 号事件 (93.10.27 ～ 12.20)	旧姓下山。判決では主導的役割を認定された。「共犯」の黄は 04 年 4 月確定。
堀江　守男　　　仙台 05. 9.26 最高裁（今井功） 91. 3.29 仙台高裁（小島達彦） 88. 9.12 仙台地裁（渡辺建夫）	老夫婦殺人事件 (86.2.20) 1950 年 12 月 29 日生まれ	被告が心神喪失状態にあるか否かが争点となり、5 年の公判停止後、訴訟能力ありとして公判が再開された。
陸田　真志（享年 37 歳） 08. 6.17 東京拘置所にて執行 05.10.17 最高裁（泉徳治） 01. 9.11 東京高裁（高木俊夫） 98. 6. 5 東京地裁（岩瀬徹）	ＳＭクラブ連続殺人事件 (95.12.21) 1970 年 9 月 24 日生まれ	著書に『死と生きる―獄中哲学対話』(池田晶子と共著)がある。
上田　宜範　　　大阪 05.12.15 最高裁（横尾和子） 01. 3.15 大阪高裁（栗原宏武） 98. 3.20 大阪地裁（湯川哲嗣）	愛犬家ら 5 人連続殺人事件 (92 ～ 93) 1954 年 8 月 14 日生まれ	無実を主張。
宮崎　　勤（享年 45 歳） 08. 6.17 東京拘置所にて執行 06. 1.17 最高裁（藤田宙靖） 01. 6.28 東京高裁（河辺義正） 97. 4.14 東京地裁（田尾健二郎）	埼玉東京連続幼女殺人事件 (88.8 ～ 89.6) 1962 年 8 月 21 日生まれ	著書に『夢のなか』『夢のなか、いまも』がある。
田中　毅彦　　　大阪 06. 2.14 最高裁（上田豊三） 01.12.25 大阪高裁　死刑 （池田真一） 00. 3.16 大阪地裁　無期 （古川博）	右翼幹部らと 2 人殺人事件 (92.2/94.4) 1963 年 7 月 13 日生まれ	一審は無期懲役判決。旧姓久堀。
山口　益生　　　名古屋 06. 2.24 最高裁（今井功） 01. 6.14 名古屋高裁　死刑 （小島裕史） 99. 6.23 津地裁差戻審　無期 （柴田秀樹） 97. 9.25 名古屋高裁（土川孝二） 死刑判決破棄差戻し 97. 3.28 津地裁四日市支部 死刑（柄多貞介）	古美術商ら 2 人殺人事件 (94.3 ～ 95.3) 1949 年 11 月 16 日生まれ	「共犯」は、02 年、上告中に病死。第 1 次名古屋高裁判決は、利害の反する 2 人の被告に 1 人の弁護人では訴訟手続上不備として、支部判決を破棄、差戻審は無期懲役判決。その後第 2 次名古屋高裁判決で 2 人に死刑判決。

豊田　義己　名古屋 06. 3. 2 最高裁（横尾和子） 02. 2.28 名古屋高裁（堀内信明） 00. 7.19 名古屋地裁（山本哲一）	静岡、愛知2女性殺害事件 （96.8/97.9） 1944年1月31日生まれ	静岡の事件は否認。
山本　峰照（享年68歳） 08. 9.11 大阪拘置所にて執行 06. 3.21 控訴取下げ 06. 3.20 神戸地裁（笹野明義）	老夫婦強盗殺人事件 （04.7.22） 1940年4月2日生まれ	期日間整理手続きが適用され4回の公判で死刑判決。弁護人が控訴したが、翌日本人が取下げ。06年4月4日に確定。
高橋　和利（享年87歳） 21. 10. 8 東京拘置所にて病死 06. 3.28 最高裁（堀籠幸男） 02.10.30 東京高裁（中西武夫） 95. 9. 7 横浜地裁（上田誠治）	横浜金融業夫婦殺人事件 （88.6.20） 1934年4月28日生まれ	無罪を主張。「死刑から高橋和利さんを取り戻す会」の会報がある。著書に『「鶴見事件」抹殺された真実』がある。
川村　幸也（享年44歳） 09. 1.29 名古屋拘置所にて執行 06. 6. 9 最高裁（今井功） 03. 3.12 名古屋高裁（川原誠） 02. 2.21 名古屋地裁（片山俊雄）	2女性ドラム缶焼殺事件 （00.4.4） 1964年3月23日生まれ	4人に死刑求刑、2名は無期懲役。再審請求、棄却。
佐藤　哲也（享年39歳） 09. 1.29 名古屋拘置所にて執行 06. 6. 9 最高裁（今井功） 03. 3.12 名古屋高裁（川原誠） 02. 2.21 名古屋地裁（片山俊雄）	2女性ドラム缶焼殺事件 （00.4.4） 1969年10月17日生まれ	旧姓野村。4人に死刑求刑、2名は無期懲役。08年7月、再審請求取下げ。
中山　　進（享年66歳） 14. 5.15 大阪拘置所にて病死 06. 6.13 最高裁（堀籠幸男） 03.10.27 大阪高裁（浜井一夫） 01.11.20 大阪地裁（氷室真）	豊中2人殺人事件 （98.2.19） 1948年1月13日生まれ	無期刑の仮釈放中の事件。再審請求中に病死。
陳　　徳通（享年40歳） 09. 7.28 東京拘置所にて執行 06. 6.27 最高裁（藤田宙靖） 03. 2.20 東京高裁（須田豐） 01. 9.17 横浜地裁川崎支部 （羽渕清司）	川崎中国人3人殺人事件 （99.5.25） 1968年4月20日生まれ	中国国籍。重大な事実誤認があり、強盗殺人の殺意の不在を主張。
平野　　勇（享年61歳） 08. 9.11 東京拘置所にて執行 06. 9. 1 最高裁（中川了滋） 02. 7. 4 東京高裁（安弘文夫） 00. 2.17 宇都宮地裁 （肥留間健一）	夫婦殺人放火事件 （94.12） 1948年2月10日生まれ	放火と殺意について否認。
江東　　恒　大阪 06. 9. 7 最高裁（甲斐中辰夫） 03. 1.20 大阪高裁（那須彰） 01. 3.22 大阪地裁堺支部 （湯川哲嗣）	堺夫婦殺人事件 （97.10.30） 1942年7月21日生まれ	
久間三千年（享年70歳） 08. 10.28 福岡拘置所にて執行 06. 9. 8 最高裁（滝井繁男） 01.10.10 福岡高裁（小出錞一） 99. 9.29 福岡地裁（陶山博生）	飯塚2女児殺人事件 （92.2） 1938年1月9日生まれ	一貫して無実を主張。09年10月、21年7月、家族が再審請求。

松本智津夫（享年63歳） 18. 7. 6 東京拘置所にて執行 06. 9.15 最高裁特別抗告棄却 06. 5.29 東京高裁異議申立棄却 06. 3.27 東京高裁控訴棄却決定 （須田賢） 04. 2.27 東京地裁（小川正持）	坂本事件、松本・地下鉄サリン事件等 （89.2 〜 95.3） 1955年3月2日生まれ。	オウム真理教「教祖」麻原彰晃。弁護団の控訴趣意書の提出遅延を理由に、抜き打ちで控訴棄却決定。一審の審理のみで死刑が確定。第四次再審請求中の執行。
石川　恵子　　　福岡 06. 9.21 最高裁（甲斐中辰夫） 03. 3.27 福岡高裁宮崎支部 （岩垂正起） 01. 6.20 宮崎地裁（小松平内）	宮崎2女性殺人事件 （96.8/97.6） 1958年5月23日生まれ	一部無罪を主張。
小林　　薫（享年44歳） 13. 2. 21 大阪拘置所にて執行 06.10.10 控訴取下げ 06. 9.26 奈良地裁（奥田哲也）	奈良市女児誘拐殺人事件 （04.11.17） 1968年11月30日生まれ	本人控訴取下げ。弁護人が07年6月16日控訴取下げ無効の申立。08年4月棄却。恩赦不相当の2週間後の執行。
長　　勝久　　　東京 06.10.12 最高裁（才口千晴） 03. 9.10 東京高裁（白木勇） 01.12.18 宇都宮地裁 （比留間健一）	栃木・妻と知人殺人事件 （88.10 〜 89.11） 1966年9月11日生まれ	無実を主張。
高橋　義博（享年71歳） 21. 2. 3 東京拘置所で病死 06.10.26 最高裁（島田仁郎） 03. 4.15 東京高裁（須田賢） 00. 8.29 横浜地裁（矢村宏）	医師ら2人強盗殺人事件 （92.7） 1949年9月16日生まれ	殺人に関しては無罪を主張。実行犯3人は無期懲役。
朴　　日光（享年61歳） 09. 1. 4 福岡拘置所にて病死 06.11.24 最高裁（中川了滋） 03. 3.28 福岡高裁（虎井寧夫） 99. 6.14 福岡地裁（仲家暢彦）	タクシー運転手殺人事件他 （95.1.12/1.28） 1946年12月7日生まれ	名古屋の事件は知人の犯行、福岡の事件は薬物の影響による心神喪失等を主張。再審請求中に病死。
高塩　正裕（享年55歳） 08. 10.28 仙台拘置支所にて執行 06.12.20 上告取下げ 06.12. 5 仙台高裁（田中亮一） 死刑 06. 3.22 福島地裁いわき支部 （村山浩昭）無期	いわき市母娘強盗殺人事件 （04.3.18） 1953年6月21日生まれ	一審は無期懲役判決。上告を取下げて確定。
西本正二郎（享年32歳） 09. 1.29 東京拘置所にて執行 07. 1.11 控訴取下げ 06. 5.17 長野地裁（土屋靖之）	愛知・長野連続殺人事件 （04.1.13 〜 9.7） 1976年10月22日生まれ	本人控訴取下げ。
松本　和弘　　　名古屋 07. 1.30 最高裁（上田豊三） 03. 7. 8 名古屋高裁（小出錞一） 02. 1.30 名古屋地裁一宮支部 （丹羽日出夫）	マニラ連続保険金殺人事件 （94.12 〜 95.6） 1954年6月25日生まれ	双子の兄弟と友人の3人が共謀したとされるが、3人とも「病死」を主張してマニラの事件を否認。
松本　昭弘（享年61歳） 16. 1.22 名古屋拘置所にて病死 07. 1.30 最高裁（上田豊三） 03. 7. 8 名古屋高裁（小出錞一） 02. 1.30 名古屋地裁一宮支部 （丹羽日出夫）	マニラ連続保険金殺人・長野殺人事件 （94.12 〜 96.5） 1954年6月25日生まれ	同上。病死。

下浦　栄一　　　　　大阪 07. 1.30 最高裁（上田豊三） 03. 7. 8 名古屋高裁（小出錞一） 02. 1.30 名古屋地裁一宮支部 （丹羽日出夫）	マニラ連続保険金殺人・長野殺人事件 （94.12 ～ 96.5） 1971 年 3 月 9 日生まれ	同上。
松田　康敏（享年 44 歳） 12. 3.29 福岡拘置所にて執行 07. 2. 6 最高裁（那須弘平） 04. 5.21 福岡高裁宮崎支部 （岡村稔） 03. 1.24 宮崎地裁（小松平内）	宮崎 2 女性強盗殺人事件 （01.11.25/12.7） 1968 年 2 月 23 日生まれ	
篠澤　一男（享年 59 歳） 10. 7.28 東京拘置所にて執行 07. 2.20 最高裁（那須弘平） 03. 4.23 東京高裁（高橋省吾） 02. 3.19 宇都宮地裁 （肥留間健一）	宇都宮宝石店 6 人放火殺人事件 （00.6.11） 1951 年 3 月 13 日生まれ	
加納　惠喜（享年 62 歳） 13. 2.21 名古屋拘置所にて執行 07. 3.22 最高裁（才口千晴） 04. 2. 6 名古屋高裁　死刑 （小出錞一） 03. 5.15 名古屋地裁　無期 （伊藤新一）	名古屋スナック経営者殺人事件 （02.3.14） 1950 年 3 月 12 日生まれ	旧姓武藤。一審は無期懲役判決。
小林　光弘（享年 56 歳） 14. 8.29 仙台拘置支所にて執行 07. 3.27 最高裁（上田豊三） 04. 2.19 仙台高裁（松浦繁） 03. 2.12 青森地裁（山内昭善）	弘前武富士放火殺人事件 （01.5.8） 1958 年 5 月 19 日生まれ	第三次再審特別抗告棄却の 3 週間後の執行。
西山　省三　　　　　広島 07. 4.10 最高裁（堀籠幸男） 04. 4.23 広島高裁　死刑 （久保真人） 99.12.10 最高裁、検事上告を受けて高裁に差し戻し 97. 2. 4 広島高裁　無期 94. 9.30 広島地裁　無期	老女殺人事件 （92.3.29） 1953 年 1 月 13 日生まれ	無期刑の仮釈放中の事件。一・二審は無期懲役判決。97 ～ 98 年の 5 件の検察上告中、唯一高裁差し戻しとなったケース。
造田　　博　　　　　東京 07. 4.19 最高裁（横尾和子） 03. 9.29 東京高裁（原田国男） 02. 1.18 東京地裁 （大野市太郎）	東京・池袋「通り魔」殺傷事件 （99.9.8）	
山地悠紀夫（享年 25 歳） 09. 7.28 大阪拘置所にて執行 07. 5.31 控訴取下げ 06.12.13 大阪地裁（並木正男）	大阪市姉妹強盗殺人事件 （05.11.17） 1983 年 8 月 21 日生まれ	本人控訴取下げ。
中原　澄男　　　　　福岡 07. 6.12 最高裁（上田豊三） 05. 4.12 福岡高裁（虎井寧夫） 03. 5. 1 福岡地裁（林秀文）	暴力団抗争連続殺人事件 （97.10.6/10.13） 1947 年 6 月 3 日生まれ	無罪を主張。
薛　　　松　　　　　東京 07. 6.19 最高裁（藤田宙靖） 04. 1.23 東京高裁（白木勇） 02. 2.22 さいたま地裁 （川上拓一）	春日部中国人夫婦殺人事件 （00.9）	中国国籍。事実誤認あり、量刑不当を主張。

浜川　邦彦　　　　名古屋 07. 7. 5 最高裁（甲斐中辰夫） 04. 3.22 名古屋高裁（小出一） 02.12.18 津地裁（天野登喜治）	三重男性２人射殺事件 (94.7.19/11.20) 1960 年 4 月 10 日生まれ	無実を主張。
前上　　博（享年 40 歳） 09. 7.28 大阪拘置所にて執行 07. 7. 5 控訴取下げ 07. 3.28 大阪地裁（水島和男）	自殺サイト利用３人連続殺人事件（05.2.19 ～ 6 月） 1968 年 8 月 20 日生まれ	本人控訴取下げ。
尾形　英紀（享年 33 歳） 10. 7.28 東京拘置所にて執行 07. 7.18 控訴取下げ 07. 4.26 さいたま地裁 （飯田喜信）	熊谷男女４人拉致殺傷事件 (03.8.18) 1977 年 7 月 20 日生まれ	本人控訴取下げ。
横山　真人（享年 54 歳） 18. 7.26 名古屋拘置所にて執行 07. 7.20 最高裁（中川了滋） 03. 5.19 東京高裁（原田国男） 99. 9.30 東京地裁（山崎学）	地下鉄サリン事件等 (95.3.20 他) 1963 年 10 月 19 日生まれ	18 年３月、東京から名古屋に移送。第一次再審請求即時抗告中の執行。
後藤　良次　　　　東京 07. 9.28 最高裁（津野修） 04. 7. 6 東京高裁（山田利夫） 03. 2.24 宇都宮地裁（飯渕進）	宇都宮・水戸殺人事件 (00.7.30/8.20) 1958 年 7 月 24 日生まれ	05 年 10 月に、99 ～ 00 年に他の３件の殺人事件に関わったと上申書で告白。その事件では 09 年 6 月 30 日水戸地裁で懲役 20 年の判決、12 年最高裁で確定。
端本　　悟（享年 51 歳） 18. 7.26 東京拘置所にて執行 07.10.26 最高裁（津野修） 03. 9.18 東京高裁（仙波厚） 00. 7.25 東京地裁（永井敏雄）	坂本弁護士一家殺人事件 松本サリン事件等 (89.11/95.3.20 他) 1967 年 3 月 23 日生まれ	
畠山　鐵男（享年 74 歳） 17. 9.16 東京拘置所にて病死 07.11. 1 控訴取下げ 07. 3.22 千葉地裁（根本渉）	警視庁指定 124 号事件 (04.8.5 ～ 11.22) 1943 年 4 月 17 日生まれ	旧姓小田島。控訴を取下げ確定。「共犯」の守田は 11 年 11 月に死刑確定。
庄子　幸一（享年 64 歳） 19. 8. 2 東京拘置所にて執行 07.11. 6 最高裁（藤田宙靖） 04. 9. 7 東京高裁（安広文夫） 03. 4.30 横浜地裁（田中亮一）	大和連続主婦殺人事件 (01.8.29/9.19) 1954 年 10 月 28 日生まれ	共犯者は無期判決（死刑求刑）。再審請求中の執行。死後『深海魚　響野湾子短歌集』『響野湾子俳句集　千年の鯨の泪櫻貝』刊行。
古澤　友幸（享年 46 歳） 12. 3.29 東京拘置所にて執行 07.11.15 最高裁（甲斐中辰夫） 05. 5.24 東京高裁（安広文夫） 04. 3.30 横浜地裁（小倉正三）	横浜一家３人刺殺事件 (02.7.31) 1965 年 4 月 7 日生まれ	
宇井鍒次（享年 68 歳） 08. 2. 7 大阪医療刑務所で病死 07.11.15 最高裁（甲斐中辰夫） 04. 2.25 広島高裁岡山支部 （安原浩） 03. 5.21 岡山地裁（榎本巧）	女性殺人事件 (01.8.9)	無期刑の仮釈放中の事件。病死。
外尾　計夫　　　　福岡 08. 1.31 最高裁（涌井紀夫） 04. 5.21 福岡高裁（虎井寧夫） 03. 1.31 長崎地裁（山本恵三）	父子保険金殺人事件 (92.9.11/98.10.27) 1947 年 7 月 11 日生まれ	「共犯」は一審死刑判決だったが、高裁で無期に。

小池　泰男（享年60歳） 18. 7.26 仙台拘置支所にて執行 08. 2.15 最高裁（古田佑紀） 03.12. 5 東京高裁（村上光鵄） 00. 6.29 東京地裁（木村烈）	松本・地下鉄サリン事件等 （94.6.27/95.3.20 他） 1957年12月15日生まれ	旧姓林。18年3月、東京から仙台へ移送。第一次再審請求の特別抗告中に執行。
服部　純也（享年40歳） 12. 8. 3 東京拘置所にて執行 08. 2.29 最高裁（古田佑紀） 05. 3.29 東京高裁　死刑 （田尾健二郎） 04. 1.15 静岡地裁沼津支部 無期（高橋祥子）	三島短大生焼殺事件 （02.1.23） 1972年2月21日生まれ	一審は無期懲役判決。
長谷川静央　東京 08. 3.17 上告取下げ 07. 8.16 東京高裁（阿部文洋） 07. 1.23 宇都宮地裁 （池本寿美子）	宇都宮実弟殺人事件 （05.5.8） 1942年8月6日生まれ	無期刑の仮釈放中の事件。上告を取下げ確定。
松村恭造（享年31歳） 12. 8. 3 大阪拘置所にて執行 08. 4. 8 控訴取下げ 08. 3.17 京都地裁（増田耕兒）	京都・神奈川親族殺人事件 （07.1.16/1.23） 1981年8月3日生まれ	控訴を取下げ確定。
山本　開一（享年62歳） 10. 1. 2 東京拘置所にて病死 08. 4.24 最高裁（才口千晴） 06. 9.28 東京高裁（阿部文洋） 05. 9. 8 さいたま地裁 （福崎伸一郎）	組員5人射殺事件 （03.12.14） 1947年4月2日生まれ	病死。
加賀　聖商　東京 08. 6. 5 最高裁（才口千晴） 05. 7.19 東京高裁（須田贒） 04. 2. 4 横浜地裁（小倉正三）	伊勢原母子殺人事件 （01.8.4） 1961年4月30日生まれ	
上部　康明（享年48歳） 12. 3.29 広島拘置所にて執行 08. 7.11 最高裁（今井功） 05. 6.28 広島高裁（大渕敏和） 02. 9.20 山口地裁下関支部 （並木正男）	下関駅5人殺害10人傷害事件 （99.9.29） 1964年3月6日生まれ	一審の精神鑑定では、心神耗弱とするものと責任能力があるとするものに結果が分かれたが、判決は責任能力を認めた。
八木　茂　東京 08. 7.17 最高裁（泉徳治） 05. 1.13 東京高裁（須田贒） 02.10. 1 さいたま地裁 （若原正樹）	埼玉保険金殺人（2件） 同未遂事件（1件） （95.6.3 ～ 99.5.29） 1950年1月10日生まれ	無実を主張。共犯者の調書が有罪の証拠とされた。
江藤　幸子（享年65歳） 12. 9. 27 仙台拘置支所にて執行 08. 9.16 最高裁（藤田宙靖） 05.11.22 仙台高裁（田中亮一） 02. 5.10 福島地裁（原啓）	福島県祈祷による信者6人殺人事件（94.12 ～ 95.6） 1947年8月21日生まれ	
藁科　稔（享年56歳） 09. 5. 2 入院先の病院で死亡 09. 1.22 最高裁（涌井紀夫） 06. 2.16 名古屋高裁金沢支部 （安江勤） 04. 3.26 富山地裁（手崎政人）	高岡組長夫婦射殺事件 （00.7.13）	旧姓伊藤。病死。「首謀者」として死刑求刑された副組長は、06年11月一審で無罪判決。

幾島　賢治（享年 67 歳） 14. 7.16 名古屋拘置所にて病死 09. 3.23 最高裁（今井功） 06.10.12 名古屋高裁金沢支部 （安江勤） 05. 1.27 富山地裁（手崎政人）	高岡組長夫婦射殺事件 (00.7.13) 1947 年 3 月 15 日生まれ	旧姓大田。再審請求中に病死。「共犯」の藁科は病死。「首謀者」として死刑求刑された副組長は、06 年 11 月一審で無罪判決。
松田　幸則（享年 39 歳） 12. 9.27 福岡拘置所にて執行 09. 4. 3 上告取下げ 07.10. 3 福岡高裁（仲家暢彦） 06. 9.21 熊本地裁（松下潔）	熊本県松橋町男女強盗殺人事件（03.10.16） 1973 年 5 月 26 日生まれ	上告を取下げ確定。
神田　司（享年 44 歳） 15. 6.25 名古屋拘置所にて執行 09. 4.13 控訴取下げ 09. 3.18 名古屋地裁（近藤宏子）	名古屋闇サイト殺人事件 (07.8.24 ～ 25) 1971 年 3 月 9 日生まれ	一審では被害者 1 人で 2 人に死刑判決。控訴を取下げ確定。共犯者は 11 年 4 月無期に減刑。
林　眞須美　　　　大阪 09. 4.21 最高裁（那須弘平） 05. 6.28 大阪高裁（白井万久） 02.12.11 和歌山地裁（小川育央）	和歌山毒カレー事件等 (98.7.25 他) 1961 年 7 月 22 日生まれ	一審は黙秘。二審ではカレー事件について無実を主張。21 年 5 月新弁護人が再審請求、6 月再審請求特別抗告を本人が取下げる。著書に『死刑判決は「シルエット・ロマンス」を聴きながら』『和歌山カレー事件――獄中からの手紙』（共著）。
関根　　元（享年 75 歳） 17. 3.27 東京拘置所にて病死 09. 6. 5 最高裁（古田佑紀） 05. 7.11 東京高裁（白木勇） 01. 3.21 浦和地裁（須田贒）	埼玉連続 4 人殺人事件 (93) 1942 年 1 月 2 日生まれ	病死。
風間　博子　　　　東京 09. 6. 5 最高裁（古田佑紀） 05. 7.11 東京高裁（白木勇） 01. 3.21 浦和地裁（須田贒）	埼玉連続 4 人殺人事件 (93) 1957 年 2 月 19 日生まれ	殺人には関与していないと主張。交流誌「ふうりん通信」。
小野川光紀（享年 44 歳） 21.12.21 東京拘置所にて執行 09. 6. 9 最高裁（堀籠幸男） 06. 9.29 東京高裁（白木勇） 04. 3.26 さいたま地裁 （川上拓一）	パチンコ店員連続殺人事件 (03.2.23/4.1) 1977 年 4 月 20 日生まれ	「共犯」の高根沢は控訴を取下げ 05 年に確定。
宮城　吉英（享年 56 歳） 13. 4.26 東京拘置所にて執行 09. 6.15 最高裁（今井功） 06.10. 5 東京高裁（池田修） 05.12.12 千葉地裁（金谷暁）	市原ファミレス 2 人射殺事件 (05.4.25) 1956 年 8 月 15 日生まれ	「共犯」の濱崎は 11 年 12 月に死刑確定。
高橋　　秀　　　　仙台 09. 6.23 最高裁（堀籠幸男） 05. 7.26 仙台高裁（田中亮一） 04. 3.25 仙台地裁（本間栄一）	貸金業者ら 2 人殺人事件 (01.1.8/2.3) 1963 年 6 月 10 日生まれ	旧姓石川。
小日向将人　　　　東京 09. 7.10 最高裁（竹内行夫） 06. 3.16 東京高裁（仙波厚） 05. 3.28 前橋地裁（久我泰博）	前橋スナック乱射事件 (03.1.25) 1969 年 8 月 18 日生まれ	「共犯」の山田は 13 年 6 月、矢野は 14 年 3 月に確定。著書に『死刑囚になったヒットマン』。

早川紀代秀（享年68歳） 18. 7.26 福岡拘置所にて執行 09. 7.17 最高裁（中川了滋） 04. 5.14 東京高裁（中川武隆） 00. 7.28 東京地裁（金山薫）	坂本弁護士一家殺人事件等 (89.11 ～) 1949年7月14日生まれ	18年3月、東京から福岡へ移送。第三次再審請求中の執行。
豊田　亨（享年50歳） 18.7.26 東京拘置所にて執行 09.11.6 最高裁（竹内行夫） 04. 7.28 東京高裁（高橋省吾） 00. 7.18 東京地裁（山崎学）	地下鉄サリン事件等 (95.3.20 他) 1968年1月23日生まれ	第一次再審請求の即時抗告中に執行。
広瀬　健一（享年54歳） 18. 7.26 東京拘置所にて執行 09.11.6 最高裁（竹内行夫） 04. 7.28 東京高裁（高橋省吾） 00. 7.18 東京地裁（山崎学）	地下鉄サリン事件等 (95.3.20 他) 1964年6月12日生まれ	第一次再審請求中の執行。
窪田　勇次（享年78歳） 23. 9. 23 札幌刑務所にて病死 09.12. 4 最高裁（古田佑紀） 05.12. 1 札幌高裁（長島孝太郎） 04. 3. 2 釧路地裁北見支部 （伊東顕）	北見夫婦殺人事件 (88.10) 1945年1月1日生まれ	13年余逃亡し時効成立の10か月前に逮捕された。無罪を主張。
井上　嘉浩（享年48歳） 18. 7. 6 大阪拘置所にて執行 09.12.10 最高裁（金築誠志） 04. 5.28 東京高裁　死刑 （山田利夫） 00. 6. 6 東京地裁　無期 （井上弘道）	地下鉄サリン事件、仮谷事件等 (94.1 ～ 95.3) 1969年12月28日生まれ	一審は無期懲役判決。18年3月、東京から大阪へ移送。第一次再審請求中の執行。
菅　峰夫　福岡 09.12.11 最高裁（古田佑紀） 06. 5.24 福岡高裁（虎井寧夫） 04. 3.11 福岡地裁（林秀文）	福岡庄内連続殺人事件 (96.6.8/11.19) 1950年10月4日生まれ	
手柴　勝敏（享年66歳） 10. 4.14 福岡拘置所にて病死 09.12.11 最高裁（古田佑紀） 06. 5.24 福岡高裁　死刑 （虎井寧夫） 04. 3.11 福岡地裁　無期 （林秀文）	福岡庄内連続殺人事件 (96.6.8/11.19)	一審は無期懲役判決。病死。
金川真大（享年29歳） 13. 2.21 東京拘置所にて執行 09.12.28 控訴取下げ 09.12.18 水戸地裁（鈴嶋晋一）	土浦連続殺傷事件 (08.3.19 ～ 3.23) 1983年10月13日生まれ	控訴を取下げ、確定。
新實　智光（享年54歳） 18. 7. 6 大阪拘置所にて執行 10. 1.19 最高裁（近藤崇晴） 06. 3.15 東京高裁（原田国男） 02. 6.26 東京地裁 （中谷雄二郎）	坂本弁護士一家殺人事件、松本・地下鉄サリン事件等 (89.11/94.6.27/95.3.20 他) 1964年3月9日生まれ	18年3月、東京から大阪へ移送。第二次再審請求中、恩赦申立中の執行。
大橋　健治　大阪 10. 1.29 最高裁（竹内行夫） 07. 4.27 大阪高裁（陶山博生） 06.11. 2 大阪地裁（中川博之）	大阪・岐阜連続女性強盗殺人事件 (05.4.27/5.11) 1940年12月3日生まれ	

吉田　純子（享年 56 歳） 16. 3.25 福岡拘置所にて執行 10. 1.29 最高裁（金築誠志） 06. 5.16 福岡高裁（浜崎裕） 04. 9.24 福岡地裁（谷敏行）	看護師連続保険金殺人事件 （98.1.24 ～ 99.3.27） 1959 年 7 月 10 日生まれ	
高尾　康司　　　　東京 10. 9.16 最高裁（横田尤孝） 06. 9.28 東京高裁（須田賢） 05. 2.21 千葉地裁（土屋靖之）	千葉館山連続放火事件 （03.12.18） 1963 年 10 月 3 日生まれ	
藤﨑　宗司　　　　東京 10.10.14 最高裁（桜井龍子） 06.12.21 東京高裁（河辺義正） 05.12.22 水戸地裁（林正彦）	鉾田連続強盗殺人事件 （05.1.21 ～ 1.28） 1961 年 8 月 31 日生まれ	
尾崎　正芳　　　　福岡 10.11. 8 最高裁（須藤正彦） 07. 1.16 福岡高裁（浜崎裕） 05. 5.16 福岡地裁小倉支部 （野島秀夫）	替え玉保険金等殺人事件 （02.1.8 ～ 31） 1974 年 5 月 16 日生まれ	旧姓竹本。一部無罪を主張。
原　　正志　　　　福岡 10.11. 8 最高裁（須藤正彦） 07. 1.16 福岡高裁（浜崎裕） 05. 5.16 福岡地裁小倉支部 （野島秀夫）	替え玉保険金等殺人事件 （02.1.8 ～ 31） 1957 年 8 月 12 日生まれ	旧姓竹本。
土谷　正実（享年 53 歳） 18. 7. 6 東京拘置所にて執行 11. 2.15 最高裁（那須弘平） 06. 8.18 東京高裁（白木勇） 04. 1.30 東京地裁（服部悟）	松本・地下鉄サリン事件等 （94.6 ～ 95.3） 1965 年 1 月 6 日生まれ	
熊谷　徳久（享年 73 歳） 13. 9.12 東京拘置所にて執行 11. 3. 1 最高裁（田原睦夫） 07. 4.25 東京高裁（高橋省吾） 死刑 06. 4.17 東京地裁（毛利晴光） 無期	横浜中華街店主銃殺事件等 （04.5.29） 1940 年 5 月 8 日生まれ （戦災孤児で、もう一つの戸籍では、1938 年 1 月 25 日生まれ）	一審は無期懲役判決。著書に『奈落――ピストル強盗殺人犯の手記』がある。
鈴木　泰徳（享年 50 歳） 19. 8. 2 福岡拘置所にて執行 11. 3. 8 最高裁（岡部喜代子） 07. 2. 7 福岡高裁（正木勝彦） 06.11.13 福岡地裁（鈴木浩美）	福岡 3 女性連続強盗殺人事件（04.12.12 ～ 05.1.18） 1969 年 3 月 22 日生まれ	
小林　正人　　　　東京 11. 3.10 最高裁（桜井龍子） 05.10.14 名古屋高裁（川原誠） 01. 7. 9 名古屋地裁 （石山容示）	木曽川・長良川殺人事件 （94.9 ～ 10） 1975 年 3 月 19 日生まれ	少年 3 人に死刑が求刑され、他の 2 人には一審では無期懲役判決、二審で 3 人に死刑判決。
黒澤　　淳　　　　名古屋 11. 3.10 最高裁（桜井龍子） 05.10.14 名古屋高裁　死刑 （川原誠） 01. 7. 9 名古屋地裁　無期 （石山容示）	木曽川・長良川殺人事件 （94.9 ～ 10） 1975 年 7 月 21 日生まれ	旧姓小森。一審は無期懲役、高裁で死刑判決。複数の少年に死刑が確定するのは初めて。

K・T　名古屋 11. 3.10 最高裁（桜井龍子） 05.10.14 名古屋高裁　死刑（川原誠） 01. 7. 9 名古屋地裁　無期（石山容示）	木曽川・長良川殺人事件 （94.9 ～ 10） 1975 年 10 月 23 日生まれ	一審は無期懲役、高裁で死刑判決。複数の少年に死刑が確定するのは初めて。
片岡　清（享年 84 歳） 16. 2.14 広島拘置所にて病死 11. 3.24 最高裁（桜井龍子） 08. 2.27 広島高裁岡山支部（小川正明）死刑 06. 3.24 岡山地裁（松野勉）無期	広島・岡山強盗殺人事件 （03.9.28/04.12.10）	一審は無期懲役判決。病死。
小林　竜司　大阪 11. 3.25 最高裁（千葉勝美） 08. 5.20 大阪高裁（若原正樹） 07. 5.22 大阪地裁（和田真）	東大阪大生リンチ殺人事件 （06.6.19 ～ 20） 1984 年 12 月 22 日生まれ	
大倉　修　東京 11. 4.11 最高裁（古田佑記） 08. 3.25 東京高裁（安広文夫） 07. 2.26 静岡地裁（竹花俊徳）	同僚・妻連続殺人事件 （04.9.16/05.9.9）	旧姓滝。
渕上　幸春　福岡 11. 4.19 最高裁（田原睦夫） 07. 1.23 福岡高裁宮崎支部（竹田隆） 03. 5.26 宮崎地裁（小松平内）	宮崎連続殺人事件 （99.3.25/9.20） 1969 年 1 月 23 日生まれ	1 件は無罪、1 件は事実誤認を主張。筋ジストロフィー（両上下肢および体幹の機能障害）。
大山　清隆　広島 11. 6. 7 最高裁（大谷剛彦） 07.10.16 広島高裁（楢崎康英） 05. 4.27 広島地裁（岩倉広修）	広島連続殺人事件 （98.10/00.3.1）	
津田寿美年（享年 63 歳） 15.12.18 東京拘置所にて執行 11. 7. 4 控訴取下げ 11. 6.17 横浜地裁（秋山敬）	川崎アパート 3 人殺人事件 （09.5.30） 1952 年 1 月 2 日生まれ	裁判員裁判。控訴取下げで確定。裁判員裁判での死刑確定者で初の執行。
北村　真美　福岡 11.10.3 最高裁（須藤正彦） 07.12.25 福岡高裁（正木勝彦） 06.10.17 福岡地裁久留米支部（高原正良）	大牟田市 4 人連続殺人事件 （04.9.16 ～ 17）	共犯の北村実雄被告、孝被告とは分離して公判。
井上　孝紘　福岡 11.10.3 最高裁（須藤正彦） 07.12.25 福岡高裁（正木勝彦） 06.10.17 福岡地裁久留米支部（高原正良）	大牟田市 4 人連続殺人事件 （04.9.16 ～ 17）	旧姓北村。共犯の北村実雄被告、孝被告とは分離して公判。
北村　実雄　広島 11.10.17 最高裁（白木勇） 08. 3.27 福岡高裁（正木勝彦） 07. 2.27 福岡地裁久留米支部（高原正良）	大牟田市 4 人連続殺人事件 （04.9.16 ～ 17）	共犯の北村真美被告、井上孝紘被告とは分離して公判。
北村　孝　大阪 11.10.17 最高裁（白木勇） 08. 3.27 福岡高裁（正木勝彦） 07. 2.27 福岡地裁久留米支部（高原正良）	大牟田市 4 人連続殺人事件 （04.9.16 ～ 17）	共犯の北村真美被告、井上孝紘被告とは分離して公判。

魏　巍（享年40歳） 19.12.26 福岡拘置所にて執行 11.10.20 最高裁（白木勇） 07. 3. 8 福岡高裁（浜崎裕） 05. 5.19 福岡地裁（川口宰護）	福岡一家4人殺害事件 (03.6.20) 1979年11月14日生まれ	共犯のうち2名は中国で逮捕・訴追され、王亮被告は無期懲役、楊寧被告は05年7月12日死刑執行。
中川　智正（享年55歳） 18. 7. 6 広島拘置所にて執行 11.11.18. 最高裁（古田佑紀） 07. 7.13 東京高裁（植村立郎） 03.10.29 東京地裁（岡田雄一）	坂本弁護士一家殺人事件、松本・地下鉄サリン事件等（89.11 ～ 95.3） 1962年10月25日生まれ	二審鑑定で入信直前から犯行時に解離性障害ないし祈祷性精神病と診断。判決は完全責任能力を認定。18年3月東京から広島へ移送。再審請求中の執行。
遠藤　誠一（享年58歳） 18. 7. 6 東京拘置所にて執行 11.11.21 最高裁（金築誠志） 07. 5.31 東京高裁（池田修） 02.10.11 東京地裁（服部悟）	松本・地下鉄サリン事件等 (94.5/94.6.27/95.3.20 他) 1960年6月5日生まれ。	再審請求中の執行。
守田　克実　　　　東京 24. 9. 9 東京拘置所にて病死 11.11.22 最高裁（寺田逸郎） 08. 3. 3 東京高裁（中川武隆） 06.12.19 千葉地裁（根本渉）	警視庁指定124号事件 (05.8.5 ～ 11.22)	「共犯」の畠山は控訴を取下げて07年11月確定。
兼岩　幸男　　　　名古屋 11.11.29 最高裁（那須弘平） 08. 9.12 名古屋高裁（片山俊雄） 07. 2.23 岐阜地裁（土屋哲夫）	交際2女性バラバラ殺人事件 (99.8.15/03.5.25) 1957年10月30日生まれ	
松永　　太　　　　福岡 11.12.12 最高裁（宮川光治） 07. 9.26 福岡高裁（虎井寧夫） 05. 9.28 福岡地裁小倉支部（若宮利信）	北九州7人連続殺人事件 (96.2.26 ～ 98.6.7)	「共犯」は二審で無期に減刑。
濱崎　勝次（享年64歳） 13. 4.26 東京拘置所にて執行 11.12.12 最高裁（横田尤孝） 08. 9.26 東京高裁（安広文夫） 07.10.26 千葉地裁（古田浩）	市原ファミレス2人射殺事件 (05.4.25) 1948年9月18日生まれ	確定から執行まで1年4か月。「共犯」の宮城は09年6月に死刑確定。
若林　一行（享年39歳） 15.12.18 仙台拘置支所にて執行 12. 1.16 最高裁（宮川光治） 09. 2. 3 仙台高裁（志田洋） 07. 4.24 盛岡地裁（杉山慎治）	岩手県洋野町母娘強盗殺人事件（06.7.19） 1971年12月17日生まれ	二審から無罪を主張。
F・T　　　　　広島 12. 2.20 最高裁（金築誠志） 08. 4.22 広島高裁（楢崎康英）死刑 06. 5.20 最高裁（浜田邦夫）高裁差し戻し 02. 3.14 広島高裁（重吉孝一郎）無期 00. 3.22 山口地裁（渡辺了造）無期	光市事件 (99.4.14) 1981年3月16日生まれ	犯行当時18歳。一審・二審無期。検察上告により最高裁が広島高裁に差戻し。差戻し審で死刑。

岩森　稔（享年76歳） 21. 12.11 東京拘置所にて病死 12. 3. 2 最高裁（竹内行夫） 09. 3.25 東京高裁（若原正樹）死刑 08. 3.21 さいたま地裁（飯田喜信）無期	埼玉本庄夫婦殺害事件（07.7.21） 1945年4月28日生まれ	一審は無期懲役判決。病死。
川﨑　政則（享年68歳） 14. 6.26 大阪拘置所にて執行 12. 7.12 最高裁（白木勇） 09.10.14 高松高裁（柴田秀樹） 09. 3.16 高松地裁（菊地則明）	坂出祖母孫3人殺人事件（07.11.16） 1946年1月20日生まれ	
加賀山領治（享年63歳） 13.12.12 大阪拘置所にて執行 12. 7.24 最高裁（寺田逸郎） 09.11.11 大阪高裁（湯川哲嗣） 09. 2.27 大阪地裁（細井正弘）	中国人留学生強盗殺人事件 ＤＤハウス事件 （00.7.29/08.2.1） 1950年1月3日生まれ	確定から執行まで1年4か月。
池田　容之　東京 12. 7　確定 11. 6.16 控訴取下げ 10.11.16 横浜地裁（朝山芳史）	横浜沖バラバラ強殺事件他（09.6.18 ～ 19）	裁判員裁判で初の死刑判決。控訴取下げに対し弁護人による審理継続申立。2012年7月確定処遇に。
田尻　賢一（享年45歳） 16.11.11 福岡拘置所にて執行 12. 9.10 上告取下げ確定 12. 4.11 福岡高裁（陶山博生） 11.10.25 熊本地裁（鈴木浩美）	熊本2人強盗殺人事件（04. 3.13、11. 2.23） 1971年4月26日生まれ	裁判員裁判での死刑判決。上告を取下げ死刑確定。
謝　依　俤　東京 12.10.19 最高裁（須藤正彦） 08.10. 9 東京高裁（須田賢） 06.10. 2 東京地裁（成川洋司）	品川製麺所夫婦強殺事件（02.8.31） 1977年9月7日生まれ	中国国籍。
高見澤　勤（享年59歳） 14. 8.29 東京拘置所にて執行 12.10.23 最高裁（大谷剛彦） 08.12.12 東京高裁（安広文夫） 08. 2. 4 前橋地裁（久我泰博）	暴力団3人殺害事件（01.11 ～ 05.9） 1955年4月20日生まれ	
阿佐　吉廣（享年70歳） 20. 2.11 東京拘置所にて病死 12.12.11 最高裁（田原睦夫） 08. 4.21 東京高裁（中川武隆） 06.10.11 甲府地裁（川島利夫）	都留市従業員連続殺人事件（97.3/00.5.14） 1949年5月21日生まれ	無罪を主張。病死。
野﨑　浩（享年61歳） 20.12.13 東京拘置所にて病死 12.12.14 最高裁（小貫芳信） 10.10. 8 東京高裁（長岡哲次）死刑 09.12.16 東京地裁（登石郁朗）無期	フィリピン女性2人殺人事件 （99.4.22/08.4.3）	一審は無期懲役判決。病死。
渡辺　純一　東京 13. 1.29 最高裁（岡部喜代子） 09. 3.19 東京高裁（長岡哲次）死刑 07. 8. 7 千葉地裁（彦坂孝孔）無期	架空請求詐欺グループ仲間割れ事件（04.10.13 ～ 16）	一審は無期懲役判決。一部無実を主張。

清水　大志　　　　　東京 13. 1.29 最高裁（岡部喜代子） 09. 5.12 東京高裁（長岡哲次） 07. 8. 7 千葉地裁（彦坂孝孔）	架空請求詐欺グループ仲間割れ事件（04.10.13 ～ 16）	
伊藤　玲雄　　　　　東京 13. 2.28 最高裁（桜井龍子） 09. 8.28 東京高裁（長岡哲次） 07. 5.21 千葉地裁（彦坂孝孔）	架空請求詐欺グループ仲間割れ事件（04.10.13 ～ 16）	
住田　紘一（享年 34 歳） 17. 7.13 広島拘置所にて執行 13. 3.28 控訴取下げ 13. 2.14 岡山地裁（森岡孝介）	岡山元同僚女性殺人事件（11.9.30） 1982 年 9 月 29 日生まれ	裁判員裁判。被害者 1 名。本人控訴取下げで、確定。
山田健一郎　　　　　東京 13. 6. 7 最高裁（千葉勝美） 09. 9.10 東京高裁（長岡哲次） 08. 1.21 前橋地裁（久我泰博）	前橋スナック乱射事件（03.1.25） 1966 年 8 月 23 日生まれ	「共犯」の小日向は 09 年 7 月、矢野は 14 年 3 月に死刑確定。
高柳　和也　　　　　大阪 13.11.25 最高裁（金築誠志） 10.10.15 大阪高裁（湯川哲嗣） 09. 3.17 神戸地裁姫路支部（松尾嘉倫）	姫路 2 女性殺人事件（05.1.9） 1966 年 1 月 10 日生まれ	
沖倉　和雄（享年 66 歳） 14. 7. 2 東京拘置所にて病死 13.12.17 最高裁（木内道祥） 10.11.10 東京高裁（金谷曉） 09. 5.12 東京地裁立川支部（山崎和信）	あきる野市資産家姉弟強盗殺人事件（08.4.9 ～ 13）	病死。
小川　和弘　　　　　大阪 14. 3. 6 最高裁（横田尤孝） 11. 7.26 大阪高裁（的場純男） 09.12. 2 大阪地裁（秋山敬）	大阪個室ビデオ店放火事件（08.10.2）	
矢野　　治（享年 71 歳） 20. 1.26 東京拘置所にて自殺 14. 3.14 最高裁（鬼丸かおる） 09.11.10 東京高裁（山崎学） 07.12.10 東京地裁（朝山芳史）	組長射殺事件、前橋スナック乱射事件等（02.2 ～ 03.1） 1948 年 12 月 20 日生まれ	「共犯」の小日向は 09 年 7 月、山田は 13 年 6 月に死刑確定。17 年 4 月と 7 月に、それぞれ別の殺人容疑で逮捕、起訴されたが、18 年 12 月、東京地裁で無罪判決。検察は控訴せず。自殺。
小泉　　毅　　　　　東京 14. 6.13 最高裁（山本庸幸） 11.12.26 東京高裁 (八木正一) 10. 3.30 さいたま地裁（伝田喜久）	元厚生次官連続殺傷事件（08.11.17 ～ 11.18） 1962 年 1 月 26 日生まれ	
松原　智浩　　　　　東京 14. 9. 2 最高裁（大橋正春） 12. 3.22 東京高裁（井上弘通） 11. 3.25 長野地裁（高木順子）	長野一家 3 人強殺事件（10. 3.24 ～ 25）	裁判員裁判で死刑判決を受け、最高裁で確定したのは初めて。
奥本　章寛　　　　　福岡 14.10.16 最高裁（山浦善樹） 12. 3.22 福岡高裁宮崎支部（榎本巧） 10.12. 7 宮崎地裁（高原正良）	宮崎家族 3 人殺人事件（10.3.1） 1988 年 2 月 13 日生まれ	裁判員裁判。

桑田　一也　東京 14.12. 2 最高裁（大谷剛彦） 12. 7.10 東京高裁（山崎学） 11. 6.21 静岡地裁沼津支部（片山隆夫）	交際女性・妻殺人事件 （05.10.26、10. 2.23） 1966 年 6 月 26 日生まれ	裁判員裁判。
加藤　智大（享年 39 歳） 22. 7. 26 東京拘置所にて執行 15. 2. 2 最高裁（桜井龍子） 12. 9.12 東京高裁（飯田喜信） 11. 3.24 東京地裁（村山浩昭）	秋葉原無差別殺傷事件 （08. 6. 8） 1982 年 9 月 28 日生まれ	著書に『解』『解＋』『東拘永夜抄』『殺人予防』がある。
藤城　康孝（享年 65 歳） 21. 12.21 大阪拘置所にて執行 15. 5.25 最高裁（千葉勝美） 13. 4.26 大阪高裁（米山正明） 09. 5.29 神戸地裁（岡田信）	加古川 7 人殺人事件 （04.8.2）	
新井　竜太　東京 15.12. 4 最高裁（鬼丸かおる） 13. 6.27 東京高裁（井上弘通） 12. 2.24 さいたま地裁（田村真）	埼玉深谷男女 2 人殺害事件（08.3.13/09.8. 7） 1969 年 6 月 6 日生まれ	裁判員裁判。
高見　素直　大阪 16. 2.23 最高裁（和田真） 13. 7.31 大阪高裁（中谷雄二郎） 11.10.31 大阪地裁（和田真）	大阪パチンコ店放火殺人事件（09.7.5） 1968 年 1 月 4 日生まれ	裁判員裁判。絞首刑違憲論が争われる。
髙橋　明彦　仙台 16. 3. 8 最高裁（木内道祥） 14. 6. 3 仙台高裁（飯渕進） 13. 3.14 福島地裁郡山支部（有賀貞博）	会津美里夫婦殺人事件 （12.7.26） 1966 年 9 月 12 日生まれ	裁判員裁判。旧姓横倉。
伊藤　和史　東京 16. 5.26 最高裁（大橋正春） 14. 2.20 東京高裁（村瀬均） 11.12.27 長野地裁（高木順子）	長野一家 3 人殺人事件 （10.3.24 ～ 25） 1979 年 2 月 16 日生まれ	裁判員裁判。
浅山　克己　東京 16. 6.13 最高裁（千葉勝美） 14.10. 1 東京高裁（八木正一） 13. 6.11 東京地裁（平木正洋）	山形・東京連続放火殺人事件（10.10.2/11.11.24）	裁判員裁判。
C・Y　仙台 16. 6.16 最高裁（大谷直人） 14. 1.31 仙台高裁（飯渕進） 10.11.25 仙台地裁（鈴木信行）	石巻 3 人殺傷事件 （10.2.10） 1991 年 7 月 2 日生まれ	裁判員裁判。 事件当時 18 歳 7 か月。
筒井　郷太　福岡 16. 7.21 最高裁（池上政幸） 14. 6.24 福岡高裁（古田浩） 13. 6.14 長崎地裁（重富朗）	長崎ストーカー殺人事件 （11.12.16） 1984 年 11 月 4 日生まれ	裁判員裁判。無罪を主張。
井上　佳苗　東京 17. 4.14 最高裁（大貫芳信） 14. 3.12 東京高裁（八木正一） 12. 4.13 さいたま地裁（大熊一之）	首都圏連続不審死事件等 （08. 9 ～ 09. 9） 1974 年 11 月 27 日生まれ	裁判員裁判。無罪を主張。旧姓木嶋。
上田美由紀（享年 49 歳） 23. 1.14 喉に食物がつまり死去 17. 7.27 最高裁（小池裕） 13. 3.20 広島高裁松江支部（塚本伊平） 12.12. 4 鳥取地裁（野口卓志）	鳥取連続不審死事件 （09.4.23/10.6） 1973 年 12 月 21 日生まれ	裁判員裁判。無罪を主張。

鈴木　勝明　大阪 17.12. 8 最高裁（戸倉三郎） 14.12.19 大阪高裁（笹野明義） 13. 6.26 大阪地裁堺支部（畑山靖）	大阪ドラム缶遺体事件 （04.12.3） 1967 年 5 月 13 日生まれ	裁判員裁判。無罪を主張。
林　振華　名古屋 18. 9. 6 最高裁（木沢克之） 15.10.14 名古屋高裁（石山容示） 15.2.20 名古屋地裁（松田俊哉）	愛知県蟹江町母子殺傷事件 （09.5.1）	中国籍。裁判員裁判。
渡邉　剛　東京 18.12.21 最高裁（鬼丸かおる） 16. 3.16 東京高裁（藤井敏明） 14. 9.19 東京地裁（田辺美保子）	資産家夫婦殺人事件 （12.12.7）	裁判員裁判。殺害は否認。
西口　宗宏　大阪 19. 2.12 最高裁（岡部喜代子） 16. 9.14 大阪高裁（後藤真理子） 14. 3.10 大阪地裁堺支部（森浩史）	堺市連続強盗殺人事件 （11.11.5/12.1） 1961 年 8 月 26 日生まれ	裁判員裁判。
溝上浩二　大阪 19. 5.18 控訴取下げ 18.12.19 大阪地裁（浅香竜太）	寝屋川中 1 男女殺害事件 （15.8.13）	旧姓山田→水海。裁判員裁判。刑務官とトラブルとなり控訴を取下げるが取下げ無効を争い 19 年 12 月大阪高裁が無効決定。20 年 3 月 24 日二度目の控訴取下げ。
保見　光成　広島 19.7.11 最高裁（山口厚） 16.9.13 広島高裁（多和田隆史） 15. 7.28 山口地裁（大寄淳）	周南市連続殺人放火事件 （13.7.21 ～ 22）	裁判員裁判。
堀　慶末　名古屋 19.7.19 最高裁（山本庸幸） 16.11. 8 名古屋高裁（山口裕之） 15.12.15 名古屋地裁（景山太郎）	碧南市夫婦強盗殺人事件（98.6.28）、守山強盗傷害事件（06.7.20）	裁判員裁判。闇サイト事件で無期刑受刑中に前に犯した事件が発覚。著書に『鎮魂歌』がある。
植松　聖　東京 20. 3.30 控訴取下げ 20. 3.16 横浜地裁（青沼潔）	相模原障害者殺傷事件 （16.7.26） 1990 年 1 月生まれ	弁護人の控訴を取下げ死刑確定。弁護人による取下げ無効申立ては 22 年 5 月 16 日付で却下決定。
土屋　和也　東京 20. 9. 8 最高裁（林道晴） 18. 2.14 東京高裁（栃木力） 16. 7.20 前橋地裁（鈴木秀行）	前橋連続強盗殺傷事件 （14.11.10/11.16）	裁判員裁判。軽度の発達障害と計画性の不在を認めつつ、複数の凶器を用意したのは被告の意思として上告を棄却。
白石　隆浩　東京 20. 12.21 控訴取下げ 20. 12.15 東京地裁立川支部（矢野直邦）	座間市アパート 9 人殺害事件 （17.8.23. ～ 10.23）	裁判員裁判。本人控訴取下げ確定。
肥田　公明　東京 21. 1.28 最高裁（深山卓也） 18. 7.30 東京高裁（大島隆明） 16.11.24 静岡地裁沼津支部（斎藤千恵）	伊東市干物店強盗殺人事件 （12.12.18）	裁判員裁判。無実を主張。
川崎　竜弥　東京 21. 2.15 上告取下げ 19. 3.15 東京高裁（藤井敏明） 18. 2.23 静岡地裁（佐藤正信）	浜名湖連続殺人事件 （16.1.29 ～ 7.8）	裁判員裁判。最高裁判決の 2 日前に上告を取下げて確定。

筧 千佐子　大阪 21. 6.29 最高裁（宮崎裕子） 19. 5.24 大阪高裁（樋口裕晃） 17.11. 7 京都地裁（中川綾子）	青酸連続殺人事件 (07.12 ～ 13.12)	裁判員裁判。認知症で裁判内容を理解する訴訟能力がないと無罪主張。
今井 隼人　東京 23. 5. 11 上告取下げ 22. 3. 9 東京高裁（細田啓介） 18. 3.22 横浜地裁（渡辺英敬）	川崎市老人ホーム連続転落死事件 (15.11.4 ～ 12.31)	裁判員裁判。
岩間　俊彦（享年 49 歳） 23. 8. 24 東京拘置所で病死 23. 6. 5 最高裁（安浪亮介） 19.12.17 東京高裁（青柳勤） 17. 8.25 甲府地裁（丸山哲巳）	マニラ邦人保険金殺人事件 (14.10/15.8 ～ 9)	裁判員裁判。
上村　隆　大阪 23. 7. 3 最高裁（尾島明） 21. 5.19 大阪高裁（宮崎英一） 19. 3.15 神戸地裁姫路支部（藤原美弥子）	姫路連続監禁殺人事件 (09.4 ～ 11.2)	裁判員裁判。無罪を主張。共犯者は 18 年 11 月 8 日、死刑求刑に対し 1 件が無罪となり、無期懲役に。被告・検察とも控訴。
中田　充　福岡 23.12. 8 最高裁（長嶺安政） 21. 9.15 福岡高裁（辻川靖夫） 19.12.13 福岡地裁（柴田寿宏）	妻子 3 人殺人事件 (17.6.5 ～ 6)	裁判員裁判。無罪を主張。現職の警察官。
遠藤裕喜　東京 24. 2. 1 控訴取り下げ 24. 1.18 甲府地裁（三上潤）	甲府夫婦殺害放火事件 (21.10.12)	事件当時 19 歳、特定少年として初めての死刑判決

最高裁係属中の死刑事件

氏名　拘置先 判決日	事件名（事件発生日） 生年月日	備　考
小松　博文　東京 23. 4.21 東京高裁（伊藤雅人） 21. 6.30 水戸地裁（結城剛行）	日立妻子 6 人殺害事件 (17.10.6)	裁判員裁判。

高裁係属中の死刑事件

氏名　拘置先 判決日	事件名（事件発生日）	備　考
岩倉　知広 20.12.11 鹿児島地裁（岩田光生）	日置市男女 5 人殺害事件 18.3.31 ～ 4.6	裁判員裁判。
青葉　真司 24. 1.25 京都地裁（増田啓祐）	京都アニメーション放火殺人事件 19.7.18	裁判員裁判。
佐藤　翔一 24. 7. 2 大分地裁（辛島靖崇）	宇佐市親子強盗殺人事件 20.2.2	裁判員裁判。

（2024 年 9 月 30 日現在）

※山田広志さん（2023 年 3 月 7 日名古屋地裁で死刑判決。高裁係属中）は 23 年 12 月 13 日に移送先の名古屋刑務所にて膵臓癌で死去。享年 49 歳。
※野村悟さん(2021 年 8 月 24 日福岡地裁で死刑判決)は 24 年 3 月 12 日福岡高裁で無期懲役に。
※袴田巖さんは 24 年 9 月 26 日に静岡地裁（　　）にて　　。
※事件時未成年で、実名表記の了解の得られなかった方についてはイニシャルにしました。

死刑確定者の獄死者

死亡年月日	名前	年齢	拘置所等
2003年 2月28日	上田 大	33歳	名古屋
2003年 9月 3日	冨山常喜	86歳	東京
2004年 6月 4日	晴山広元	70歳	札幌刑務所
2007年 7月17日	諸橋昭江	75歳	東京
2008年 2月 7日	宇井鍷次	68歳	大阪医療刑務所
2008年12月16日	澤地和夫	69歳	東京
2009年 1月 4日	朴 日光	61歳	福岡
2009年 5月 2日	藁科 稔	56歳	名古屋の病院で
2009年 9月 3日	荒井政男	82歳	東京
2009年10月27日	石橋栄治	72歳	東京
2010年 1月 2日	山本開一	62歳	東京
2010年 4月14日	手柴勝敏	66歳	福岡
2011年 1月27日	坂本春野	83歳	大阪医療刑務所
2011年 1月29日	熊谷昭孝	67歳	仙台の病院で
2011年 2月 6日	永田洋子	65歳	東京
2013年 6月23日	綿引 誠	74歳	東京
2013年 8月15日	迫 康裕	73歳	仙台
2013年11月15日	宇治川正	62歳	東京
2014年 4月19日	石田富蔵	92歳	東京
2014年 5月15日	中山 進	66歳	大阪
2014年 6月24日	岡﨑茂男	60歳	東京
2014年 7月 2日	沖倉和雄	66歳	東京
2014年 7月16日	幾島賢治	67歳	名古屋
2015年10月 4日	奥西 勝	89歳	八王子医療刑務所
2016年 1月22日	松本昭弘	61歳	名古屋
2016年 2月14日	片岡 清	84歳	広島
2017年 3月27日	関根 元	75歳	東京
2017年 5月24日	大道寺将司	68歳	東京
2017年 6月26日	浜田武重	90歳	福岡
2017年 9月16日	畠山鐵男	74歳	東京
2020年 2月11日	阿佐吉廣	70歳	東京
2020年10月17日	高田和三郎	88歳 肺炎	東京
2020年12月13日	野崎 浩	66歳 慢性腎不全	東京
2021年 2月3日	高橋義博	71歳 急性冠症候群	東京
2021年 10月8日	高橋和利	87歳	東京

2021年 12月11日	岩森　稔	76歳	東京
2023年　1月14日	上田美由紀	49歳	広島
2023年　8月24日	岩間俊彦	49歳、糖尿・腎不全	東京
2023年　9月23日	窪田勇次	78歳、誤嚥性肺炎	札幌
2024年　9月　9日	守田克実	73歳、肝がん	東京

死刑確定者の自殺者

1999年 11月　8日	太田勝憲	55歳	札幌
2020年　1月26日	矢野　治	71歳	東京

法務大臣別死刑執行記録

この表は死刑の執行がどのような政治的、社会的状況下で行われているかを分析するための資料として製作された。1993年以前の記録は不備な項目もあるが参考までに掲載した。
※法務大臣就任時に〔衆〕は衆議院議員、〔参〕は参議院議員であることを、〔民間〕は国会議員でないことを示す。

首相	法相（就任年月日）	執行年月日（曜日）	死刑囚名	年齢	拘置所	執行前後の状況	年間執行数
中曽根康弘	住　栄作〔衆〕（83・12・27）	84・10・30（火）	中山　実		東京		84年＝1人
	嶋崎　均〔参〕（84・11・1）	85・5・31（木）	大島　卓士		名古屋		
			古谷　惣吉		大阪		
		85・7・25（木）	阿部　利秋		福岡		85年＝3人
	鈴木　省吾〔参〕（85・12・28）	86・5・20（火）	木村　繁治		東京		
			徳永　励一		東京		86年＝2人
	遠藤　要〔参〕（86・7・22）	87・9・30（水）	大坪　清隆		大阪		
			矢部　光男		東京		87年＝2人
竹下　登	林田悠紀夫〔参〕（87・11・6）	88・6・16（木）	松田　吉孔		大阪		
			渡辺　健一		大阪		
	長谷川　峻〔衆〕（88・12・27）	―				＊リクルートからの政治献金が発覚し、在任期間4日で辞任。	
	高辻　正己〔民間〕（88・12・30）	―				＊73～80年最高裁判事。法相就任前は国家公安委員会委員。	88年＝2人
宇野　宗佑	谷川　和穂〔衆〕（89・6・3）	―				＊宇野内閣が69日で退陣になり、法相退任。	
海部　俊樹	後藤　正夫〔参〕（89・8・10）	89・11・10（金）	近藤　武数		福岡		89年＝1人
	長谷川　信〔参〕（90・2・28）	―				＊病気のため任期途中で辞任。10月死去。	90年＝0人
	梶山　静六〔衆〕（90・9・13）	―					91年＝0人
	左藤　恵〔衆〕（90・12・29）	―				＊第2次海部内閣の改造内閣で就任。真宗大谷派の僧侶。	92年＝0人

首相	法務大臣（就任日）	執行日	氏名	年齢	拘置所	備考	年別
宮澤　喜一	田原　隆〔衆〕（91・11・5）	―					
	後藤田正晴〔衆〕（92・12・12）	93・3・26（金）	立川修二郎	62	大阪	執行再開。26年ぶりの3名同時執行。川中氏は精神分裂症。法相「このままでは法秩序が維持できない。（執行しなかった法相は）怠慢である」と発言。	
			川中　鉄夫	48	大阪		
			近藤　清吉	55	仙台		
細川　護熙	三ケ月　章〔民間〕（93・8・9）	93・11・26（金）	出口　秀夫	70	大阪	戦後初の4人同時執行。出口氏は70歳の高齢者。11月5日国連規約人権委員会から日本政府への勧告が出たばかり。9月21日の最高裁死刑判決で大野正男判事の補足意見。	93年＝7人
			坂口　徹	56	大阪		
			関　幸生	47	東京		
			小島　忠夫	61	札幌		
羽田　孜	永野　茂門〔参〕（94・4・28）	―				＊「南京大虐殺はでっち上げ」発言が問題となり、在任期間11日で辞任。	
	中井　洽〔衆〕（94・5・8）	―				＊羽田内閣が64日で総辞職になったため法相退任。	
村山　富市	前田　勲男〔参〕（94・6・30）	94・12・1（木）	安島　幸雄	44	東京	執行ゼロの年を回避。自社さ連立政権下の執行。11月7日国連総会で死刑廃止が議題に。11月26日に世論調査発表。	94年＝2人
			佐々木和三	65	仙台		
		95・5・26（金）	藤岡　英次	40	大阪	オウム事件を背景にした執行。	
			須田　房雄	64	東京		
			田中　重穂	69	東京		
	田沢　智治〔参〕（95・8・8）	―					
	宮澤　弘〔参〕（95・10・9）	95・12・21（木）	木村　修治	45	名古屋	オウム破防法手続き問題の時期。	95年＝6人
			平田　直人	63	福岡		
			篠原徳次郎	68	東京		
橋本龍太郎	長尾　立子〔民間〕（96・1・11）	96・7・11（木）	石田三樹男	48	東京	麻原彰晃（松本智津夫氏）全17件の事件が審理入り。オウム解散を公安審査委員会に請求。	
			横山　一美	59	福岡		
			杉本　嘉昭	45	福岡		
	松浦　功〔参〕（96・11・7）	96・12・20（金）	今井　義人	55	東京	法務大臣就任1カ月半後の執行。執行の有無を記者に答えると明言。ペルー大使館占拠事件（12月17日～）。	96年＝6人
			平田　光成	60	東京		
			野口　悟	50	東京		

首相	法相	執行日	氏名	年齢	拘置所	備考	年
	松浦 功〔参〕	97・8・1（金）	日高 安政	54	札幌	執行の事実を法務大臣認める。	97年＝4人
			日高 信子	51	札幌	神戸小学生殺傷事件、オウム事件を背景にした執行。	
			永山 則夫	48	東京	奈良県月ヶ瀬村中2生徒殺害事件で被疑者供述。	
			神田 英樹	43	東京		
	下稲葉耕吉〔参〕（97・9・11）	98・6・25（木）	島津 新治	66	東京	国会終了直後。参議院選挙公示日。	98年＝6人
			村竹 正博	54	福岡		
			武安 幸久	66	福岡		
小渕 恵三	中村正三郎〔衆〕（98・7・30）	98・11・19（木）	津田 暎	59	広島	法務省から執行の事実・人数を公表。	
			西尾 立昭	61	名古屋	11月4日の記者会見で執行の事実を公表すると表明していた。	
			井田 正道	56	名古屋		
	陣内 孝夫〔参〕（99・3・8）	99・9・10（金）	佐藤 真志	62	東京	法務省が記者クラブに「本日9月10日（金）死刑確定囚3名に対して死刑の執行をしました」と初めてＦＡＸ。3名とも仮釈放後の再殺人で死刑。	99年＝5人
			高田 勝利	61	仙台	人身保護請求を行い、8月に棄却後の執行。	
			森川 哲行	69	福岡		
	臼井日出男〔衆〕（99・10・5）	99・12・17（金）	佐川 和男	48	東京	佐川氏人身保護請求中。小野氏再審請求中。法相「再審請求は重要な理由だが、幾度もやっている場合は考慮しきれない」。	
			小野 照男	62	福岡		
森 喜朗	臼井日出男〔衆〕（00・4・5）	―				＊小渕首相が緊急入院したための「居抜き内閣」。	00年＝3人
	保岡 興治〔衆〕（00・7・4）	00・11・30（木）	勝田 清孝	52	名古屋	臨時国会閉会前日の執行であり、内閣改造直前のかけ込み執行。	
			宮脇 喬	57	名古屋		
			大石 国勝	55	福岡		
	高村 正彦〔衆〕（00・12・5）	―					
小泉純一郎	森山 眞弓〔衆〕（01・4・26）	01・12・27（木）	朝倉幸治郎	66	東京	仕事納め前日の執行。宅間守被告初公判。	01年＝2人
			長谷川敏彦	51	名古屋	オウム関連被告への求刑日。	
		02・9・18（水）	田本 竜也	36	福岡	小泉首相が訪朝するという大きな報道の中での執行。国会閉会中。水曜日の執行は93年3月以降、初めて。	02年＝2人
			浜田 美輝	43	名古屋		
		03・9・12（金）	向井 伸二	42	大阪	宅間守被告への死刑判決直後の執行。	03年＝1人
	野沢 太三〔参〕（03・9・22）	04・9・14（火）	嶋﨑 末男	59	福岡	法相引退直前。火曜日の執行は93年3月以降初めて。	04年＝2人
			宅間 守	40	大阪	宅間氏、自ら控訴を取り下げ。確定後一年未満、異例の早期執行。	

小泉純一郎	南野知恵子〔参〕(04・9・27)	05・9・16(金)	北川 晋	58	大阪	退任直前、国会閉会中。異例の1人のみの執行。	05年＝1人
	杉浦 正健〔衆〕(05・10・31)	―				＊真宗大谷派の信徒であることから就任時に「死刑執行のサインはしない」と発言（直後に撤回）。	
安倍晋三	長勢 甚遠〔衆〕(06・9・26)	06・12・25(月)	秋山 芳光	77	東京	執行ゼロの年を作らぬため。確定死刑囚98人時点での4人執行。藤波氏は車椅子生活。77歳、75歳の高齢者の執行。クリスマスの執行。	06年＝4人
			藤波 芳夫	75	東京		
			福岡 道雄	64	大阪		
			日高 広明	44	広島		
		07・4・27(金)	名田 幸作	56	大阪	国会会期中の執行。	07年＝9人
			小田 義勝	59	福岡		
			田中 政弘	42	東京		
		07・8・23(木)	竹澤一二三	69	東京	法相退陣直前の執行。二桁執行を公言。	
			瀬川 光三	60	名古屋		
			岩本 義雄	63	東京		
	鳩山 邦夫〔衆〕(07・8・27)	―				＊第1次安倍改造内閣で就任したが約30日で内閣総辞職となり退任。	
福田康夫	鳩山 邦夫〔衆〕(07・9・26)	07・12・7(金)	池本 登	75	大阪	被執行者の氏名や事件内容を法務省が初めて発表する。法相、9月25日に「法相が署名をしなくても死刑執行できる方法を考えるべきだ」、ベルトコンベアー発言が問題に。	
			府川 博樹	42	東京		
			藤間 静波	47	東京		
		08・2・1(金)	松原 正彦	63	大阪	前夜に執行予定の情報が流れる。	
			名古 圭志	37	福岡		
			持田 孝	65	東京		
		08・4・10(木)	中元 勝義	64	大阪	4月22日には光市事件差戻控訴審判決。	
			中村 正春	61	大阪		
			坂本 正人	41	東京		
			秋永 香	61	東京		
		08・6・17(火)	山崎 義雄	73	大阪	7月洞爺湖サミットを前にしての執行。	
			陸田 真志	37	東京		
			宮崎 勤	45	東京		

	保岡 興治〔衆〕（08・8・2）	08・9・11（木）	萬谷 義幸	68	大阪	法相就任1カ月での執行。9月1日には福田首相が辞意を表明していた。	08年＝15人
			山本 峰照	68	大阪		
			平野 勇	61	東京		
麻生太郎	森 英介〔衆〕（08・9・24）	08・10・28（火）	久間三千年	70	福岡	久間氏は無実主張。足利事件菅家氏がDNA鑑定で釈放直後の執行。	
			高塩 正裕	55	仙台	一審無期、二審で死刑判決。上告取り下げ確定。	
		09・1・29（木）	牧野 正	58	福岡	公判再開請求が最高裁で棄却後の執行。	09年＝7人
			川村 幸也	44	名古屋	前年12月、再審請求棄却後の執行。	
			佐藤 哲也	39	名古屋	本人が再審請求を取り下げ。	
			西本正二郎	32	東京	控訴取り下げにより確定。	
		09・7・28（火）	陳 徳通	41	東京	中国国籍。政権交代直前の駆け込み執行。	
			前上 博	40	大阪	控訴取り下げにより確定。	
			山地悠紀夫	25	大阪	控訴取り下げにより確定。	
鳩山由紀夫	千葉 景子〔参〕（09・9・16）	―					
菅 直人	千葉 景子〔参〕（10・6・8）	10・7・28（水）	篠澤 一男	59	東京	政権交代後初の執行、法相執行に立ち会う。元死刑廃止議連メンバー。	10年＝2人
			尾形 英紀	33	東京	控訴取り下げにより確定。	
	柳田 稔〔参〕（10・9・17）	―				＊「法務大臣は二つ覚えておけばいい。『個別の事案についてはお応えを差し控えます』と『法と秩序に基づいて適切にやっている』だ」と発言して辞任。	
	仙谷 由人〔衆〕（10・11・22）	―					
	江田 五月〔参〕（11・1・14）	―					11年＝0人
野田佳彦	平岡 秀夫〔衆〕（11・9・2）	―					
	小川 敏夫〔参〕（12・1・13）	12・3・29（木）	松田 康敏	44	福岡	2011年は執行ゼロだったが、年度内ギリギリで執行。	
			上部 康明	48	広島		
			古澤 友幸	46	東京		
	滝 実〔衆〕（12・6・4）	12・8・3（金）	服部 純也	40	東京	法相就任2カ月での執行。	
			松村 恭造	31	大阪		

野田佳彦	滝　実	12・9・27（木）	松田　幸則	39	福岡	内閣改造で退任希望を表明した直後の執行。	12年＝7人
			江藤　幸子	65	仙台		
	田中　慶秋〔衆〕（12・10・1）	—				＊法相就任から3週間で「体調不良」を理由に辞任。	
	滝　実〔衆〕（12・10・24）	—					
安倍晋三	谷垣　禎一〔衆〕（12・12・26）	13・2・21（木）	金川　真大	29	東京	法相就任2カ月足らずでの執行。	13年＝8人
			小林　薫	44	大阪	金川・小林氏は一審のみで死刑に。加納氏は一審無期。	
			加納　恵喜	62	名古屋		
		13・4・26（金）	宮城　吉英	56	東京	濱崎氏は確定から1年4カ月での執行。	
			濱崎　勝次	64	東京		
		13・9・12（木）	熊谷　徳久	73	東京	オリンピック東京招致決定直後の執行。	
		13・12・12（木）	藤島　光雄	55	東京		
			加賀山領治	63	大阪		
		14・6・26（木）	川﨑　正則	68	大阪		14年＝3人
		14・8・29（金）	小林　光弘	56	仙台	法相退任直前の執行。再審請求準備中の二人の執行。	
			高見澤　勤	59	東京		
	松島みどり〔衆〕（14・9・3）	—				＊法相就任後「うちわ」配布が問題となり辞任。	
	上川　陽子〔衆〕（14・10・21）	15・6・25（木）	神田　司	44	名古屋		15年＝3人
	岩城　光英〔参〕（15・10・7）	15・12・18（金）	津田寿美年	63	東京	法相就任2カ月余りでの執行。裁判員裁判で死刑判決を受けた者（津田氏）への初の執行。	
			若林　一行	39	仙台		
		16・3・25（金）	鎌田　安利	75	大阪	岩城光英法相は7月の参議院選挙で落選。	16年＝3人
			吉田　純子	56	福岡		
	金田　勝年〔衆〕（16・8・3）	16・11・11（金）	田尻　賢一	45	福岡		
		17・7・13（木）	西川　正勝	61	大阪	西川氏は再審請求中の執行。法相「再審請求を行っているから執行しないという考えはとっていない」。住田氏は被害者一人、一審のみで確定。	17年＝4人
			住田　紘一	34	広島		
	上川　陽子〔衆〕（17・8・3）	17・12・19（火）	松井喜代司	69	東京	二人とも再審請求中。一人は事件当時少年。	
			関　光彦	44	東京		

安倍晋三	上川　陽子〔衆〕	18・7・6（金）	松本智津夫	63	東京	これまでにない大量執行。再審請求中、恩赦申立中など一切無視し、確定順の執行という慣例をかなぐり捨て、元オウム真理教幹部を一挙に執行した。 松本氏は再審請求中の執行。心神喪失状態だった。 早川氏は再審請求中の執行。 井上氏は一審無期懲役であり、第一次再審請求中の執行。 新實氏、中川氏は再審請求中の執行。 遠藤氏は第一次再審請求中の執行。 土谷氏は心神喪失状態だった可能性が高い。	18年＝15人
			早川紀代秀	68	福岡		
			井上　嘉浩	48	大阪		
			新實　智光	54	大阪		
			土谷　正実	53	東京		
			中川　智正	55	広島		
			遠藤　誠一	58	東京		
		18・7・26（木）	宮前　一明	57	名古屋	前回執行から20日目に、6名を執行。オウム死刑囚13名全員が抹殺された。 横山氏、小池氏、豊田氏、広瀬氏は第一次再審請求中の執行。	
			横山　真人	54	名古屋		
			端本　悟	51	東京		
			小池　泰男	60	仙台		
			豊田　亨	50	東京		
			広瀬　健一	54	東京		
	山下　貴司〔衆〕（18・10・2）	18・12・27（木）	岡本　啓三	60	大阪	年末ぎりぎりの執行。岡本氏は再審請求中。	
			末森　博也	67	大阪		
		19・8・2（金）	庄子　幸一	64	東京	庄子氏は再審請求中。9月内閣改造前の執行。2日前から執行の情報が漏れていた。	19年＝3人
			鈴木　泰徳	50	福岡		
	河井　克行〔衆〕（19・9・11）	―				執行に積極的姿勢を見せつつ妻の選挙違反問題で就任51日で辞任。	
	森　まさこ〔衆〕（19・10・31）	19・12・26（木）	魏　巍	40	福岡	年末ぎりぎりの執行。再審請求中。	
菅　義偉	上川　陽子〔衆〕（20・9・16）					コロナ禍と東京オリンピック	20年＝0人
岸田文雄	古川　禎久〔衆〕（21・10・4）	21・12・21（火）	高根沢智明	54	東京	高根沢氏、小野川氏は再審請求中	21年＝3人
			小野川光紀	44	東京		
			藤城　康孝	65	大阪		
		22・7・26（火）	加藤　智大	39	東京	安部元首相銃殺事件後の執行。前回の藤城氏とならび死亡被害者7人、確定順は最も最後だった。再審請求中。	22年＝1人

岸田文雄	葉梨　康弘〔衆〕（22・8・10）					「法務大臣というのは、朝、死刑のはんこを押して、昼のニュースのトップになるのはそういう時だけという地味な役職だ」発言で辞任	
	齋藤　健〔衆〕（22・11・11）						
	小泉　龍司〔衆〕（23・9・13）					袴田再審公判	
石破　茂	牧原　秀樹〔衆〕（24・10・1）						

（2024年10月1日現在）

死刑をめぐる状況 2023—2024

死刑廃止年表 二〇二三

一月

死刑をめぐる動き

一四日　上田美由紀さん、広島拘置所にて死去、享年49歳

一五日　加賀乙彦さん、死去、享年93歳

死刑廃止への動き

一七日　日弁連、袴田シンポジウム　弁護士会館　小川秀世、佐藤大介

二九日　袴田巖さんの再審開始へ向けて！　清水テルサ　鴨志田祐美、加藤英典　主催・袴田巖さんを救援する清水・福岡市民

二月

一一〜一七日　第12回死刑映画週間　渋谷・ユーロスペース　フォーラム90

三月

死刑をめぐる動き

一三日　東京高裁（大善文男裁判長）袴田事件再審開始決定

三〇日付　札幌高裁（成川洋司裁判長）は、大森勝久さんの第三次再審請求の即時抗告を棄却

死刑廃止への動き

一二〜一八日　死刑囚の絵展　アビエルト（広島）

一九日　袴田巖さん応援大会　今度こそ袴田さんを再審無罪に　浜松アクト研修交流センター　望月衣塑子

二九日　「色鉛筆訴訟」から死刑を考える online 開催　黒原智宏

四月

一〇日　袴田再審第一回の三者協議（静岡地裁）

一八日付　横浜地裁、植松聖さんの再審請求を棄却

一八日　山口益生さんが、差入れられたパンフの一部抹消に抗し国賠訴訟に名古屋地裁は国に五千円の支払いを命じる

二一日　東京高裁（伊藤雅人裁判長）は小松博文さんの控訴を棄却、死刑判決

二八日　日英、日豪間の部隊移動を巡る「円滑化協定」締結承認案と関連法案が参院本会議で可決

五月

一五日までに　今井隼人さん、上告取り下げ・確定へ

二五日　東京地裁（品田幸男裁判長）は色鉛筆使用禁止にした法務省訓令の改正取消しを求めた訴えを却下

三一日　飯塚時件第二次再審請求で、福岡地裁で目撃証言をした男性の証人尋問が行われる

六月

五日　岩間俊彦さんの上告を棄却。死刑確定へ

九日　死刑廃止のお花見　大阪拘置所前

一五日　和歌山カレー事件を検証する　元警察官から見た和歌山カレー事件　飛松五男　あおぞらの会

一六日　プリズンアカデミーカフェ　死刑と司法を考える　青猫書房　海渡雄一

五月

一六日　アムネスティ・インターナショナルは世界の死刑に関する年次報告書を発表

一九日　再審法改正をめざす市民の会結成四周年記念集会　参議院会館　村山浩昭、水野智幸、西嶋勝彦、袴田ひで子

二一日　死刑囚のリアル　大野鉄平　文京区男女平等センター

六月

六日　再審法改正を求める院内集会　日弁連

一一日　元裁判官からみた日本の再審制度の問題点　村山浩昭　東村山市立中央公民館ホール　無実の死刑囚・袴田巌さんを救う会

一七日　小山広明さん追悼の集い　西成区民センター大ホール　福田織福

二〇日　高橋和利さん、死後再審学習会　弁護士会館

二五日　清水集会

二六日　法務省交渉　フォーラム90ほか

七月

三日 最高裁第二小法廷は、上村隆さんの上告を棄却。死刑確へ

一〇日 袴田巖さんの再審公判で、静岡地検は有罪立証を進めると明らかに

二五日 西アフリカ・ガーナの議会は死刑制度を廃止する刑法改正案を可決

一〇日 袴田弁護団記者会見 静岡市

二二日 永山子ども基金チャリティトーク&コンサート R、S ART COURT 坂田明、栗田妙子、大谷恭子

八月

二四日 岩間敏彦さん、東京拘置所で死去。享年49歳

九日 日弁連死刑廃止意見交換会

二〇日 網走訪問報告 市原みちえ・岩瀬恵子 プリズンアカデミー・カフェ in赤羽・青猫書房

二二日 そばの会などで死刑廃止運動をになった永井迅さん（本名：永井清さん）死去（享年68歳）、葬儀は二六日

二三日 布川事件で再審無罪となり、冤罪事件の支援を続けた桜井昌司さん死去（享年76歳）

二六日 袴田さんの裁判を通して再審法改正を考える 市川寛 浜松袴田巖さんを救う市民の会

九月

一三日 内閣改造、新法務大臣に小泉りゅうじ（龍司）衆議院議員が就任

二九日 静岡地裁の国井恒志裁判長らが地裁浜松支部で袴田巖さんと面会。姉のひで子さん、弁護団と検察官が立ち会う

二、三日 福岡でロウエイシア（アジアの弁護士達の集会）、三日午後アジアの死刑分科会、四日死刑事件担当弁護士 豪、印、アジアの人々と日本から西嶋弁護士ら

四日 ワークショップ&リリース「日本の死刑と再審」ベルリン・フンボルト大学 主催・刑事司法未来

三〇日　韓国の法務部は1998年から2023年6月まで、病死などの理由により死亡した死刑囚は計12人であると発表。同期間に減刑された死刑囚は19人。現在の確定者は59人（うち軍刑法で死刑確定は4人）

一〇月

一一日付　最高裁第一小法廷は、岩嵜竜也さんの一・二審無期懲役判決（求刑同）に対する被告側上告を棄却。刑が確定

二四日　袴田巌再審、静岡地裁は袴田さんの出廷免除を決定

二七日　静岡地裁（国井恒志裁判長）で袴田再審初公判。ひで子さんが代わりに無罪を主張

二二日　「死刑廃止を求めます」オンライン署名開始　フォーラム90

八日　死刑廃止デー企画講演会「袴田事件の問題点」袴田ひで子、小川秀世　フォーラムinなごや

九日　響かせあおう死刑廃止の声　星陵会館　小川秀世・金平茂紀、福島泰樹・小田原のどか・香山リカ・北川フラム・栗原康・太田昌国　西陵会館　フォーラム90

一〇日　死刑執行停止を求める諸宗教による祈りの集い＋死刑廃止セミナー　雨宮処凛　カトリック河原町協会　宗教者ネット

一一日　近畿弁護士会連合会は死刑制度を議論するために広く情報公開すべきだと大阪拘置所の刑場視察を求める申入書を法相、同所長、大阪矯正管区長に送付

一五日　世界死刑廃止デー大阪行動　ビラ撒きと拘置所激励行動

二〇日　公開セミナー　私が見た死刑執行　元刑務官・野口善國弁護士が経験したこと　弁護士会館　主催・第二東京弁護士会

二一日　非行少年の「被害」から死刑制度を考える　岡田行雄　福岡市市民福祉プラザ　タンポポの会

二八日　連続学習会①亀石倫子　ＡＩおおさか＋フォーラムinおおさか

一一月

四日　元日本赤軍メンバーで無期懲役の受刑者、和光晴生さんが大阪医療刑務所で死去。享年75歳

一〇日　袴田巖さんの再審第2回公判

一八日　マレーシアの連邦裁判所は、「死刑および懲役刑の改訂（連邦裁判所の一時的管轄権）法」に基づき、麻薬密売の罪で有罪判決を受けた11人の死刑囚を懲役30年に減刑

一一日　死刑を考える日～死刑囚と被害者遺族と世論から死刑を語る～　青木理、井田香奈子　広島弁護士会館　主催・広島弁護士会

一四日　日弁連シンポジウム「死刑廃止の実現を考える日2023」コモレ四谷タワーコンファレンス　ロングボトム駐日英国大使、平岡秀夫、井田良、井田香奈子ほか

一八日　兵庫県弁護士会　死刑制度を考える～袴田事件から死刑制度を考える～工藤涼二、佐野雅則、村山浩昭、小川原優之、中川勘太

二三日　連続学習会②金子武嗣　AIおおさか＋フォーラムinおおさか

二五～二六日　死刑廃止全国合宿アクトシティ浜松研修交流センター

一二月

七日　京都地裁、京アニ事件の青葉真司さんに死刑を求刑し結審

八日　最高裁第三小法廷（長嶺安政裁判長）は、中田充さんの上告を棄却。死刑確定

一一日付　最高裁第3小法廷（林道晴裁判長）は光市事件の第2次再審請求の特別抗告を棄却

一一日　甲府地裁で事件当時19歳だった遠藤裕喜さんに死刑求刑

一三日　来年判決公判が予定されていた山田広志さんが膵臓がんで名古屋刑務所で死去。享年49歳

二〇日　袴田巖さんの再審第5回公判

九日　狭山事件60年！小泉龍司法務大臣の地元で冤罪と死刑制度を考える集い　熊谷商工会館、石川一雄・早智子、加藤英典、瀬戸一哉、小野寺一規　フォーラム90ほか

一五日　法務省交渉　フォーラム90ほか

二三日　あおぞらの会学習会　クレオ大阪西　河合潤

編集後記

9月26日9時半、朝から暑い日だったが静岡地裁に５００人を超える傍聴希望者が並ぶ。11時に当選者の番号が発表され、幸運にも年報・死刑廃止編集委員の笹原恵さんが傍聴券を引き当てた。おかげで翌日には原稿を書いていただくことができた。

年報・死刑廃止は毎年10月10日の死刑廃止デーに発行するから、再審公判判決日から下版まで日がない。当日のレポートと写真で雪冤の日の記録をとりあえず掲載して報告に代えよう思っていたが、奇跡的に判決公判傍聴記を掲載できた。

一昨年7月の加藤智大さんの執行から、2年2カ月、死刑執行が止まっている。さまざまな要因があるにせよ、再審無罪が予想され世間の注目を集めている袴田再審の判決日が迫るなかでの執行は、さすがに躊躇われたに違いない。無実の人が58年間も死刑囚として自由を奪われ精神を病み、人生の終盤に向かっているのを見ると誰もが惨すぎると思う。死刑囚から生還できた者は五人目。再審請求中の獄死者や無実を訴えながら処刑された者も少なくない。裁判には間違いがあるどころか、国家の無謬性を保持するためには間違っていてもいいと国は思っている。でなければ検察の抗告が繰り返されるわけがない。今回の判決では検察・警察が共謀して証拠を捏造したと認定し、無罪判決を出した。本当に良かったと思う。だが、これまで裁判所も警察・検察の主張を追認してきたことも確かだ。だからそんな国家権力に冤罪であろうとなかろうと、人を死刑にさせてはならない。国はこのまま、死刑執行停止状態を永遠に続けてほしい。このことを牧原秀樹新法相に要請しなくてはならない、

死刑廃止へ向けて、今年11月2～4日に死刑囚表現展２０２４が、11月23、24日には死刑廃止全国交流合宿in福岡が西南学院大学で、来年2月8～14日には死刑映画週間が予定されている。（深田卓）

袴田さん再審判決・死刑廃止へ
年報・死刑廃止 2024

2024年10月10日　第1刷発行

編集委員
石塚伸一
岩井 信
可知 亮
笹原 恵
高田章子
安田好弘
（以上50音順）
深田卓［インパクト出版会］

装幀・本文レイアウト
宗利淳一デザイン

協力
死刑廃止国際条約の批准を求めるフォーラム90
死刑廃止のための大道寺幸子・赤堀政夫基金
深瀬暢子
国分葉子
岡本真菜

宣伝ビデオ作成
可知亮

編集
年報・死刑廃止編集委員会

発行
インパクト出版会
発行人・川満昭広
113-9933 東京都文京区本郷2-5-11　服部ビル
TEL03-3818-7576　FAX03-3818-8676
E-mail：impact@jca.apc.org

少年事件と死刑 年報・死刑廃止 2012 2300円＋税
更生ではなく厳罰へ、抹殺へとこの国は向かう。少年事件と死刑をめぐり徹底検証。

震災と死刑 年報·死刑廃止 2011 2300円＋税
あれだけの死者が出てもなぜ死刑はなくならないのか。震災後の今、死刑を問い直す。

日本のイノセンス・プロジェクトをめざして
年報・死刑廃止 2010 2300円＋税
DNA鑑定により米国で無実の死刑囚多数を救出したプロジェクトは日本でも可能か。

死刑100年と裁判員制度 年報・死刑廃止 2009 2300円＋税
足利事件・菅家利和さん、佐藤博史弁護士に聞く。

犯罪報道と裁判員制度 年報・死刑廃止 2008 2300円＋税
光市裁判報道へのＢＰＯ意見書全文掲載。

あなたも死刑判決を書かされる 年報・死刑廃止 2007 2300円＋税
21世紀の徴兵制・裁判員制度を撃つ。

光市裁判 年報·死刑廃止 2006 2200円＋税
なぜメディアは死刑を求めるのか。

オウム事件10年 年報·死刑廃止 2005 2500円＋税
特集2・名張事件再審開始決定／再審開始決定書全文を一挙掲載。

無実の死刑囚たち 年報·死刑廃止 2004 2200円＋税
誤判によって死を強要されている死刑囚は少なくはない。

死刑廃止法案 年報·死刑廃止 2003 2200円＋税
1956年の死刑廃止法案と公聴会の全記録。

世界のなかの日本の死刑 年報·死刑廃止 2002 2000円＋税
死刑廃止は世界の流れだ。第1回世界死刑廃止大会のレポートなど。

終身刑を考える 年報·死刑廃止 2000 〜 2001 2000円＋税
終身刑は死刑廃止への近道なのか。

死刑と情報公開 年報·死刑廃止 99 2000円＋税
死刑についてのあらゆる情報はなぜ隠されるのか。

犯罪被害者と死刑制度 年報·死刑廃止 98 2000円＋税
犯罪被害者にとって死刑は癒しになるのか。

死刑―存置と廃止の出会い 年報·死刑廃止 97 2000円＋税
初めて死刑存置派と廃止派が出会い、議論をした記録。

「オウムに死刑を」にどう応えるか 年報·死刑廃止 96 2000円＋税
死刑廃止運動の理論と情報を共有することを目指し創刊された「年報・死刑廃止」の創刊号。創刊特集は「凶悪とはなにか？」90 〜 95年の死刑廃止運動の記録。
なお90年以前の廃止運動の情報は『死刑囚からあなたへ』①②に詳しい。

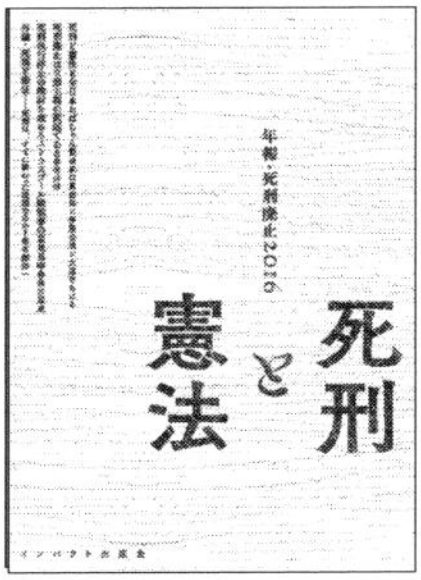

死刑と憲法

年報・死刑廃止 2016　2300 円＋税

憲法 36 条に「公務員による拷問及び残虐な刑罰は、絶対にこれを禁ずる」とあるにもかかわらず、なぜ命を奪う死刑制度が温存されているのか。1948 年の最高裁死刑合憲判決はなぜ今も通用するのか。過去の死刑違憲裁判を跡づけながら死刑と憲法を再考する。

死刑と憲法と全日本おばちゃん党　谷口真由美・大道寺ちはる・伊藤公雄◉死刑廃止は立憲主義の課題である　岩井信◉死刑執行停止を求めるストラスブール総領事の意見具申　永田憲史◉再論・死刑と憲法　石塚伸一

ISBN978-4-7554-0269-2

死刑囚監房から

年報・死刑廃止 2015　2300 円＋税

「フォーラム 90」が 2008 年、11 年に続き、15 年に実施した 3 度目の死刑確定者アンケートへの 73 人の回答を掲載。

地下鉄サリン事件から二〇年—オウム事件とは何だったのか 大田俊寛・松本麗華・安田好弘・岩井信◉人が人を殺すのは最悪のこと ~2015 年・死刑確定者アンケートを実施して　福島みづほ◉アンケート回収者　尾田信夫・大道寺将司・渡辺清・金川一・佐々木哲也・坂口弘・猪熊武夫・山野静二郎・大城英明・宮崎知子・高田和三郎・松井喜代司・松本健次ら 73 人

ISBN978-4-7554-0298-2

袴田再審から死刑廃止へ

年報・死刑廃止 2014　2300 円＋税

48 年間、無実の罪で幽閉され死刑確定により精神の均衡を失った袴田巌さん。袴田冤罪事件の存在は死刑制度があってはならないことを示している。

袴田巌再審開始決定に思う　笹原恵◉袴田巌さん、雪冤の 48 年と現在　袴田ひで子（聞き手・笹原恵）◉袴田再審を死刑廃止へ ~ 袴田事件弁護団座談会　西嶋勝彦・小川秀世・田中薫・岩井信・安田好弘◉袴田事件＝国家による究極の冤罪◉飯塚事件と足利事件　徳田靖之・佐藤博史・安田好弘

ISBN978-4-7554-0288-3

極限の表現 死刑囚が描く

年報・死刑廃止 2013　2300 円＋税

極限で描かれたこれらの作品は何を訴えるのか。大道寺幸子基金表現展のすべて。

〈悪人〉を愛する – 死刑囚と交流して 60 年　加賀乙彦◉アールブリュットと死刑囚の絵画展　櫛野展正◉枠を超え埋め尽くす　北川フラム◉響野湾子詩歌句作品集　池田浩士編◉応募詩歌句作品アンソロジー　西山省三・後藤良次・音音・林眞須美◉大道寺幸子基金表現展　小説・自伝・エッセイ全受賞作紹介◉応募資格は死刑囚、そしてその表現　川村湊◉中村一成・大道寺将司・斉藤純一・坂口弘・楢原拓・小嵐九八郎。

ISBN978-4-7554-0280-7

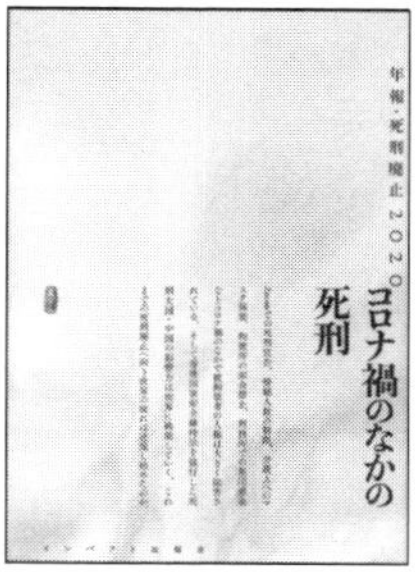

コロナ禍のなかの死刑

年報・死刑廃止 2020　2300 円＋税

Zoom での死刑宣告、傍聴人数の制限、弁護人へのマスク強要、拘置所の面会禁止、刑務所での集団感染などコロナ禍のなかで被拘禁者の人権は大きく阻害されている。そして香港国家安全維持法を強行した死刑大国・中国の影響力は世界に浸透していく。死刑廃止へ向かう世界の流れは逆流し始めたのか。

◉コロナ以降の刑事裁判と死刑　雨宮処凛・小倉利丸・坂根真也・安田好弘・司会＝岩井信◉中国の台頭と死刑　鈴木賢・植草一秀◉感染症は刑事司法をも変えるのか　山口薫◉ハンセン病隔離法定判決について　徳田靖之

ISBN978-4-7554-0306-4

オウム大虐殺

年報・死刑廃止 2019　2300 円＋税

2018 年 7 月オウム事件死刑囚 13 人が一挙に死刑を執行された。13 名中 10 名が再審請求中だったし、再審のための 3 者協議が裁判所で予定されていた人までいたのである。再審を開始するかどうかの判断は裁判所にゆだねられている。法務大臣が「再審事由はない」と勝手に判断し死刑を執行するのは、法を無視した殺人である。この国の歴史を振り返り、オウム大虐殺後の時代を考える。

◉オウム真理教の思想と行動を検証する　魚住昭・中島岳志・安田好弘・司会＝岩井信◉アレフ広報部長・荒木浩さんに聞く◉オウム真理教家族の会・永岡英子さんに聞く

ISBN978-4-7554-0298-2

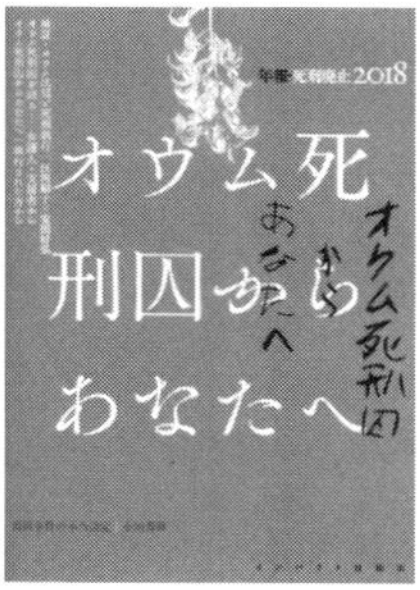

オウム死刑囚からあなたへ

年報・死刑廃止 2018　2300 円＋税

ひと月の間に 13 人が一挙に国に殺された。元オウム真理教の幹部だった者たちを抹殺するためにこれまでの死刑執行のプロセスを踏まぬ強権的な執行だった。死を前に彼らの書き残したもの、支援者や弁護人など近くから死刑を体験した者の声を届ける。

◉検証・オウム法廷と死刑執行　江川紹子・安田好弘・司会＝岩井信◉ 13 人死刑執行という大量虐殺　安田好弘◉資料・松本智津夫氏の獄中医療報告書◉オウム死刑囚を語る　弁護人と支援者から◉オウム死刑囚からあなたへ　早川紀代秀・新実智光・宮前一明・井上嘉浩・土谷正実

ISBN978-4-7554-0288-3

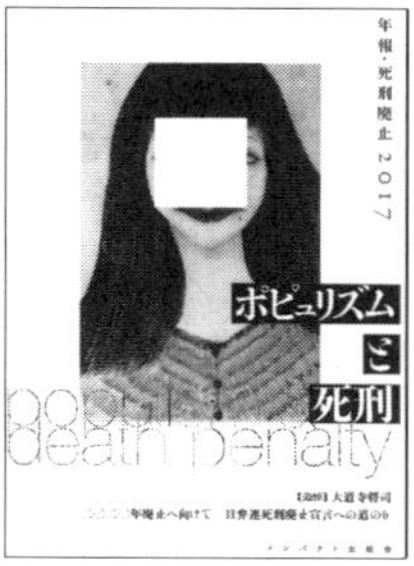

ポピュリズムと死刑

年報・死刑廃止 2017　2300 円＋税

トランプ、安倍、ドゥテルテ、世界を席巻するポピュリズムと死刑とは。

◉ポピュリズムと死刑　鵜飼哲・保坂展人・安田好弘・司会＝岩井信◉死体が道に投げ捨てられる－ドゥテルテ政権の悪夢　山口薫◉中東イスラーム世界における「死刑」　岡真理

追悼・大道寺将司◉間近で見た確定死刑囚の三〇年　大道寺ちはる◉こんな時代にするつもりじゃあなかった!!

2020 年廃止へ向けて　日弁連死刑廃止宣言への道のり　小川原優之

ISBN978-4-7554-0280-7

年報・死刑廃止

死刑廃止のための理論と情報誌　創刊1996年　インパクト出版会刊

袴田事件再審無罪・死刑廃止へ

年報・死刑廃止 2023　2300円＋税

巻頭座談会　袴田再審から死刑廃止へ／小川秀世・木谷明・中島直・安田好弘・岩井信（司会）

小特集・死刑囚の表現　死刑囚表現展2023作品集　第19回「死刑廃止のための大道寺幸子・赤堀政夫基金」表現展応募作品から

モンマルトルの死刑囚絵画展　都築響一

死刑囚の表現」について離れぬ問い　第18回死刑囚表現展を終えて　太田昌国

死刑制度を変える

三つの訴訟について　金子武嗣

死刑制度の無法状態を正す三つの裁判傍聴記

永井美由紀8

色鉛筆問題その後　黒原智宏

朗読「2022年死刑囚アンケート」　死刑廃止国際条約の批准を求めるフォーラム90

加藤智大さんの死刑執行

年報・死刑廃止 2022　2300円＋税

家庭内虐待、最底辺の派遣労働、ネット依存など格差社会の中で、分断され追い詰められておきた秋葉原事件。加藤死刑囚は事件をどう捉え返していたのか。大道寺幸子・赤堀政夫死刑囚表現展への応募作から探る。図版多数。

◉死刑囚表現展の中の加藤智大さん◉あまりにも無意味な死刑執行－変化への一歩を踏み出したところで　香山リカ◉ロスジェネ世代の死刑執行　雨宮処凛◉加藤さんを執行してもなに一つ変わらない　安田好弘◉「お弁当」抄　加藤智大◉表現展への応募が唯一の生きがい　加藤智大

ISBN978-4-7554-0324-8

アメリカは死刑廃止に向かうか

年報・死刑廃止 2021　2300円＋税

年々死刑廃止州が増え続けるアメリカ、そしてバイデン政権下のガーランド司法長官は死刑執行の一時停止を表明。アメリカの死刑廃止は近いのか。この動きに日本も無縁ではいられない。。

◉アメリカは死刑廃止に向かうか　金平茂紀・庄司香・安田好弘・司会＝岩井信◉追悼・免田栄さん・元冤罪死刑囚・免田栄さんに聞く◉菊池事件　国民的再審請求権の意義とその可能性　徳田靖之◉袴田事件の差し戻し決定　小川秀世◉「償いの色鉛筆、取り上げないで」色鉛筆訴訟報告　黒原智宏

ISBN978-4-7554-0313-2